◎ 湖南省哲学社会科学基金项目（19YBA368）
◎ 湖南省教育厅科学研究重点课题（19A515）　　**资助出版**
◎ 中南林业科技大学人文社会科学学术著作出版基金

基于生态赤字的
湖南省绿色发展研究

Green Development of Hunan Province Based on Ecological Deficit

◎ 杨　灿／著

厦门大学出版社
XIAMEN UNIVERSITY PRESS
国家一级出版社
全国百佳图书出版单位

图书在版编目（CIP）数据

基于生态赤字的湖南省绿色发展研究 / 杨灿著 . 一厦门:厦门大学出版社 , 2020.8
ISBN 978-7-5615-7103-2

Ⅰ.①基… Ⅱ.①杨… Ⅲ.①绿色经济－经济发展－研究－湖南 Ⅳ.① F127.64

中国版本图书馆 CIP 数据核字 (2020) 第 129503 号

出 版 人　郑文礼
责任编辑　林　鸣
封面设计　李惠英

出版发行　**厦门大学出版社**
社　　址　厦门市软件园二期望海路 39 号
邮政编码　361008
总 编 办　0592-2182177　0592-2181406（传真）
营销中心　0592-2184458　0592-2181365
网　　址　http://www.xmupress.com
邮　　箱　xmup@xmupress.com
印　　刷　湖南省众鑫印务有限公司

开本　710 mm×1 000 mm　1/16
印张　15
字数　212 千字
版次　2020 年 8 月第 1 版
印次　2020 年 8 月第 1 次印刷
定价　78.00 元

厦门大学出版社
微信二维码

厦门大学出版社
微博二维码

　　杨　灿　女，湖南湘阴人，中南林业科技大学副教授，硕士生导师，湖南绿色发展研究院研究员，理学博士。近年来一直从事生态经济与绿色发展方面的研究。在《中国人口资源与环境》《经济地理》等刊物发表学术论文 20 余篇，主持了湖南省社会科学研究基金、湖南省社科成果评审委员会重点课题、湖南省教育厅重点课题等 10 余项科研课题。

前　言

　　随着工业文明的迅猛发展，人类的生产力得到了空前的提高，全球人口不断增加，城市化进程日益加快。人类在享受日渐膨胀的物质财富的同时，越来越深地陷入了生态与环境危机。人类对自然的榨取和破坏达到了前所未有的程度，地球生态系统承受的负荷日益增大。近百年来，全球能源消耗以年均3%的速度攀升，地球因此遭受到日益严重的生态赤字。

　　经济发展与生态治理的失衡是导致生态赤字的主要原因。在世界现代化运动史上，象征富强民主文明和谐的现代性，一直与现代化进程带来的冲突相互缠绕。现代化在创造了丰硕物质财富的同时，忽视了自然资源和环境生态对发展的承载力，导致"人与自然物质变换的断裂"。自20世纪70年代以来，中国与全球大部分国家一样，可再生资源的消耗速度开始超过其再生能力，生态赤字出现并不断增大。由于发展模式的不可持续性，随着中国工业化进程的逐步深入，生态赤字日渐成为制约中国经济增长的瓶颈，中国正面临着历史上最为严重的资源环境问题。目前，全球以高能耗为基础的传统产业模式引发的能源和气候、环境等问题已成为国际经济政治博弈的焦点。建立新的经济增长模式，寻求有效管理、使用自然资源的途径，同时减缓自然耗竭的速度，已成为当前世界各国刻不容缓的共同任务。

生态和发展一直以来都是学术界关心的重要问题，绿色发展研究的就是生态和发展之间的关系。不恰当的生产和生活方式，以及经济行为的负外部性必将带来环境恶化和资源枯竭的恶果。当人类通过过度使用，甚至透支自然资源来追求经济利益的最大化时，就会导致生态赤字。生态赤字问题，实际上就是经济发展与生态治理的平衡问题。绿色发展是基于自然—经济—社会复合生态系统的发展，从黑色发展到绿色发展是这一复合生态系统的全面转型，包括自然系统从生态赤字转向生态盈余，经济系统从黑色增长转向绿色增长，社会系统从不公平福利转向公平福利。而实现自然系统从生态赤字逐步转向生态盈余是绿色发展的首要目标。减小直至消灭生态赤字是生态系统健康可持续发展的前提条件。同时，对区域自然系统生态赤字的演变和发展趋势的研究其实也是对区域绿色发展实践和成效的检验。

湖南省是我国典型的中部省份，人口众多，资源环境的瓶颈制约突出，尤其是缺乏一次性能源。随着近些年湖南省经济建设步伐的加快，人民生活水平得到了大幅提升，但同时也给生态环境造成了巨大的压力，产生了巨大而且增长迅速的生态赤字，严重制约了社会经济的高效快速发展和工业化历史发展阶段任务的完成。尽快恢复湖南省的生态系统功能，推进湖南省的绿色发展已经迫在眉睫。明确生态赤字现状是湖南省生态系统逐步恢复的重要基础。定量化研究生态系统对社会经济系统的支撑能力，寻找与湖南省生态赤字的产生和增大密切相关的驱动力因素，有着积极而深远的意义。基于此，本书在应用能值分析和本地生态足迹方法对传统生态足迹模型进行改进的基础上，以湖南省 2000—2015 年的相关统计数据为依据，对湖南省的生态赤字现状进行测算，并对生态赤字的历史演变过程和生态承载力区域差异，以及湖南省能源消费碳足迹的变化过程进行分析和评价。基于湖南省人口增长、经济发展、产业结构变化、技术进步与能源结构调整，以及居民消费的相关数据，利用 PLS 模型进行统计和分析，找出对湖南省生态足迹影响最大的驱动力因素，并判断其与具体产业的对接关系，以此揭示湖南省生态赤字演变的轨迹和原因。基于上述研究，提出湖南省绿色发展的动力机制以及具体推进对策。

　　本书的理论价值在于，将资源与环境作为内生变量置于生态经济系统可持续发展的研究，突破了传统经济学的研究思路和方法，突出了生态文明形态下资源与环境因素在区域经济和社会发展的影响，通过对自然资源、环境和人类劳动的真实价值进行统一的计量与分析，并且在进行能值核算的过程中，采用了改进过的能值生态足迹模型，使得计算结果的可信度更大。本书的实践价值在于，以中部典型省份湖南省为例，定量化研究其生态系统对社会经济系统的支撑能力，寻找与湖南省生态赤字的产生和增大密切相关的驱动力因素，有助于深入认识湖南省的绿色发展现状和变化趋势，建构和维持合理的经济和产业结构，从而为湖南省的绿色发展和生态安全提供决策依据，并为其他中部省份的绿色发展和绿色崛起提供有益的借鉴。

　　前辈们的研究成果使我在研究过程中站得更高，看得更远，众多的学者和前辈的指点让我受益良多。同时也深感研究过程中还存在许多不足，有待今后进一步的探索与研究。书中疏漏之处，恳请各位专家和读者批评指正！

杨灿

2019 年 8 月

目　录

第1章 绪 论

1.1 研究背景

"生态赤字"一词源于 1968 年英国科学家哈丁（C. Hardin）发表的作品《公共地的悲剧》。该作品描述的是个体对公共资源的贪婪掠夺与占有。哈丁认为生态环境问题源于社会经济活动的纯经济性和个人行为的无约束性。无数的科学家在此基础上对资源利用与经济发展的关系进行了深入的探讨，验证了二者对立统一的关系。自然资源是人类赖以生存和经济可持续发展的物质基础，它具有相对稀缺性、不易再生性和不可移动性等特征。不适当的生产和生活方式，以及经济行为的负外部性必将带来环境恶化和资源枯竭的恶果。当人类过度使用，甚至透支自然资源来追求利益的最大化时，就会导致生态赤字。生态赤字的出现表明生态资源被透支，资源要素价格扭曲，生态价值需要补偿。

经济发展与生态治理的失衡是生态赤字产生的主要原因。在世界现代化运动史上，象征富强民主、文明和谐的现代性，一直与现代化进程带来的冲突相互缠绕。现代化在创造了丰硕物质财富的同时，忽视了自然资源和环境生态对发展的承受力，导致"人与自然物质变换的断裂"[1]。工业革命以来，人类在享受日渐膨胀的物质财富的同时，越来越深地陷入了生态与环境危机。近百年来，全球能源消耗以年均 3% 的速度攀升，地球因此产生了不断增大的生态赤字。目前，全球以高能耗为基础的传统产业模式引发了能源和环境危机，能源、气候和环境等问题成为国际经济政治博弈的焦点；建立新的经济增长方式，实现可持续发展，成为当前世界各国的共同任务。黑色发展模式使中国也正面临着历史上最为严重的资源环境问题。随着中国工业化进程的逐步深入，生态赤字日渐成为制约中国经济增长的瓶颈。自 20 世纪 70 年代以来，中国与全球大部分国家一样，可再生资源的消耗速度开始超过其再生能力，生态赤字出现且不断增大。世界自然基金会（World Wide Fund for Nature，WWF）和中国环境与发展国际合作委员会（China Council for International Cooperation on Environment and Development，CCICED）联合发布的《地球生命力报告·中国2015》称，中国生态足迹总量排名世界第一，占全球生态足迹总量的 1/6；中国消耗的能源资源是其生态承载力的 2.2 倍。[2] 展望过去的 30 年，我国的平均经济增长率几乎是同期发达国家的 3 倍。盲目追逐经济的高速增长而无视人与自然的均衡发展，飞速发展的工业化、城镇化进程带来了区域人口的急速增长，用地的快速扩张和经济的急剧发展，使生态、资源和环境付出了惨痛的代价，直接导致了我们的"生态贫困"。据统计，中国因经济的急速增长导致的资源消耗、环境污染和生态退化等资源环境成本已高达 GDP 的 13.5%。[3]2014 年，根据新的空气质量检测标准，对全国 74 个样本城市进行检测，达标率仅为 4.1%。在全国 1.5 亿亩耕地中，近四成的耕地被污染、退化，近六成地下水水质差；[4]污染物排放总量已严重超标。食品安全、水资源污染和土地污染等问题，严重阻碍了当前经济的健康发展，严重影响了人民的生活质量。

生态和发展一直以来都是学术界关心的重要问题，绿色发展研究的就是生态和发展之间的关系。生态问题既是重大的经济问题，也是重大的社会和政治问题。习主席强调："我们在生态环境方面欠账太多了，如果不从现在起就把这项工作紧紧抓起来，将来会付出更大的代价。"[4] 生态赤字的问题，实际上就是人类开发和自然环境相协调的问题，也是如何适度利用生态资源与自然相适应的发展模式和发展路径的问题。在新常态背景下，作为仍处于工业化城镇化进程中的发展中国家，面对资源约束趋紧、生态问题突出、生态系统退化等现实国情，如何在经济发展与生态环境保护之间找到平衡，补齐生态短板，加快推进人与自然物质交换的合理调节，实现双赢，是夺取全面建成小康社会决胜阶段的伟大胜利必须攻克的难关，也是建设美丽中国、实现中华民族永续发展需要解决的紧迫课题。正是基于这样的认识，党中央毅然决然地将绿色发展作为"十二五""十三五"时期乃至今后必须长期坚持的重要发展理念，开辟了人类历史上最大规模的绿色发展实践，这充分体现了我们党对中国特色社会主义事业总体布局的深刻把握。从国际形势来看，中国未来想要进一步发展现代化，实现可持续发展的责任担当，必须构筑新的国际和平环境，这就要求我们能够为全球提供公共产品，稳定全球气候变化，推动全球温室气体减排。这既是中国的机会和责任，也是我们今天讨论绿色发展重要的国际和国内背景。

1.2 研究目的与意义

1.2.1 研究目的

生态赤字状况及其演变趋势是衡量绿色发展水平的重要指标，研究其影响因素对认识湖南省生态承载力水平的变化趋势、改善湖南省的生态环境有重要意义。对湖南省自然系统 2000—2015 年的生态赤字进行测算与定量研究，挖掘湖南省生态赤字的主成分影响因子及其演变的过程和原因，通过量化各关键影响因素的贡献率，判断其与具体产业的对接关系，由此构建湖南省绿色发展的动力机制，提出湖南省自然系统从生态赤字转向生态盈余的绿色发展对策。

1.2.2 研究意义

绿色发展是基于自然—经济—社会复合生态系统的发展，从黑色发展到绿色发展是这一复合生态系统的全面转型，包括自然系统从生态赤字转向生态盈余，经济系统从黑色增长转向绿色增长，社会系统从不公平福利转向公平福利。而实现自然系统从生态赤字逐步转向生态盈余是绿色发展的首要目标。减小直至消灭生态赤字是生态系统健康可持续发展的前提条件。由于生态赤字的变化受多种因素影响，针对生态赤字的研究尚处于起步阶段，尚未形成完整的理论和研究方法体系。因此，开展生态赤字演变的研究具有重要的理论意义。

湖南省是我国典型的中部省份，人口众多，资源环境的瓶颈制约突出，尤其是一次性能源匮乏，节约资源和保护环境的压力十分繁重，严重制约了社会经济的高效快速发展和工业化历史发展阶段任务的完成。在湖南这样一个人口基数大、经济增速较快但发展质量和效益偏低的省份，探索中国特色绿色发展模式具有特别的意义。明确湖南省生态赤字现状是自然生态系统逐步恢复的重要基础，定量化研究湖南省生态系统对社会经济系统的支撑能力，寻找与湖南省生态赤字的产生和加剧密切相关的产业，有助于深入认识湖南的绿色发展现状和变化趋势，发现其发展中存在的问题，调整或维持合理的结构和良好的格局，从而为湖南省的绿色发展和生态安全提供保障，为湖南省的建设和发展提供决策依据，同时为其他中部省份的崛起和绿色发展提供有益的借鉴。

1.3　国内外研究现状与述评

1.3.1　生态赤字（足迹）研究进展

1992 年，加拿大生态经济学家 William Rees 提出生态足迹（ecological footprint，EF）概念，并与其博士生 Wackernagel 共同将这一概念完善和发展为生态足迹模型。该模型旨在定量测度特定人口的资源消费需求。1996 年，他们合作出版《我们的生态足迹——减少我们对地球的影响》[5] 一书。1997 年，Wackernagel 等在 *National Ecological Footprint*[6] 报告中首次应用生态足迹模型对 1993 年全球 52 个国家和地区的生态足迹和生态承载力进行了测算。由于方法简单、直观，便于定量评估自然资源的利用状况，一定程度上可以反映区域经济发展是否可以持续，生态足迹模型备受各国政府和学者的关注，被生态经济学界誉为"可持续发展量化领域最重要的成果之一"。[7] 国际上对生态足迹方法的研究方兴未艾。1990—2017 年，Web of Science 数据库主题词为"ecological footprint"的文献高达 5 898 条。其中，2012 年、2013 年每年出版的文献数超过了 300 条，2014 年的引文数接近 6 000 条。文献主要发表于 *Ecological Economics*、*Ecological Indicators*、*Journal of Cleaner Production*、*International Journal of Sustainable Development and World Ecology*、*Journal of Environmental Management*、*Energy Policy* 等期刊。

自 1998 年以来，世界自然基金会每两年发布一份 *Living Planet Report*[8]，对世界上超过 100 万人口的 150 多个国家和地区的各类生态足迹进行时间维度的动态分析，公布其生态足迹状况，并对其资源消耗状况和人口规模进行分析，揭示生态环境状况和人类活动对生态环境的影响。*Living Planet Report 2004* 比较了 150 个国家的生态足迹，定量测量了世界可持续发展和生物多样性保护的进展情况，结果肯定了地球出现生态赤字已成为现实。*Living Planet Report 2012* 进一步证实我们正处于生态超载状态，且自 20 世纪 80 年代人类首次出现生态赤字以来，生态赤字一直呈增大趋势，并没有减小的迹象。《国家生态足迹和生物承载力账户 2005》[9] 将全球 150 个国家按照地区和收入进行分类，对其 2002 年的生态赤字情况进行了计算。2000 年以来，发展重新定义组织（Redefining Progress）每年对部分国家的生态赤字情况进行公布。

从研究方法来看，目前国际上关于生态赤字（足迹）的研究已经突破了简单的数据计算和分析，更加倾向于计算方法的改进以及新的技术手段与生态指标及其他社会经济指标的结合。1998 年，Bicknell[10] 将投入产出分析法（input-output analysis，IOA）引入生态足迹的计算，研究了新西兰的生态赤字。从环境影响和资源利用的角度看，实物投入产出表比货币投入产出表更适用于生态足迹计算，因而这一方法得到了很多学者的青睐。之后，Hubacek 等[11]用实物投入产出表估算了国际贸易中的生态足迹；Wiedmann 等[12]尝试了将IOA 和国家生态足迹账户相结合的方法；Turner 等[13]综合使用 IOA 和 EF 方法，结合多区域投入产出模型（multi-regional input-output model，MRIO）来研究国际贸易中的资源利用和污染转移问题。Kratena 等[14]将生态足迹与生态系统服务功能价值结合起来，运用 IOA 计算了消除生态赤字所需的成本。然而，IOA 在废物处理与数据获取方面的应用难度很大，尤其在计算个人、具体产品的生态足迹时无能为力，且有着重复计算的缺陷。Vuuren 等[15]综合考虑了生态需求与需求供应地的关系，对贝宁、不丹、哥斯达黎加以及新西兰的生态赤字进行了核算。针对全球公顷不能反映区域实际这一缺陷，Lenzen 等[16]利用实用土地面积和排放物，建立了一个能更清楚地区分进口、出口和国内消费影响的生态足迹账户，对澳大利亚的生态赤字做了测算与分析。Stöglehner[17]则尝试了将替代能源纳入生态赤字的核算框架之内。Niccolucci[18]结合可持续经济福利指数（index of sustainable econmic welfare，ISEW）与 EF 两种工具，研究了生物限制对经济增长的影响。Bagliania 等[19]运用 EF 计算出了以消费为基础的环境库兹涅茨曲线。Haberl 等[20]使用人类占用的净初级生产力（net primary production，NPP）与 EF 结合的方法，来考量人类活动对环境的影响。Venetoulis 等[21]进一步提出了基于 NPP 的生态足迹计算方法（EF-NPP），考虑到土地功能的多样性，在生态承载力计算中包含了所有的水面和陆地，由此更清楚地揭示了人类活动与生态系统服务的关系，一定程度上弥补和改进了传统 EF 方法的某些缺陷。Niccolucci[22]通过引入足迹广度（EFsize）和足迹深度（EFdepth）两个新指标，提出了一个三维模型，更加明确地衡量不同时空下资源消费与生态服务的代内和代际分配，也更直观地呈现了人类行为造成的环境影响。但是，三维模型基于生态透支来计算足迹深度在操作上非常困难。由于缺少存量资源总量的分析，无法估算存量枯竭的具体阈值。因此，对 EF 的改进除了结合其他指标，还需要引入新的技术手段。比如 Vuuren 等 [23] 将图像处理软件 IMAGE 2.2 与 EF 结合起来进行因子模拟，使模型增加了预测功能。

从研究领域来看，国际上围绕生态赤字（足迹）的研究涉及生态学、环境科学、经济学、地理学、能源学、物理学等多个领域。Conlin[24] 最早提出了旅游生态足迹，将生态足迹作为旅游可持续发展的关键指标。此外，Berg[25]、Roth[26]、Gyllenhammar[27] 等将 EF 引入水产养殖业研究。纽卡斯尔大学 [28]、科罗拉多大学 [29] 对校园的生态赤字进行了研究。2003 年，Redefining Progress 提出"家庭生态足迹计算框架"[30]，生态赤字的研究进入了家庭及个人层面。斯德哥尔摩环境研究所（Stockholm Environment Institute，SEI）以约克为案例分析了不同家庭类型的生态足迹。[31] White[32] 利用阿特斯金指数研究了全球生态赤字分布不均衡的问题，将主要原因归结于收入以及环境强度。Scott[33] 等则将 EF 应用到工业、农业、第三产业、运输业、废物管理和废水管理体系中。

从研究趋势来看，目前的研究更趋动态化。EF 是一个静态模型，导致生态赤字的计算结果具有瞬时性缺陷。研究者逐渐认识到，只有基于人类的消费活动、生产活动、碳排放、土地利用、生物多样性等的相互影响，计算各指标的时间序列值，才能体现不同区域生态赤字的动态变化过程，进而进行趋势模拟和预测。Haberl[34] 对奥地利做了长达 70 年（1926—1995）的生态赤字度量。Erb[35] 对澳大利亚的生态赤字做了长达 75 年的度量。Wackernagel 等 [36] 测算了 1961—1999 年的奥地利、菲律宾和韩国的生态赤字。Jorgenson 等 [37] 利用 1960—2003 年的生态足迹数据分析和探讨了国家经济发展水平、出口强度、国内经济结构等因素与人均生态赤字增长的关系。Lenzen[38] 提出动态生态足迹模型（dynamic ecological footprint，DEF），结合使用 MRIO 模型，计算和研究了全球 187 个国家的生态足迹、碳足迹和水足迹。

从研究对象的扩展来看，自生态足迹的概念提出以来，碳足迹、水足迹、能源足迹、化学足迹、生物多样性足迹等一系列足迹类型被相继提出。BSI[39]将碳足迹定义为人类活动中温室气体的排放量。Benedetto[40]提出了LCA（Life Cycle Assessment，生命周期分析）碳足迹分析方法。Cranston等[41]，Laurent等[42]从气候角度考虑，为弥补其环境信息不足的缺陷，提出碳足迹应从质量单位向面积单位转换。Fang等[43]对此持不同意见，认为不是所有的有机污染物的排放量都能折算成相应的土地吸收面积，某些单位转换很可能会导致误差，增加评估结果的不确定性。Hoekstra等[44]最早提出水足迹概念，将"虚拟水"理论和EF结合起来评价水资源利用。Panko等[45]提出了化学足迹的概念，对城市大气化学成分的不成比例程度进行了测度。Leach等[46]提出氮足迹模型，将其定义为：个人食物和能源消费所造成的活性氮的环境损失。Smith等[47]提出了生物多样性足迹的概念，并以此测度了由外来物种入侵、自然资源开采等引发的生物多样性的破坏。Lenzen等[48]通过研究国际贸易对生物多样性的影响，发现高收入国家由于掌握了较为先进的清洁生产技术或者实现了集约型产业的转移，在对外出口中往往具有相对较小的生物多样性足迹输出。Steen-Olsen等[49]研究了欧盟27个国家的碳足迹、生态足迹和水足迹，并对各成员国之间的足迹净转移进行了对比研究。

生态足迹的概念于1999年被引入我国后，在学术界得到了迅速发展，并由此成为一个前沿领域。生态足迹最早被翻译为"生态占用""生态脚印"等。二十几年来，国内学者分别对生态足迹的概念、计算模型、研究领域、研究尺度以及相关政策响应等进行了系统的研究。现有的研究主要集中在生态赤字的计算方法与模型改进、生态赤字产生原因的分析与探讨、基于时间序列的区域赤字演变研究以及特定产业或部门的生态赤字研究四个方面。

1. 生态赤字的计算方法与模型改进

2000年，徐中民[50]、杨开忠等[51]、张志强等[52]对生态足迹模型的引入、介绍是国内兴起生态赤字研究的基础。王书华等[53]、龙爱华等[54]、李明月等[55]、吴隆杰等[56]也肯定了该模型角度的新颖和可操作性，同时也指出了其在生态偏向性、静态性，忽视污染的生态影响等方面的不足。方恺[57]基于翔实的足迹研究文献，提出了普适性的足迹家族概念，展望了未来足迹研究的方向。卢远等[58]将 EF 与系统动力学模型进行耦合，建构了区域可持续发展的动力学模型。刘淼等[59]基于 EF 和实际土地需求法，结合遥感（remote sensing，RS）和地理信息系统（geographic information system，GIS）技术对生态赤字的时间动态进行了分析。常斌等[60]运用 RS 和 GIS 技术建立了生态赤字的预测模型。张志强[61]提出了"万元 GDP 的生态足迹"和"生态足迹多样性"的概念，前者用于反映生物生产性土地面积的利用效率，后者借用生物多样性的计算模型，用不同土地类型的面积测算生态经济系统的多样性。彭希哲等[62]提出"区域生态适度人口"的概念，其为区域生态总承载力与人均生态足迹之比。赵晟等[63]将能值理论引入 EF，提出了能值生态足迹方法。吴隆杰[64]提出"生态足迹指数"的概念，用以表征一定区域为未来保留的可持续发展能力。余万军[65]用"生态足迹结构的信息熵"来表示生态足迹的多样性。马晓钰等[66]提出"生态人口赤字"和"生态占用率"的概念，前者为生态适度人口与实际人口数量之差，后者表示当前发展对生态环境的压力指数。李广军等[67]提出了"本地生态足迹"的概念。赵先贵等[68]提出了包括生态占用指数、生态压力指数、生态经济协调指数及可持续发展指数在内的生态安全评价指标体系。此外，张颖[69]引入了"级差系数""集中指数"；顾晓薇等[70]介绍了"国家公顷"的概念；冯娟等[71]、张帅等[72]学者相继提出"省公顷""市公顷"的概念，并将用上述概念测算的结果与利用"全球公顷"测算的数值进行对比；方恺[73]对生态足迹的深度和广度进行了研究，并提出了"足迹广度基尼系数""人均历史累积足迹广度"和"理论足迹广度"等改进指标。

2. 生态赤字产生原因的分析与探讨

胡鞍钢[74]指出，生态赤字是未来我们民族生存的最大危机。我国生态赤字不断增大的原因在于由落后的农业生产方式急剧推进工业化，以及贪图近利的粗放型经济增长方式。谢高地等[75]对我国非再生能源的持续利用及其替代途径进行了探索，认为导致生态赤字增大的原因有三：我国人均生态占用持续增加、生态承载力有限且增长缓慢、人口迅速增长。李卓娅等[76]对生态赤字的能源制度因素进行了分析，认为搭建完善的能源制度体系平台对消除陕北的生态赤字非常重要。陈成忠等[77]对1961—2005年我国人均生态足迹的影响因素进行了分析，认为政策因素和经济因素是产生生态赤字的主要原因。杨庆宪等[78]将生态赤字的成因归结于传统生产方式的高消耗高污染、自然资源的生产消费持续增加、人口增加导致的生态占用增多，以及生活质量和福利水平提高对生态资源需求的增加。刘树[79]认为生态赤字产生的原因不只是人口过度增长导致的资源消耗量过大，更主要的原因是中国传统的粗放型经济增长模式导致的资源过度利用以及无节制地掠取资源和对环境的污染。路战远[80]通过计算内蒙古自治区的生态赤字，认为自然资源的开发与利用对内蒙古自治区的综合承载力的贡献率占主导地位。白彦锋等[81]认为生态赤字是一种隐性的财政赤字，呼吁将生态赤字纳入绩效评价。鄂一龙[82]指出，中国的生态赤字问题没能取得根本性改善的原因在于以物为导向，而非以人为导向的目标定位。他认为中国生态要实现从赤字到平衡，必须调整思路。

3. 基于时间序列的区域生态赤字演变研究

为有效评价生态足迹在时间序列上的变化特征，国内学者对生态赤字进行了动态分析。徐中民等[83]计算了中国1999年人均生态足迹、人均生态承载力和人均生态赤字。刘宇辉等[84, 85]计算了中国1961—2001年的生态赤字，对中国人地协调度的演变趋势进行了研究。陈敏、王如松等[86, 87]计算了中国

1978—2003 年的生态赤字，分析了中国各类土地生态足迹、生物供给力和生态赤字变化的原因，以及中国各省市的生态足迹及其构成。陈丽萍、杨忠直[88]对 1991—2003 年中国的生态赤字进行了核算与分析，认为从 1996 年开始，我国在初级产品和能源产品贸易中的净输入足迹由赤字转为盈余，有利于保护国内资源存量。谢高地等[75]通过计算 1980—2000 年我国的年人均生态赤字，发现伴随着人口和经济的快速增长，我国长时间处于大范围生态透支状态，生态赤字区不断扩大，由 1980 年的 19 个省（市、自治区）扩展到了 2000 年的 26 个。李铁松等[89]对我国的人均生态赤字进行了比较，将上海、广东等 16 个省市划分为一类生态赤字区，将福建、陕西等 14 个省市划分为二类生态赤字区；全国仅有西藏、云南两省为生态盈余。齐明珠等[90]对北京市近 10 年的生态赤字进行了国内外比较研究，结果显示，北京人均生态足迹情况和资源利用效率均优于上海和广州；但就国际比较而言，北京的生态赤字情况最为严重，资源利用效率处于低水平。吴文佳等[91]运用中分辨率成像光谱仪（ moderate-resolution imaging spectroradiometer，MODIS ）数据和统计资料计算了 2001—2009 年中国陆地植被净初级生产力、能源消费碳排放、碳足迹和碳赤字，并据此划分了生态经济区。杨屹等[92]采用增加了废气、废水和固体废弃物科目的污染排放账户的 EF 模型测算了 2000—2012 年陕西省生态赤字。朱琛等[93]采用碳足迹模型分析了 2003—2013 年邢台市能源消费碳排放足迹和碳排放足迹生态压力的动态变化。薛若晗[94]对 2004—2013 年福建省万元 GDP 生态赤字的动态变化进行了研究，认为万元 GDP 生态赤字与各主要社会经济指标显著相关。潘洪义等[95]对 2009—2014 年成都市的生态足迹和生态承载力状况进行了测算，并结合空间分析揭示了其空间演化规律。

4. 特定产业或部门的生态赤字研究

在研究内容的拓展上，国内研究者开展了小尺度、特定产业或部门的生态赤字研究。2004 年，章锦河等[96]明确提出了旅游生态足迹（touristic ecological footprint，TEF）的概念，并首次构建了交通、娱乐、旅游住宿、餐饮、游览、购物 6 个子模型。随后，很多学者，如李鹏等[97]、甄翌等[98]、张萌等[99]、揭秋云[100]、徐坡[101]、陈艳[102]，分别对香格里拉、张家界、澳门、海南、陕西、武陵源等地的 TEF 进行了研究。梁勇等[103]计算了 2002 年北京市主要交通工具的生态占用数据。于宏民等[104]尝试提出钢铁行业生态赤字研究方法，并对我国钢铁行业的资源效率和环境效率做了探索与研究。贺成龙等[105]计算了中国水泥生产的生态赤字，并推导出水泥制造业 CO_2 的单位排放量经验公式。王青等[106]计算了中国铁矿资源开发 1991—2000 年的生态包袱。顾晓薇等[107]计算和分析了东北大学等沈阳市 9 所高校 2003 年的校园生态赤字和生态效率。赖力等[108]对 2001 年全国各省市的土地利用现状做了区域差异分析，并对全国土地利用总体规划目标的生态赤字进行了评价。此外，刘毅华等[109]从生态赤字角度探讨了西藏土地沙漠化形成的原因。邓健等[110]对重庆市 1996—2008 年的耕地赤字及其动态变化进行了核算与分析。吴燕[111]测算了北京市居民日用品中的生态足迹、水足迹和碳足迹。郭慧文等[112]应用城市发展指数和生态足迹指标，分析了各直辖市 1978—2012 年的可持续发展情况，并对其发展方式转变的进度进行了比较。Geng 等[113]对沈阳和日本川崎两个工业城市的生态赤字做了比较和评价。李朝婵等[114]对贵州省 2000—2015 年的林业生态足迹和生态承载力进行了研究。

湖南省在生态赤字方面的研究成果不算丰硕。目前找不到相关的国外文献，从中国知网的搜索数据来看，截止到 2017 年 5 月，以"湖南省，生态足迹"为主题词搜索到的有效文献仅有 64 条，其中，硕士论文占比较大。以"湖南省，能值生态足迹"为主题词进行搜索，所得有效文献仅 1 条。2000 年以来，尤其是 2008 年之后，针对湖南省域内的生态赤字研究渐渐兴起。

（1）从研究内容来看，主要集中在以下几方面：

①生态赤字与可持续发展的结合研究。唐焰[115]根据 1996—2003 年的数据，对湖南省的生态赤字进行了计算、分析和预测。张畅[116]、张黎明[117]、张小雪[118]也基于生态足迹模型实证分析了湖南省生态赤字水平及自然资本的利用状况，并定量评价了湖南省的可持续发展程度。

②生态赤字与生态安全的结合研究。熊鹰[119]评估了湖南省 2004 年的生态赤字和生态消费水平，对区域生态安全进行了评价。邓柏盛等[120]、黄惠[121]、李玉丹[122]基于生态足迹模型对湖南的生态环境压力和生态安全状况做出了评估。

③生态赤字与居民消费的结合研究。张根明等[123]、朱丹[124]对湖南省居民生活消费生态赤字进行了动态测度和评价。

（2）从研究对象来看，在省级研究层面，熊鹰等[125]、唐焰[115]、许振宇等[126]、邓柏盛等[120]、李亮[127]对湖南省某一时间区间内的生态赤字及相关指标进行了测算和分析，预测了未来若干年湖南省生态赤字的发展趋势。在市县层面，有关于衡东县（张伟）[128]、长沙市（何利）[129]、汉寿县（彭程）[130]、宁乡（欧阳锴）[131]、新晃县（秦伟明等）[132]、平江县（高安国等）[133]等的研究。关于生态赤字研究的应用区域主要有两个热点：其一为洞庭湖生态经济区，如尹少华等[134]、朱玉林[135]、梁容川[136]、熊建新等[137]、张猛等[138]、李玉丹[122]都定量评价了洞庭湖流域的生态赤字及可持续发展；其二为长株潭城市群，赵运林等[139]、周国华等[140]、唐勇等[141]、刘雯[142]、戴亚南等[143]、楚芳芳[144]都以此为研究对象进行了生态赤字的计算与生态安全的评估。此外，李玉丹[122]、曾晓霞等[145]还定量评价了湘江流域 2011 年的生态赤字状况。

（3）从研究方法来看，主要用到了本地生态足迹模型，如张畅[116]、张颖等[146]；地区投入产出模型，如李立辉等[147]、王海宁[148]；三维足迹模型，如张小雪[118]等；能值生态足迹模型，如张伟[128]。

1.3.2 能值生态足迹方法研究进展

作为当前衡量区域可持续发展简单有效的重要工具，生态足迹模型具有广阔的应用前景和重要的理论与实践价值。但是，随着研究的深入，研究者发现其存在明显的不足，比如模型中采用的全球平均生产力、均衡因子和产量因子等相对性指标忽略了各个区域和时间的现实差异，导致生态足迹的不稳定性；模型对不可再生资源的计算和测度，对人为因素的影响，以及废弃物的生态足迹、臭氧层破坏、地下资源和水资源、环境污染和毒性物质、土地沙漠化等问题考虑不够；此外，模型缺乏预测功能。生态足迹模型尚需完善，而能值生态足迹方法正是基于能值理论对生态足迹模型的改进。

20 世纪 80 年代后期，美国生态学家 H. T. Odum 教授在系统生态、能量生态和生态经济原理基础上，创立了能值理论（Emergy Analysis）[149, 150]。能值理论将生态系统或生态经济系统中因种类不同而不可比较的各种资源、产品、劳务和信息以统一的太阳能能值形式度量，使得生态系统价值的经济学评价成为可能，从而客观地测度了生态产品及服务的真实价值，以及生态系统的可持续发展能力。20 世纪 90 年代，蓝盛芳等 [151] 将能值理论引入国内，应用于我国城市生态环境的价值研究中。赵晟等 [63] 最早提出能值生态足迹（emergetic ecological footprint，EEF），跨越了生态足迹方法土地生产能力的局限，放弃使用具有较大争议的产量因子和均衡因子，引入全球能值密度和区域能值密度的概念，采用更加成熟和稳定的能值转换率作为其转换因子。EEF 采用较为稳定的能值转换率及能值密度，能够更加真实地反映各个地区的生物生产性土地面积的需求，因而越来越受到各国广泛关注，成为目前国际上评价生态承载力最先进的一种方法。之后，不少学者对 EEF 做了不同程度的补充和完善，在应用中加大了统计和数据处理的难度，使得生态足迹的计算能进一步反映区域实际情况和技术进步，为决策者研究生态损耗以及制定相关政策提供了技术支持。然而，能值理论在国外生态系统价值研究中的应用并非主流，国外将能值理论与生态足迹模型结合起来进行研究的实例很少。根据 Web of Science 的数据库引文搜索结果，检索时间段为 1990—2017 年，检索主题词为 "emergy ecological footprint"，共检索到有效数据 48 条，其中 22 条的作者为中国科研人员。2012—2015 年出版的文献出现了较快的稳定增长，引文数在 2014 年达到最高峰。Siche 等[152] 通过环境可持续指数、生态足迹和能值的对比分析，认为能值的优点可以弥补 EF 的不足。Siche 等[153, 154] 以秘鲁为案例，尝试将生态足迹与能值指标结合起来，作为可持续发展指标，并以能值 NPP 作为生态足迹核算的基础。Kharrazi 等[155] 认为，将能值、㶲、生态足迹和生态信息结合起来研究，可以得到一种先进的可持续发展的量化方法。

国内学者对 EEF 的研究成果相对比较丰富。赵志强等[156] 基于 EEF，结合人力资源的利用和当地生态承载力的提升，将人类的劳务价值、区域资源进出口纳入评价系统。张雪花等[157] 在 EEF 核算中，首次考虑了废弃物排放造成的污染，并把实体产品产出和虚拟产品供给纳入了生态承载力的计算。狄乾斌等[158] 将 EEF 应用到区域海洋生态系统中，并以山东省海洋生态系统为例进行了实证研究。Wu 等[159] 基于 EEF 计算研究了沼气系统在中国的可持续发展。Bai 等[160] 用 EEF 评价了黄土高原耕地利用的可持续性。为了证明 EEF 的进步性，很多学者将其与 EF 比较，做了大量的实证研究，如张芳怡等[161] 以江苏省为例进行研究，认为 EEF 比 EF 的计算结果能更真实地反映生态经济系统的环境状况；王明全等[162] 计算了黑龙江和云南两省的能值生态情况，认为 EEF 克服了 EF 的部分缺点，是评价生态可持续状况的一种新的思路；刘海涛[163]、杨秋[164]、高新才等[165]、姚凯彬[166] 也分别对内蒙古、甘肃省、武威市和武汉市的生态赤字做了两种方法的计算和比较。

不少学者用 EEF 对研究区域的生态赤字状况进行了时间序列的研究，如黄凤华[167] 计算了宁夏 1998—2007 年的能值生态足迹和生态赤字；张清华等[168] 对乾安县 1949—2008 年的人均能值生态足迹、人均能值生态承载力和人均能值生态赤字进行了动态变化分析；钟世名[169]计算了吉林省 2000—2009 年的生态赤字状况，并建立了吉林省生态经济系统评价体系。

还有一些学者利用 EEF 进行了区域间生态赤字的比较研究，如王志杰[170]对华东地区（以江苏、浙江为例）、华中地区（以湖南、河南为例）及西南地区（以贵州、云南为例）2001—2010 年的生态赤字及生态足迹结构进行了比较计算，并对上述地区 2013—2020 年的生态赤字发展进行了预测。此外，还有学者用 EEF 对流域生态赤字做了研究，如连颖[171]动态分析了闽江流域 1990—2011 年的生态赤字；王耕等[172]采用区域能值密度计算了辽河流域 15 个城市 2001—2012 年间生态赤字的变化，并且借助 GIS 技术平台探索流域内生态安全及生态赤字的时空演变趋势。

从现有研究来看，国内学者在能值生态足迹模型较之生态足迹模型有明显的进步这一认识上已经达成了共识；同时也承认，由于能值理论的特点以及能值生态足迹模型自身在计算方面的应用，其评价结果可能会与现实的生态足迹水平有所偏差。当然，能值生态足迹模型也存在某些缺点，比如，不能同时做每一个细分类别的承载力和足迹的比较；再者，对能值强度因子质量的要求更高。总的来说，能值生态足迹模型虽然提供了一种新的研究思路，但尚未成为一个决策指标，其理论的成熟与完善还需要进一步的努力。

1.3.3 绿色发展研究进展

国际学术界并未明确提出"绿色发展"这一概念。关于绿色发展的研究大多是从人类的发展与生态的关系来进行的，通常的提法包括"可持续发展""绿色经济""绿色增长""低碳经济"等，其边界相对模糊，实质上并没有太大分别。1990—2017 年，Web of Science 数据库主题词为"sustainable development"的文献高达 30 398 条。其中，2009 年出版的文献最多，高达 700 多条。文献刊载量排名靠前的几种刊物是：*Sustainability*、*Development*、*Journal of Cleaner*

Production、*Population and Development Review* 以及 *Energy Policy* 等。

西方早期关于发展和生态之间关系的研究主要来自对环境状况及其产生原因的关注。西方自然生态意识的萌芽在 17 世纪末 18 世纪初期。英国古典经济学家最早关注经济增长与环境容量之间的协调关系。威廉·配第[173] 对劳动可以无限创造财富这个传统定论提出了怀疑与批判。他认为劳动创造财富的能力并非无限，而是要受到自然条件的制约。1798 年，马尔萨斯在其著作《人口原理》中，提出了"资源绝对稀缺论"[174]，认为未来人类社会的主要矛盾是人口、土地和粮食之间的矛盾。1848 年，约翰·穆勒发表了"静态经济"[175] 的观点，充分肯定人类有能力解决资源相对稀缺的问题，但反对滥用这种能力开发利用所有资源。1864 年，马什在《人与自然》[176] 一书中，对工业化的人类活动给自然环境造成的负面影响进行了反思。这一时期，美国的"荒野文学"蔚然成风，涌现出来的大批作品开启了自然伦理的感情和意识先河。尽管其立场仍是以基督教教义为指导思想的人类中心功利主义，但这一时期的学者已经开始认识到人对自然生态的管理不是纯粹的经济活动，还需要有伦理的态度。

绿色发展相关理论基于人类对日益恶劣的生态环境的反思与觉醒。与工业文明的发展相伴而生的是人类对自然前所未有的索取和破坏。一些学者开始对环境问题产生的原因、解决途径以及地球的未来发展进行研究。1972 年，罗马俱乐部发表了《增长的极限》，首次提出"持续增长"和"均衡发展"口号，认为"盲目的经济快速增长，将导致人类达到危机水平"[177]。这种危机意识可看作绿色发展理论的思想基础。同年 6 月，联合国人类环境会议发布了两个人类发展史上具有重要意义的报告——《人类环境宣言》和《只有一个地球》，打破了"世界是无限的"谎言，唤醒了人类的生态保护意识，更促进了各国政府对环境污染问题的觉醒。1983 年，世界环境与发展委员会（World Commission on Environment and Development，WCED）宣告成立，并于 1987 年发表了调查研究报告《我们共同的未来》，倡导一种"建立在生态承载力之上的经济、社会和生态全面、协调、同步的发展机制"，即"可持续发展"，并将之定义为："既满足当代人的需求，又不对后代人满足其自身需求的能力构成危害的发展。"[178]《我们共同的未来》自此成为指导世界各国保护环境与资源、实现可持续发展的思想理论基础。从此，全球范围内对可持续发展问题的研究与讨论日渐成为热点。1992 年，世界环境与发展委员会发布了《里约宣言》和《21 世纪议程》，呼吁国际社会积极妥善对待环境问题，以实现人类社会的可持续发展。可持续发展的理念就此正式得到了国际社会的普遍认同。2002 年，约翰内斯堡世界高峰会议强调实行"全新绿色新政"，"迈向绿色经济"，可持续发展的理念进一步由理论和概念转向了行动，从"得到普遍认同"走向"思考如何实施"。至此，国际上逐渐统一了对适用于新时代的发展理念的认识：通过发展而不是简单的对抗来解决生态环境问题，在保持经济增长的同时，提高资源与能源利用率，避免对环境的过度破坏和对资源的过度消耗。

1989 年，Pierce 等在《绿色经济蓝图》[179]一书中提出"绿色经济"的概念，主张建立一种"可承受的经济"，并提出将有害于环境和耗竭资源的活动代价纳入国家经济平衡表，认为经济发展应该充分考虑自然生态环境的承受能力。1991 年，Jacobs[180] 通过对环境经济政策的研究，讨论了如何借助绿色经济来消除市场的外部性和治理环境的问题。Reardon[181] 从资源的角度出发，进一步将绿色经济定义为资源、生态限制内将人类幸福最大化。2007 年，联合国环境规划署（United Nations Environment Programme，UNEP）首次将绿色经济定义为："重视人与自然、能创造体面高薪工作的经济。"随后，UNEP 在 2008 年的年度报告中，对此定义进行了补充："提高人类福祉、改善社会平等、降低环境风险、改善生态稀缺的经济发展模式。"2003 年，英国政府在能源白皮书《我们能源的未来:创建低碳经济》中，提出了"低碳经济"的概念。2005 年，联合国亚太经济社会委员会（United Nations Economic and Social Commission for Asia and the Pacific，UNESCAP）第五届亚太环境与发展问题会议提出"绿色增长"的概念，将之看作实现可持续发展的关键战略，认为绿色增长是"环境可持续的经济增长"[182]。2009 年，经济合作与发展组织（Organization for Economic Co-operation and Development，OECD）发布《经济增长：超越危机》[183]，呼吁全球绿色增长，认为绿色增长实际上是一种可持续发展的经济。Ekins[184] 认为，可持续发展就是在追求经济增长的同时，降低环境成本，其核心在于提高生态效率或环境绩效。2002 年，Brown 出版《B 模式》[185] 一书，提出了全新的将生态资源纳入经济体系的发展 B 模式，给学界提供了一种全新的视角。Brujin[186] 指出，可持续发展是一个系统的变革过程，其面临的很多问题根植于社会生产、消费模式以及制度、结构和价值中，且受技术、组织、制度、结构、文化价值等多重因素的制约和影响。Weaver[187] 认为，资源生产率的提高将是 21 世纪驱动和协调创新活动的主题，可持续发展的核心内容是绿色创新。巴比尔[188] 呼吁"低碳革命"，认为全球绿色新政是各国经济成功复苏的关键因素。Nataraja[189] 指出，发展中国家可以通过摒弃高污染、低效率的生产技术和能源转向，实现低碳高效发展。麦科沃[190] 认为，绿色低碳是面对新能源与气候危机，人类必须尽快适应未来的"绿色前景"进行的变革。在 2000 年的联合国首脑会议上，189 个国家共同签署了《联合国千年宣言》，提出千年发展目标（Millennium Development Goals），为全球社会、经济和生态环境的可持续发展制定了行动纲领。2012 年，在"里约＋ 20"峰会上，全球各国进一步凝聚绿色发展的共识，增强了绿色经济模式的多元性。联合国可持续发展大会更是将"发展绿色经济"作为 2012 年的主题，旗帜鲜明地指出了全球经济的发展新方向，号召全球向绿色经济过渡。对绿色经济的研究就此深入可操作的层面。至此，绿色发展的必要性和发展方向已在全球范围内达成了广泛的共识。继《增长的极限》之后，罗马俱乐部再次发布报告《2052：未来四十年的中国与世界》[191]，就自然资源、经济、能源、气候、城市化等细节问题，对未来 40 年世界宏观经济的可能发展方向进行了趋势预测，发人深省而激励人心。

绿色发展对我国来说是一个舶来品，但追溯起来，我国绿色发展的理念起步非常早。我国传统的"天人合一"的自然胜天观和生命与万物兼爱的生命伦理观早就孕育着绿色发展的思潮，"主张把人类社会放在整个大生态环境中加以考量，强调人与自然的共生并存和协调发展"。[192] 进入 21 世纪以来，中国的经济发展迎来了巨大的机遇，同时也面临着更多的挑战。面对西方形形色色的发展理念，我国众多的学者和研究机构根据自身的理解，结合中国的实际，综合绿色经济、绿色增长、低碳经济、可持续发展、生态文明等概念的内涵意义，创造性地提出了与之意义相仿的概念——绿色发展。绿色发展是一个系统化的发展理论，其主旨在于强调转变传统经济发展方式，发展生态产业经济和知识经济，从而实现更安全、更环保的发展。

20 世纪 80 年代末，随着全球化浪潮的推进，我国引入与传播西方环境理论，环境主义思潮在中国开始兴起，涌现出一大批关于中国环保现状和政策分析的研究报告和理论文章，从环境科学、经济学的角度指出了中国日益严重的环境污染给经济社会的可持续发展带来的严重危害。与此同时，中国生态经济学作为独立学科登上了历史舞台。1994 年可持续发展战略的实施和 1998 年循环经济的引入，更是将绿色理念推向了时代前沿，对绿色发展理论的研究成为学术界关注的重点与热点。2001 年，联合国开发计划署发布了《中国人类发展报告 2002：绿色发展，必由之路》[193]，明确提出中国应该选择绿色发展的道路，从传统的"黑色发展"转向"绿色发展"。中国政府对此做出了迅速积极的响应，旗帜鲜明地走上了绿色发展之路。2003 年，胡锦涛提出"以人为本，人与自然和谐发展"为目标的科学发展观，这是绿色发展的理论基础。2010 年，习近平指出，国际社会倡导的绿色发展和可持续发展的核心就是科学发展。[194] 2011 年，我国《国民经济与社会发展的第十二个五年计划纲要》明确提出，要积极探寻改变我国传统经济增长模式的路径和方向，以实现国家经济和社会的绿色转型发展。2012 年党的十八大报告中，中国共产党明确提出了包括生态文明在内的"五位一体新布局"的构想，为我国提出的绿色转型战略决策奠定了坚实的政策支持。2015 年，中共中央、国务院印发《关于加快推进生态文明建设的意见》，首次明确"绿色化"概念，绿色发展已经成为中国实现可持续发展的战略选择。十八届五中全会将绿色发展作为"五大坚持"之一，勾勒出了"十三五"时期我国的绿色发展蓝图。与此同时，中国学术界纷纷行动起来，为建设一个富强、文明、绿色的中国建言献策，一大批研究成果相继问世。1990—2017 年，中国知网数据库主题词为"绿色发展"的文献高达 89 862 条。国内对绿色发展的研究主要集中在以下方面：

1. 绿色发展的概念与内涵

刘思华[195] 提出"绿色经济"的概念，并将之定义为：以生态经济协调发展为核心的可持续发展经济。胡鞍钢[196] 对此有不同见解：传统的黑色发展不能应对人类新的危机，对它的修修补补也难以从根本上扭转危机趋势。2003年，在"绿色中国"首届论坛上，胡鞍钢提出绿色发展观就是科学发展观，指出绿色发展就是社会、经济、生态三位一体的新型发展，我国绿色发展之路的首要问题是"绿色改革"。诸大建[197] 认为，中国的未来发展面临着绿色创新的巨大挑战。2009 年，诸大建[198] 再次强调循环经济研究需要从环境治理导向升华到绿色增长导向，认为"深绿色"的环境观念的诞生预示着一个真正的绿色发展时代的到来。孔德新[199] 认为，坚持绿色发展、构建生态文明，是实现可持续发展的必由之路，也是整个人类社会经济发展历史的启迪。夏光[200] 指出，绿色经济包含了培育新的绿色增长点，其具体内容包括生态农业、生态旅游、可再生能源、服务业及高新科技等。辜胜阻[201] 认为绿色经济包括低碳、资源的有效配置和社会的包容三方面的内容。石翊龙[202] 认为，绿色经济是由市场机制、计划机制、生态以及道德机制等多重机制集中组合成的多重综合体，而制度建设对绿色经济体制的运行至关重要。胡鞍钢在《中国：创新绿色发展》[203] 一书中将自己的观点总结凝练成三个绿色，即绿色发展、绿色崛起、绿色贡献，强调绿色发展是第三代发展战略的核心。2014 年，胡鞍钢等 [204] 再次将绿色发展的特征概括为三点：绿色发展强调经济系统、社会系统与自然系统的共生性与发展目标的多元化；绿色发展的基础是绿色经济增长模式；绿色发展强调全球治理。牛文元 [205] 提出，可持续发展的内容就是平衡和协调两大核心关系：人与自然之间的关系，以及人与人之间的关系。2013 年，牛文元 [206] 提出中国绿色发展的五大主题，强调科技创新、供给协调、管理优化三方面的协同进步。傅晓华 [207] 认为，绿色发展观的主要理论来源是中国古代朴素的生态保护思想及对西方现代发展观的批判。王如松 [208] 指出，绿色发展过程实质上是一种生态发育过程；建设生态文明的核心是人的绿化。张念瑜 [209] 认为绿色发展是人类处理经济发展与生态保护、温室气体治理的技术、制度与变革的必由之路。廖小平 [210] 认为，绿色发展是最贴近生态文明这一高级文明形式的社会发展方式；绿色发展将生态环境资源作为经济社会发展的内在要素，将经济、社会、环境的全面、协调、可持续发展作为根本目标，将人类的生产、生活过程与结果的"绿色化"作为主要内容和途径。李伟 [211] 指出，绿色可持续发展之路是一场深刻而全面的变革，涉及发展理念的更新、消费方式的变化和生产过程的低碳化、绿色化。竺效、丁霖 [212] 认为，绿色发展理念是以正确处理经济发展与环境保护之间关系为核心的一种新型发展思想，是可持续发展观的当代化、具体化和中国化。李萌 [213] 认为，绿色发展不是简单的绿化、环保和节能，它强调"绿色"与"发展"的有机统一，是稳增长、促改革、转方式、调结构、惠民生的重要手段。赵越 [214] 认为，绿色发展是以实现社会的可持续发展为目标，通过开发绿色技术、发展环境友好型产业、降低能耗和物耗、减少污染物排放、保护和修复生态环境、保持生态平衡，使经济社会发展与自然生态相协调的一种经济发展理念。

2．绿色发展道路与模式的转型

中科院发布的《2010 中国可持续发展战略报告》[215] 中指出，实现绿色发展，首先必须解决国内的资源环境问题，要依靠科技发展转变发展方式，通过绿色发展实现绿色转型。2011—2013 年，中国环境与发展国际合作委员会连续发布了 3 个年度政策报告——《中国经济发展方式的绿色转型》[216]、《区域平衡与绿色发展》以及《面向绿色发展的环境与社会》，报告中讨论了当前绿色发展的瓶颈问题，并提出了以生态系统管理方式为核心的管理理念和措施建议。2011 年，由环保部、科技部等 6 部门联合出版的《绿色发展与科技创新》[217] 囊括了当前气候变化的重大科学问题、减缓气候变化的战略与政策、气候变化的影响与适应、气候变化应对战略与国际合作、技术创新与绿色发展等领域的国内外著名专家和学者的真知灼见。胡鞍钢 [218] 认为绿色发展途径主要有大力发展绿色产业、构建绿色生产体系、发展绿色技术和标准、积极倡导绿色消费、鼓励绿色投资和信贷等，主张中国实施绿色发展战略应突出科学制定绿色规划、积极强化绿色投入以及突出绿色政绩考核 3 个方面。刘文霞 [219] 探索了以“深绿色”理念为导引，真正实现人与自然、人与社会和谐的可持续发展的生态文明之路。孙毅等 [220] 提出将资源型经济转型和绿色发展结合起来，实行绿色转型，推进传统的、资源依赖的“黑色”发展模式向理想的、创新驱动的“绿色”发展模式转变，实现经济发展与生态环境保护的双赢。高红贵 [221] 提出，绿色经济是一条全新的发展道路，没有现成的模式和经验可以遵循和借鉴，中国应该根据不同发展阶段、不同区域的实际情况构建多元化的绿色经济发展模式。李新宁 [222] 认为绿色发展应从当前的科技水平和经济社会发展实际出发，在资源环境承载力允许范围内，通过改变企业、产业及政府等主体的行为，实现企业绿色运营、产业绿色重构和政府绿色管理。刘思华 [223] 呼吁，必须摒弃过去工业文明高碳高熵高代价的黑色发展道路与模式，积极探索生态文明低碳低熵低代价的绿色发展道路及发展模式，以将中国建成生态文明绿色强国。杨雪星 [224]

建议通过完善绿色经济政策体系，加强绿色技术研发与创新，优化绿色产业与能源结构以及开展绿色经济国际合作等路径，倒逼中国经济实现绿色转型，走绿色经济发展道路。薛澜[225]建议国家将绿色转型治理能力作为国家治理能力综合改革的试验田，提出推进全社会绿色价值观的形成，以及整体推动国家绿色转型治理能力全面提高的具体建议。王海芹等[226]提出绿色发展模式脱胎于传统的工业化城镇化过程，考虑资源环境承载能力，追求更加高效、更加清洁、更加可持续、更加全面的经济发展；同时，绿色发展成果应惠及于民。任胜钢、袁宝龙[227]认为绿色发展并不意味着要否定经济增长，而是需要寻求一种经济、资源、环境、生态相互协调与均衡的发展方式；由高能耗、高排放、高污染、低附加值向低能耗、低排放、低污染、高附加值转型是实现绿色发展的重要路径。邬晓霞、张双悦[228]提出以构建绿色区域为抓手，实现产业的绿色化，构建绿色产业体系是绿色城市和美丽乡村建设的内核和着力点。

在区域（城市）绿色转型方面，刘纯彬等[229]认为，资源型城市绿色转型强调绿色经济的实现而非仅为避免"矿竭城衰"；绿色转型明确了资源型城市转型的目标及方向，是更加先进的转型模式，值得我国资源型城市参考并推广。张晨[230]探索了我国资源型城市的绿色转型机制及转型对策。陈静等[231]将城市绿色转型评价指标体系分为城市支持系统和城市协调系统两大类，认为中国城市发展的关键是绿色转型。

在产业的绿色转型方面，蓝庆新等[232]认为，中国工业绿色转型面临着体制障碍、技术障碍和阶段障碍。中国社会科学院工业经济研究所课题组[233]认为工业绿色转型的效益远高于成本，这将成为中国工业绿色转型的根本动力。卢强等[234]建议，现阶段政府可以通过制定严格的资源环境约束目标促进工业绿色转型升级。车亮亮等[235]针对能源产业的粗放增长和黑色增长提出了能源产业绿色转型的三维分析框架，并从能源的全生命周期、能源利益相关者共赢和能源绿色转型能力建设3个角度提出了关于我国能源绿色转型的对策建议。

刘学敏等[236]探讨了企业绿色转型目标模式,认为中国企业绿色转型面临四方面的障碍,即环境标准低且颇具弹性、地方政府和中央政府目标函数不一致、错误认识绿色壁垒以及国家政治哲学过于偏爱经济增长。孙凌宇[237]确定了资源型企业绿色转型能力的四个构成维度,对资源型企业绿色转型能力与绿色转型成长绩效的关系进行了实证研究。

3. 绿色发展的战略、对策及驱动（制约）因素

刘燕华[238]认为,绿色发展需要循环技术、低碳技术和生态技术三大技术支撑。金鉴明[239]认为,绿色发展要以绿色技术和绿色创新来支撑,包括技术创新、结构创新、制度创新。李晓西等[240]认为,生态产业的发展是中国绿色发展的根本途径,体制问题是制约我国绿色发展的主要因素。杨朝飞等[241]认为,全球化带来的外部压力、经济结构性特征、经济的快速增长,以及制度和监管障碍是制约我国经济绿色发展的几大因素;指出中国如果想要在绿色创新的战略目标下实现跨越式发展,就必须高度重视政府意志、绿色财政力量以及市场这三大要素。彭斯震等[242]认为,中国发展绿色经济要克服传统产业锁定、新兴绿色产业内需疲软以及资源价格与价值扭曲三道难关。2011年,中科院在主题为"实现绿色的经济转型"的年度报告中指出,我国的绿色发展面临着制度安排、技术创新、市场培育、基础设施、系统整合与商业运作等障碍。[243]张台秋等[244]研究了绿色战略的动因与权变因素,认为在我国经济转型下国有企业比非国有企业更容易获得政府支持性资源,实施绿色战略的效果会更好。杨希伟等[245]指出,制约中国绿色经济的三大瓶颈是战略规划滞后、激励约束机制缺位及核心技术缺乏。赵建军[246]认为绿色发展的动力主要源自技术支撑机制、创新驱动力机制、制度推动机制和文化推广机制。李宁宁[247]认为,生产方式绿色化就是要实现资源利用的最大化,是绿色发展的重要内容。庄贵阳[248]等提出,影响低碳经济的主要因素包括人口增长、工业化水平、国际贸易分工、

技术进步和资源禀赋等。2012 年，环保部出版了《绿色发展：环境保护卷》[249]，针对我国现阶段的资源环境现状，提出了调整经济结构、优化经济发展、改变消费模式等解决路径。中国国际经济交流中心课题组[250] 从政策层级和政策工具类型角度，总结了我国在水资源、电力、制造业、建筑、交通运输、农林等领域实施绿色发展的政策手段和实施效果，并详细规划了下一步推进实施绿色发展的政策体系。中国可持续发展研究会[251] 从全球视野、国家战略、地方实践 3 个角度阐释了中国绿色发展的对策，涵盖了 2015 年后发展议程、全球可持续发展目标、绿色经济、应对全球气候变化、能源转型、绿色就业、生态农业、地方可持续发展实践等绿色发展的关键和热点议题。张亮[252] 提出了促进我国经济绿色转型的政策优化设计。周国梅等[253]、吴晓青[254] 提出了以可持续消费促进绿色转型的对策建议。

4. 绿色发展相关的指标体系

我国对绿色发展指数的研究虽然起步较晚，但 20 多年来，已经出现了从理论探讨走向实际应用的趋势。牛文元[205] 最早提出独立的可持续发展评价模型理论框架，建构了五大指标体系。欧阳志云等[255] 构建了包括环境治理投资、城市绿化、废弃物综合利用、生活垃圾处理、废水处理、高效用水和空气质量等在内的我国城市绿色发展评价体系。朱春红[256] 构建了区域绿色产业发展效果评价体系框架。陈龙桂[257] 构建了包括耕地保有量和增加量等 26 个评估指标的中国绿色经济发展评价指标体系。黄羿等[258] 通过建立生态城市建设力度、产业环境友好程度、循环经济发展水平等 3 个因素层，构建了我国城市绿色发展评价指标体系。陈华[259] 构建了基于生态—公平—效率（5E）模型的低碳发展理论，以 CO_2 排放总量及空间、CO_2 人均累积排放量及人均年 CO_2 排放量、CO_2 排放生产率为指标，建立了低碳发展理论体系和指标体系，分析了中国的低碳发展现状和前景。李佐军[260] 从减排、增绿、资源结构优化、资源节约以及竞争力提升 5 个方面构建了绿色转型发展评价指标体系。向书坚等[261] 构建了中国绿色经济发展指数，并运用"十一五"时期的数据对指数进行验证；测算结果表明：中国绿色经济发展处于低水平发展阶段，目前的绿色经济发展不具有典型绿色经济的性质。陈劭锋等[262] 提出资源环境绩效指数法，对包括中国在内的世界主要国家的绿色发展水平进行了综合评估与对比分析，以揭示各国绿色发展水平在世界上的地位及其动态变化趋势。严耕[263] 首次提出了包括中国生态文明发展指数、中国绿色生产水平指数和中国绿色生产发展指数系列的生态文明评价指数，并实现了综合性量化评价。2015 年 8 月，牛文元带领他的团队发布了中国第一份针对世界可持续发展科学与行动的专业报告——《2015 世界可持续发展年度报告》[264]，全面评价了各国可持续发展现状及目标预期。1997 年，国家计委国土开发与地区经济研究所构建了可持续发展指标体系，包括社会发展、经济发展、资源和环境 4 个方面的内容。1998 年，国家统计局统计科学研究所提出了包括社会、环境、资源、经济、人口和教育 6 个子系统的可持续发展指标体系。2012—2014 年连续 3 年，北京师范大学经济与资源管理研究院与西南财经大学发展研究院联合发布了年度发展报告，创造性地构建了"人类绿色发展指数"[265]，从资源环境承载力、绿色增长绿化度、政府支持度等方面对多个省市的绿色发展水平进行科学测评与指数排名，这也是目前国内较有影响力的一个绿色发展指数评价指标体系。2004 年，由国家统计局、国家环保总局、国家发改委和国家林业局联合成立的课题小组启动了以环境核算和污染经济损失调查为内容的研究。2005 年，该课题小组初步建立了符合中国国情的绿色 GDP 体系框架，并在北京、天津、河北等 10 个省市启动了试点工作。2006 年，该课题小组发布了《中国绿色国民经济核算研究报告 2004》。由于部门局限和技术限制，报告没有包含资源核算的内容，只计算了部分环境污染损失，所以仍不是真正意义上的绿色 GDP 核算。2007 年，北京工商大学与世界经济研究中心以北京为研究案例，联合发布了《中国 300

个省市绿色经济与绿色 GDP 指数》[266]。2014 年，当代绿色经济研究中心研究组发布《中国发展质量研究报告 2014》[267]，首次提出 GDP 质量指数，对 31 个省、自治区、直辖市进行了统计分析，并做出了 GDP 数量与质量之间的对比分析，完成了中国 GDP 质量生成的"资产负债分析"。

5. 绿色发展理论及其方法的实践应用

诸大建等[268] 以上海低碳经济型城市建设为考察点，对低碳经济与低碳发展的背景、低碳城市的内涵与指标进行了探讨。张小刚[269] 对城市群绿色发展评价体系进行了研究，分析了制约长株潭地区绿色发展的几大因素，并据此提出了该区域绿色发展的空间布局、发展载体优化及保障措施等。陆小成[270] 实证研究了北京城市转型的主要问题及原因，提出了北京城市转型与绿色发展的政策建议。朱远等[271] 结合国内外不同地区的发展实践，研究了城市绿色转型的动力因素及推进策略。李剑玲[272] 以低碳绿色城市发展为主要研究对象，探讨了北京的低碳绿色发展及京津冀区域协同创新发展战略。顾朝林[273] 以"绿色发展与城市规划变革"为主题，讨论了作为具备"公共政策"特质的城市规划，如何适应绿色发展的新趋势和新常态。吕薇等[274] 通过体制机制视角下的绿色发展国际经验以及北京、深圳、上海 3 个城市的典型经验与创新实践的对比，提出了关于我国绿色发展的若干政策启示。

1.3.4　研究述评

从现有文献来看，国内外学者从理论发展和应用研究角度对生态赤字（足迹）进行了大量有意义的研究，研究总体趋近成熟。近年来生态赤字研究的国际合作和国家分布范围均呈明显增长和扩大趋势，国际生态赤字的研究尺度也日趋多元化且深入微观领域，研究热点由单一足迹的模型改进逐步向多重足迹的融合过渡。然而，EF 模型的应用范围虽然不断扩大，但应用的广度仍然不够。在气候变化、碳足迹、生态足迹区域转移，尤其是对废弃物生态足迹的研究和对不可再生资源提供的生态承载能力及其利用潜力的计算与测度方面，我们仍是大有可为的。此外，现有研究大多是针对某个行政区域的应用研究，针对具体产业的研究并不太多。因此，未来对特定领域或产业的生态赤字的研究、建设资源共享的全球资源环境数据库、足迹类指标体系信息库以及生态赤字变化监测网络的研究将是研究的热点与趋势。我们需要引入新的技术手段，进行多学科的交叉融合，在源数据采集、参数确定、边界确定等方面加强生态赤字计算方法的标准化研究，以建立更加合理有效的生态赤字预测模型。

从内容来看，湖南省的生态赤字研究大多集中在生态赤字的计算、对生态足迹指标的分析方面，对生态赤字影响因素的研究还较少。在研究对象方面，大多数文献都是基于区域层面，根据本地数据进行相关核算，并据此评价区域生态经济可持续发展状况，缺乏系统完整的研究成果，理论上少有突破性进展。生态赤字的演变是衡量湖南省绿色发展水平与趋势的重要指标，研究其影响因素对认识湖南省绿色发展的趋势以及改善湖南省生态环境有重要的现实意义。而当前这方面研究还不多见，因此，未来湖南省生态赤字研究的趋势将是：基于较长时间序列数据的历史演变轨迹，从行业层面和区域层面，深度剖析核算结果，通过量化各关键影响因素的贡献率，挖掘生态赤字演变的原因，对影响生态赤字水平上升的主成分因子进行分解，并判断其与具体产业（或企业）的对接关系，从而定量回答湖南绿色发展建设过程中遇到的新问题。这也是本书的出发点和创新点。

对绿色发展相关理论研究的深入，往往伴随着对人类发展方式和前进方向不断反思、不断完善的过程。绿色发展是人类关于生存、发展与生态之间关系的研究成果的系统化、理论化的集合。虽然目前绿色发展的研究成果已非常丰富，但其至今没有一个完整系统的理论体系，尚未形成独立学科，缺乏多学科的协同研究。目前来看，地理学、生态学、环境学、经济学、社会学等众多学科都参与了绿色发展的研究，但研究的集成融合度不足。目前国外学术界主要围绕环境保护和经济增长两方面对绿色发展的内涵与特点展开研究。虽然两者侧重点各有不同，但本质上都强调改善资源利用方式，增加绿色财富和人类绿色福利。目前国内的研究包括生态安全、发展高效、社会和谐三方面的内容。相比国际上的理论研究，我国学者不再局限于"生态治理"与"经济增长"两方面的研究，而是逐步形成了"生态—经济—社会"三位一体的革命性发展模式，这是值得肯定的一大进步。但相对而言，目前规范研究较多，实证研究偏少，对实践探索的总结还不够，尤其缺乏对不同地区的模式、机制等进行深入的实证研究和科学总结。

从全球角度来看，对绿色发展指数的研究已经进行了近 40 年，不同学者从不同的角度进行了研讨，"绿色经济发展指数""绿色发展指数""生态效率"等都是评价绿色发展的产物。尽管各种指标层出不穷、纷繁复杂，但都未能真实完整地反映区域可持续发展状况，国际社会至今仍没有一个统一的绿色核算指标体系。尽管人们研究承认绿色 GDP 核算的意义，但是如何从方法学角度来构建一个可测量指标体系，至今没有确切答案。我国的绿色发展指数研究主要集中在可持续发展、绿色 GDP 和其他资源环境指标体系上，指标体系忽略了不同类型资源型城市的差异，缺少社会公平指标的设计，且缺少多种方法的综合测评。因此，未来从更高层面上对绿色发展的内在机理、发展模式、与学科领域的融合、不同地区间绿色发展的宏观联系、相关绿色发展评价指标体系、以定量方法进行模拟实证等方面的研究是研究的热点和努力的方向。

1.4　研究思路、内容与方法

1.4.1　研究思路

基于湖南省 2000—2015 年的数据，利用改进了的能值生态足迹模型对湖南省的生态赤字进行测算与分析，得到湖南省的生态赤字现状、2000—2015

年的湖南省生态赤字的演变过程、湖南省内四大区域生态承载力的差异以及湖南省能源消费碳足迹的动态变化。根据计算结果建模分析，找出湖南省生态足迹变化的驱动力因子，量化其贡献率，并判断其与具体产业的对接关系。最后综合以上研究成果，提出湖南省绿色发展的动力机制以及发展对策。

1.4.2 主要研究内容

（1）湖南省生态赤字的核算与评价。构建能值生态足迹模型；计算并评价湖南省能值生态足迹与生态承载力现状；分析 2000—2015 年湖南省能值生态足迹与生态承载力的演变轨迹，以及湖南省能值生态足迹与能值生态承载力的区域差异。

（2）湖南省能源消费碳足迹研究。计算 2000—2015 年湖南省能源消费总量、碳排放总量以及各分品种能源消费量；分析 2000—2015 年湖南省能源消费碳排放和碳足迹的动态变化，计算分析湖南省的碳排放强度及动态变化过程。

（3）湖南省生态足迹的驱动力因素分析。基于湖南省能源消费碳排放数据，结合湖南省人口增长、经济发展、产业结构变化、技术进步、能源结构调整以及居民消费方面的相关数据，利用偏最小二乘回归（partial least squares regression，PLS）模型进行统计与测算，找出对生态足迹影响最大的驱动力因素，判断其与具体产业的对接关系，揭示湖南省生态赤字演变的轨迹和原因。

（4）湖南省绿色发展的动力机制与发展对策。综合以上研究成果，推出增加湖南省生态承载力、减小生态足迹的对策，并提出湖南省绿色发展的实现途径。

1.4.3 研究方法

本研究以湖南省面临的严峻的生态环境挑战为起点，以减缓湖南省生态赤字上升速度为目标，以湖南省的绿色发展为前提，以大量的湖南省基础数据为依托，运用生态经济学原理，采用定量与定性分析相结合、动态与静态分析相结合、逻辑推理与理论抽象相结合的方法，对湖南省的生态赤字展开全面深入的分析研究。主要研究方案及拟采取的措施如下：

1. 文献分析法

本书的研究内容属于多学科交叉研究内容，涉及社会科学和自然科学，必须借鉴生态经济学、区域经济学、发展经济学、管理学、应用生态学等理论，需要对国内外有关绿色发展研究、生态赤字计算等方面的基本情况及典型案例进行全面把握，为研究做一个理论、方法与数据的基础铺垫。

2. 规范分析与实证分析相结合法

本研究坚持文献研究与实证分析相结合、理论与实践相结合、历史分析与现状研究相结合、整体分析与个体分析相结合，根据湖南省各相关部门的统计数据、相关研究报告的资料、有针对性的实地调研资料，用规范分析与实证分析相结合的方法，运用模型来核算和预测湖南省生态赤字的历史、现状、动态演绎及发展趋势，建立基于可持续发展的湖南省生态承载力的理论体系和较为完善的湖南省绿色发展研究框架。

3. 时间与空间相结合分析法

基于湖南省2000—2015年资源环境、经济发展、社会发展的调研、统计数据，进行全方位的时空结合研究。从空间角度（截取2015年的数据）和时间序列角度（2000—2015年数据）来分析湖南省生态经济系统的空间结构、区域差异，探求湖南省自然系统生态赤字的动态演绎机制。

4. 数理统计与计量经济分析法

数理统计与计量经济分析法基于数学、经济学和统计学理论，从数量上对事物间的相互关系与规律进行研究，以此来进行经济结构分析和政策评估。本书采用PLS模型构建生态赤字与其影响因素的定量关系模型，找出在各种生

物生产性土地中，对生态足迹影响最大的驱动力因素，并判断其与具体产业的
对接关系。

1.4.4 技术路线

具体的研究技术路线见图 1.1。

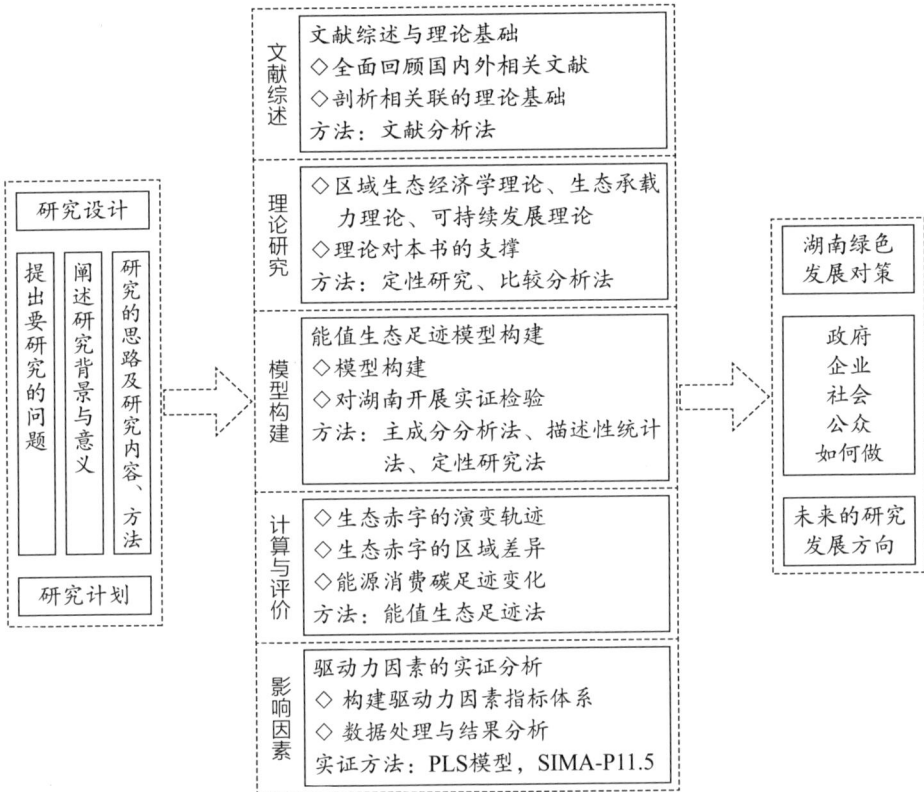

图 1.1 研究技术路线图

第 2 章　理论基础与研究区概况

2.1　相关概念

2.1.1　生态赤字

任何人类消费自然生态系统提供的产品和服务的行为，都会对地球生态系统产生影响。地球生态系统要想确保自身的正常运转，就必须将提供这些产品和服务的压力控制在生态系统的承载力范围内。否则，人类经济社会的发展就无法实现可持续。生态足迹是对自然生态空间的占用。生态足迹模型用生态足迹来衡量人类的负荷，通过测定人类为维持自身生存发展而消耗、占用自然资源能力的高低来评估其对地球生态系统的影响。生态足迹模型相对全面地量化自然资源的消费和人类行为造成的污染排放，衡量的是人口未来需要的生态容量。它将人类消耗的自然资源和排放的废弃物折算成相应的生物生产性面积，然后以此来考察人类社会的可持续发展状况，从而有效地量化了人类社会与自然生态系统之间的相互关系。其计算结果直观明了，且具有区域可比性。

生态赤字是生态足迹测算的延伸，是对自然生态空间超额占用的量化评估。生态足迹包括区域的人口规模与人均对自然生态系统的压力。由于生态空间承载容量相对稳定且稀缺，当生态占用超过生态承载力时，生态赤字就会出现。其值为生态足迹与生态承载力之差，定量地表述了区域可持续发展的状况。

其值为正时表现为生态赤字，反之表现为生态盈余。（故本书后文中"生态赤字"的概念有时用"生态盈余"表述。）生态赤字的存在表明生态占用需求超过了生态承载能力，生产和消费对自然生态空间占用约束不足，生态安全承受压力。人类对自然资源的消耗量不断增加，生态赤字缺口亦将随之不断增大。要满足在现有生活水平下区域人口的消费需求，该区域只有两种选择：要么通过从其他区域进口欠缺的资源，来补充对匮乏的自然资源的需求；要么依靠过度消耗自身的资源来弥补收入供给的短缺。二者都可能导致该区域的发展处于不可持续状态。生态赤字的主要后果之一是气候变化：由于对化石燃料的过度使用，人类排放的二氧化碳已超出地球生态系统的吸收能力。而生态赤字产生的主要原因是人口的过度增长与人类的过度消费。因此，为避免赤字危机的产生，必须提高生态承载力，维持生态界的收支平衡。在生态承载力的容许下合理利用资源，有效提高资源的可利用性，实现生态系统的可持续发展。

2.1.2　绿色发展

传统的黑色发展模式所带来的生态问题就是全球性自然系统的生态超载造成的巨大的生态赤字和生态危机。如果不改变发展模式，这种危机还会进一步加剧，进而带来人类自身的毁灭。绿色发展是最符合自然特征和规律的发展模式，其本质是通过加强生态治理和环境保护，减少对能源资源的消耗，维持经济、社会、生态全面协调的可持续发展。绿色发展理念是古今融合、东西交汇的全新的发展理念。其来源主要在三方面：一是中国古代"天人合一""道法自然"等朴素生态智慧观；二是马克思主义自然辩证法，马克思主义生态思想与生态伦理；三是可持续发展观，即现代工业文明的发展观。这三者都是人类思想的优秀文化成果，它们交融贯通，形成绿色自然观和发展观——绿色发展。绿色发展是对三大优秀思想和理论的再发展与再创新，是对马克思主义发展理论与生态思想的继承与整合式创新。其本质就是充分体现"坚持以人为本，树立全面、协调、可持续的发展观，促进经济社会和人的全面发展"的科学发展理念。绿色发展观的提出，源于我们党对社会发展规律认识的深化。发展，是人类社会永恒的主题。中国共产党的性质和宗旨，决定了中国发展的根本目的是人民。坚持绿色发展，营造美好生态环境，创建最公平的公共产品，是最普惠的民生福祉。为此，党的十八大以来，在中央重要会议、决议的文件中，绿色发展、生态文明已高频率出现。从生态文明建设到绿色发展理念，这反映了我们党对发展规律的新认识，标志着中国特色社会主义建设迈入了一个绿色发展的新时代。

绿色发展强调人与自然的互惠共赢和生产生活中的生态价值。绿色发展通过绿色创新达到资源和能源利用的最大化，同时不断投资自然资本，增大生态环境容量和资源承载力，从而达到绿色富民、绿色兴邦，实现人的全面自由发展和永续发展，经济、社会、生态协调发展，人与自然和谐共荣。绿色发展模式是将环境保护作为实现可持续发展，使经济发展摆脱对高资源消耗、高碳排放和高环境污染的依赖的一种新型发展模式。绿色发展以实现经济、社会和环境的可持续发展为目标，以绿色文化为引领，以绿色创新为动力，以绿色消费来倒逼，以绿色管理来规范，以人与自然的和谐共荣为本质。作为指导我国"十二五""十三五"规划的重要理念，绿色发展在理念上倡导生态价值观；在生产过程中实行产业生态化和生态产业化；在生活方式上倡导绿色消费观念，践行绿色生活方式，驱动绿色发展。

绿色发展是一场全面彻底的、颠覆性的发展模式革命，也是一把破解环境资源约束的金钥匙。我们党提出的绿色发展理念，与联合国的国际机构主推的环境、生态安全理念是相契合的，并具有更加符合中国国情的具体政策措施，在中国推广实施后可为破解促进发展和保护生态环境的世界性难题提供值得期待的中国方案。从资源、能源和环境的形势看，推动绿色发展是国内的发展需要，更是全世界的发展趋势。

2.2　理论基础

2.2.1　生态承载力理论

"承载力"概念源于生态学，最初用于计算草场的最大载畜量。《英汉大词典》将承载力定义为"某一自然环境所能容纳的最大限度的生物数量"。近些年来，随着世界范围内人口、资源与环境问题的日益严峻，承载力概念的内涵从生态学延伸到了更多的学科和领域，衍生了如生态承载力、环境承载力、资源承载力、种群承载力等相关概念，反映的是人与生态系统的和谐、互动及共生关系。生态承载力指的是在某一时期，在特定的状态下，一个国家或地区的自然生态环境和自然资源状况能持续满足社会经济发展需要的总体能力，是区域生态环境对人类社会经济活动的支持能力。生态承载力与生态足迹相对应，反映的是地球的资源供给能力。生态承载力是在保持人类正常生产、生活的条件下，自然生态系统（资源、环境等）对人口规模和各种活动的最大容量。或者也可以说，生态承载力是当人类发展到最为繁盛的时期，在大量消耗环境资源的同时，还能保证人类后代继续生存下去的生态环境容量。随着绿色发展研究的兴起，生态承载力与资源学、环境学的结合日益紧密，成为研究人类活动与自然资源关系的重要概念。生态承载力包括生态弹性力和生态恢复力两部分，指的是在一定时间和空间范围内，生态系统通过自我维持和自我调节能支持的资源消耗和污染物排放程度，以及具有一定生活水平的人口数量和最大社会经济活动强度。生态弹性力的大小取决于资源承载力和环境承载力的大小，而生态恢复力则包括人类的生态抵御力和环境治理力。

生态承载力是一个"自然—经济—社会"的复杂系统，反映的是在不损害区域生产力的前提下，该区域有限的资源能够供养的最大人口数。生态承载力与人类的人均占用资源总量密切相关，且直接关联着区域的可持续发展潜力。对于经济发展处于不同阶段的国家，这一概念有不同的侧重点：对于发达国家而言，生态超载的原因往往是人类的过度消费；而对发展中国家来说，生态超载则更多是因为人口的快速增长。因此，我们在将生态承载力作为一种研究社会、经济状况的工具，应用于区域的发展决策时，要充分研究区域生态赤字产生的背后原因，从而有的放矢地提出解决方案。

2.2.2　可持续发展理论

可持续发展这一概念来源于生态学，是人类对传统发展观长期、全面的探索与深刻的反思积累的结果。《我们共同的未来》中对可持续发展的定义是："可持续发展是既满足当代人的需要，又不对后代人满足其需要的能力构成危害的发展。"[178] 可持续发展意味着每一个人、每一代人都有机会在自然生态系统承载力范围之内，进行高品质的生活与生产，同时要保证其他生物的健康生存与发展。可持续发展的核心是保障生态环境，从而为经济发展提供持续性的支撑，即在环境得以保护和资源永续利用的前提下，实现人与自然、人与人之间的和谐，以及经济与社会的全面发展。可持续发展理论包括两个方面：经济可持续与生态可持续。建设生态文明实际上就是把生态可持续提到日程上来。

2.2.3　生态资源价值理论

生态环境具有资源与环境的双重属性，是一个由各种自然要素构成的自然生态系统。根据环境经济学理论，生态环境资源是有价值的，其价值随着社会条件的变化而变化。生态资源价值理论包括哲学价值论、生态价值论、工程价值论、效用价值论、劳动价值论、资源环境价值论等。其中经典的是西方的效用价值论和马克思的劳动价值论。

传统的生态资源价值理论产生出资源无价的理论，不仅制约了基础原材料的发展，还导致了人类无节制地、过度地开发使用资源，使许多野生矿产资源和珍稀生物物种在采伐中灭绝，造成巨大的浪费。为此，应改变传统生态资源价值的理念, 确立生态资源价值理论的评估体系, 以实现生态资源的最优配置; 在绿色发展相关评估指标的设计中必须综合考虑生态资源价值、生态成本、环境损失和生态补偿等要素, 以合理的经济手段对生态资源进行开发利用、保护和改善。

2.2.4　生态经济学理论

生态经济学是基于生态学与经济学的交叉研究而发展起来的新兴学科, 它从生态规律与经济发展规律的结合研究人类经济行为对自然环境的影响, 以及研究经济活动如何仿生态规律运行, 提高经济运行效率, 引导和促进经济行为对自然环境的保护, 减少资源能源消耗和环境污染。生态经济学研究的主要问题包括: 经济行为对自然环境的影响; 人口增长与粮食匮乏、资源能源瓶颈、环境污染之间的相互关系; 自然环境与城市经济发展的关系和相互作用问题; 森林、草原、农业、水资源、工业、城市化等主要生态经济系统的结构、功能和综合效益问题等。

生态经济学基于生态学和经济学的有机结合, 强调经济与生态环境的协调发展, 因此形成了 3 个最为基本的理论范畴, 即生态经济系统、生态经济平衡和生态经济效益。生态经济系统即生态系统和经济系统的结合; 生态经济平衡是强调经济发展如何与生态系统平衡; 生态经济效益则强调经济发展应该突出和重视生态效益的提升, 强调生态效益与经济效益的结合, 进而促进生态经济系统良性运行和生态经济平衡。三者的关系表现为: 生态经济系统是运行主体和载体; 平衡是机制和动力; 生态经济效益是目的; 在追求经济效益的同时要兼顾生态效益和社会效益的有机统一。生态经济学理论认为要实现绿色发展, 最根本的是要根据生态环境所能承受的极限来界定经济社会发展的规模。

2.2.5 生态承载力与绿色发展的相互关系及作用机制

关于生态承载力与绿色发展的相互关系，人们已经在全世界范围内达成了共识。二者研究的背景相同，研究的目的互利，都是在人类发展受到来自自然生态的限制和阻碍的背景下提出的，解决的核心问题都涉及自然资源、生态环境与人口、经济发展等关系的相互协调。二者的不同主要在于考察和研究的视角不同。

生态承载力是绿色发展理论的重要支撑理论之一，其核心思想是根据自然资源与生态环境的实际承载力来确定区域的人口与社会经济的发展速度，从而更好地解决区域资源、环境、人口与发展问题，实现资源环境与生态系统的良性循环以及人与自然协调，社会和经济的可持续发展。区域的一切社会经济活动都必须维持在资源、环境的承载阈值之内。从这个意义上说，生态承载力是区域绿色发展的制约因素。当区域的生态承载力大于区域社会经济活动的发展时，区域将实现绿色发展，否则将导致生态贫苦和环境污染。当情况变得严重，亦即赤字过大时，就可能引起区域经济社会的畸形发展甚至倒退、崩溃。另外，生态承载力决定着区域经济社会发展的速度和规模，是区域绿色发展的重要保障。生态承载力并非一成不变，其阈值随区域经济、人口、科技水平、人们的生活方式、消费意识以及时间和政策法规等的变化不断发生变化。

生态经济学理论认为要实现绿色发展，首先要根据生态环境所能承受的限度，即自然系统的生态承载力，来界定经济社会发展的规模。绿色发展是实现自然系统由生态赤字走向生态盈余的首要目标，也是唯一途径。所以绿色发展已成为各国政府的政治共识和社会共识，成为当代世界经济发展的一大潮流，也是我国生态文明建设的核心内容之一。绿色发展是继工业革命以来，最深刻、最全面的一场变革，而"绿色"是这场革命的关键词，它强调可持续性、公平性与协调性，涉及我们的生产方式、生活方式、消费模式、商业模式等的改变。绿色发展不仅以人与自然的和谐发展为诉求，更强调发展的效率和质量，主张一种在经济、社会、环境等能够自我调解和自我恢复的阈值范围之内，基于资源的永续利用和生态环境保护的不断进步和成长的发展，是一种高效优质，充满生机和活力的发展。当我们评价一个区域可以实现绿色发展时，该区域一定有着较高的生态承载力，具有良好的经济环境、较为丰富的资源、较高的科技含量以及适宜的人口规模。因此，必须保证区域的经济发展在生态承载力阈值之内，绿色发展才有可能成为现实。走生态优先、绿色发展之路，深刻揭示了经济社会发展和生态环境保护的辩证关系，也展现了我们实现可持续发展的责任担当。

2.3　研究区概况

2.3.1　地理位置和行政区划

湖南省是位于我国中南部的内陆省份，地处长江经济带与华南经济圈的中间地带，连通东西，承接南北，通江入海，地理位置独特，区位优势相对突出。湖南省地处东经 108°47′~114°15′，北纬 24°39′~30°08′，是江南丘陵与云贵高原、南岭山地与两湖平原的过渡地带，承东接西、通南连北：北以洞庭湖平原与湖北相连，西部因云贵高原与贵州交界，南枕南岭与两广相通，东面以幕阜、罗霄山脉与江西接壤，西北以武陵山脉与重庆毗邻。境内有京广铁路线和长江水系贯穿而过，是东部沿海与中西部的交通枢纽。2013 年 11 月，习近平总书记视察湖南，重构了湖南发展的战略坐标，放大了湖南的辐射优势，提出了对湖南未来发展的新定位和新要求，即发挥作为东部沿海地区和中西部地区过渡带、长江开放经济带和沿海开放经济带接合部的区位优势。目前湖南省共辖 14 个市（州），34 个市辖区，16 个县级市，72 个县，共设 1055 个镇，1310 个乡。[275]

根据各县市区所处的地理位置、区位特点和资源优势，目前湖南省已经形成了长株潭城市群区（包括长株潭等 12 个县域）、环洞庭湖区（包括常德、岳阳、益阳等 21 个县域）、大湘西区（包括邵阳、怀化、张家界和湘西自治州等 32 个县域）以及湘中南区（包含衡阳、娄底、永州和郴州等 33 个县域）四大板块。省会长沙位于湘东偏北的湘江下游，是一个人口超百万的大城市，也是全省的政治、经济、文化与信息中心。

2.3.2　自然资源状况

1. 气候与水文

湖南属于亚热带季风湿润气候，四季分明，全年光照充足，年均气温较高，且降水集中，雨量充沛，年平均降水量在 1 200~1 700 mm 之间，居全国降水量前列。湖南热量充足，大部分地区高于 10 ℃，无霜期平均为 253~311 天。[275] 湖南生态系统类型多样，物产富饶，农业生产较为发达，是我国农业大省之一，自古就有"九州粮仓、鱼米之乡"的美誉。

湖南坐拥 163 km 长江水岸线，河流众多，拥有包括湘江、资江在内的大小支流共 5 000 多条。湖南省河网稠密，水系发达，洞庭湖是全国第二大淡水湖，湘西是国内十大水能开发基地之一。湘江、洞庭湖分别为省内的最大河流与湖泊。全省 5 km 以上河流 5 341 条，可通航里程 15 000 km。因地形高差明显，河流落差较大，水力资源十分丰富，是我国天然的富水区之一，全省水资源总量达 1 689 亿 m³。截至 2014 年年底，湖南省的淡水总面积达到 135.38 万 hm²，人均水资源达到 2 373 m³，天然水资源总量为 2 682.8 亿 m³，地表水资源总量为 1 419.3 亿 m³，地下水量为 350.4 亿 m³，水力资源蕴藏量为 1 532.45 万 kW，其中可开发量达到 1 083.84 万 kW，[275] 水力资源的蕴藏量非常大。但由于水量时空分布不均，变化梯度大，湖南常有洪涝、旱灾发生。另外，湖南省水资源虽然丰富，但存在用水方式粗放与水污染严重等问题。

2. 土地资源

土地资源既是社会经济发展必需的生产资料，也是污染废弃物特别是固体废弃物排放的主要场所。社会经济的发展，导致土地负荷不断增加，土地生态承载力超负荷运行。湖南的东西直线距离宽 667 km，南北直线距离长 774 km，全省土地面积为 21.18 万 km^2，占我国国土面积的 2.2%，居全国第十位。湖南省土地资源总量丰富，类型齐全（见图 2.1），但耕地面积较少，约 414.95 万 hm^2，仅占湖南土地总面积的 19.5%，占全国耕地总面积的 3.2%。人均耕地面积低于全国水平。林地面积 1 229.65 万 hm^2，约占全国森林总面积的 6.7%。天然草地面积 637.3 万 hm^2，约占全国草地总面积的 1.7%。[275]湖南地貌类型复杂，全省三面山地环绕，中部丘岗起伏，丘陵盆地内嵌，北面多湖泊、平原，南高北低的地势形成了一个朝东北开口的不规则的马蹄状地形。湖南土地结构类型包括山地、盆地、丘陵、平原、水域五类，且以山地和丘陵为主。山地面积为 1 084.72 万 hm^2，占全省总面积的 51.2%；丘陵、平原区分别占全省总面积的 15.4% 和 13.1%；水域只占全省总面积的 6.4%。2015 年，全省森林覆盖率达到 59.57%，居全国第五。人均森林面积达到 0.15 hm^2；湿地保护面积 1 059.98 万亩，湿地保护率达 69.3%，湿地保护率和国际湿地公园数量均居全国第一。

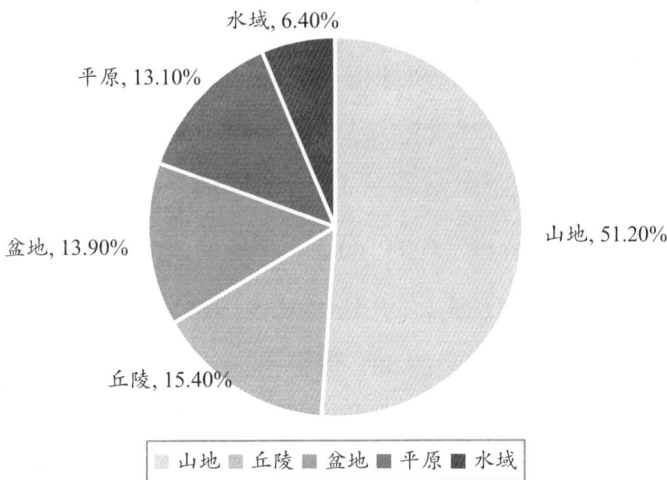

图 2.1　湖南省土地类型结构

湖南农耕历史悠久，千年的沿袭使当地形成了极具湖湘特色的土地利用格局。西部、南部以林地为主，北部、中部以耕地为主。湖南中部、北部人口稠密，边远地区人口稀少，人口主要集中分布于湘北洞庭湖平原地区和湘、资、沅、澧的中下游河谷两侧。而湘南、湘西等地主要为山地，耕地少，开发较晚，交通闭塞，自然条件差。近年来随着湖南省的土地利用布局的变化及常住人口数量的增加，湖南省的人均土地面积和人均耕地面积呈现逐年下降的趋势，土地供需出现相对紧张的局面。2013 年全省土地利用率为 91.01%，比全国平均水平 74.2% 高 16.81 个百分点。2013 年全省未利用地为 $1.89 \times 10^{10} \mathrm{m}^2$，人均后备土地资源为 $286.67 \mathrm{m}^2$，连全国平均水平的一半都不到，且多属于荒坡地、河湖地，分布零散，质量差，宜耕性不强。耕地保护和占补平衡压力较大，且耕地复种指数高，载畜量多。从空间分布来看，湖南省后备耕地资源主要分布于洞庭湖区以及湘南、湘西，由于受自然条件和经济发展水平的限制，这些地区的土地开发复垦难度较大。同时，自然资源的过度开采，化肥、农药、农膜等化学产品的过度施用，以及工业污染和生活垃圾污染，使得水土流失、水土污染等环境问题十分突出，严重危及农产品的质量安全，以及农业的可持续发展。

3. 矿产资源

湖南省矿产储量大，矿产资源相对丰富，是著名的"有色金属之乡"和"非金属矿产之乡"。目前已探明资源储量矿种有 108 种，其中，能源矿产 7 种，金属矿产 38 种，非金属矿产 61 种，水气矿产 2 种。有色金属产业是目前湖南省的支柱产业之一。世界已发现的 160 多种矿藏中，湖南就有 140 多种，其中探明储量的有 101 种。有色金属的储量约占全国总量的 2/3，铋矿储量居世界第一，钨矿储量占世界总储量的 50% 以上，非金属矿产中的石墨储量在全国石墨储量中排名第一。在南方省份中，湖南也是个煤炭资源大省，煤炭资源保有储量达到 29.97 亿 t。但迄今为止，湖南境内尚未发现具有工业开采价值的石油和天然气。由于发展方式粗放，湖南省的矿产资源回收率只有30%左右，且对生态环境的破坏比较严重。

4. 生物资源

湖南气候温和，森林繁茂，物种繁多，生物资源丰富，生态系统多样，是我国生物多样性的关键地带，在全国处于前列。2000—2015 年，湖南省的森林覆盖率逐年增加，2014 年、2015 年连续两年实现了较大幅度的增长，见图 2.2。2015 年森林覆盖率达到 57.52%，远远高出了全国 21.36% 和全世界 31.8% 的平均水平，城市绿化覆盖率达到了 36.81%。

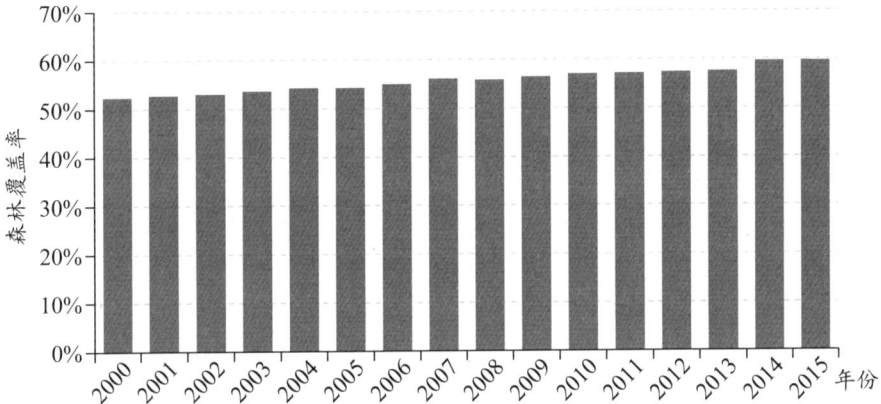

图 2.2　湖南省森林覆盖率变化趋势（2000—2015）

在 WWF 评选的全球 200 个国际生态区中，中国只有 7 个，其中有 2 个在湖南（八大公山、壶瓶山）。湖南动植物资源丰富，拥有 5 000 余种种子植物，珍稀植物较多，植被类型多样。据《湖南省志·地理志》记载，全省植被种数有 248 科，共 5 000 余种，居国内第七位。其中维管束植物约 4 006 种，占全国的 15% ；野生经济植物有 1 000 多种，药用植物 800 多种。同时，木本植物极为丰富，达 2 470 种。湖南珍稀植物较多，其中一级保护植物 14 种，二级有 65 种，占全国珍稀植物种类的 26%。野生陆栖脊椎动物 570 多种，约占全国陆栖脊椎动物的 27.3%。国家重点保护野生动物 113 种，其中 22 种属国家一级保护珍稀动物。

湖南农产品资源丰厚、产量较大，是我国生猪、棉花、稻谷、油菜籽、烟叶、蓖麻、茶叶、柑橘等农副产品的主产区，也是我国南方的重点林区和木材生产基地。经济林主要有油茶、油桐、茶叶等。湖南油茶的产量、产值均为全国第一。此外，省内还拥有丰富的草场资源。稻谷产量稳居全国第一，约占全国的13.2%。湖南的生猪出栏量在全国排第二，外销量居全国第一。苎麻、茶叶、棉花、油料、柑橘、甘蔗、烟叶、蔬菜和淡水鱼等主要农产品总量位居全国前列，对丰富全国"菜篮子"产品意义极为重大。2013年，湖南水产品产量234万t，淡水水产品产量居全国第五位；茶叶产量14.6万t，茶叶出口额达1亿美元，位居全国第二位；油菜种植$1.3 \times 10^6 \, m^2$，位居全国第一；蔬菜产量3 603.5万t，实现产值1 171亿元。千百年来，湖南以其独特的自然地理环境、种养方式和文化传承，形成了众多有湖湘特色的农产品品牌。君山银针、湘潭湘莲、江永香柚、武冈鹅、临武鸭、沅江银鱼、宁乡猪和湘东黑山羊等优质特色农产品享誉全球。

2.3.3 社会经济状况

1. 人口、交通与城市化

作为我国的人口大省之一，湖南人口总量基数庞大，在2010年总人口已经突破7 000万人（见图2.3）。2015年，湖南省人口总量达到7 242.02万人，达到16年来人口最高峰。2000—2015年，湖南人口呈现逐年缓慢上升趋势，2013年人口总量首次出现下降。16年来，湖南人口增加了679.97万人，年增速达到10.36%。受气候、地形等因素的影响，湖南省的人口分布存在地区差异，即湘中和湘南地区人口分布密集，而湘西人口相对分散。在2014年的人口统计数据中，长沙市人口达到了700万，约占全省总人口的10.72%；而张家界人口仅为147万，只占全省总人口的2.25%[275]。

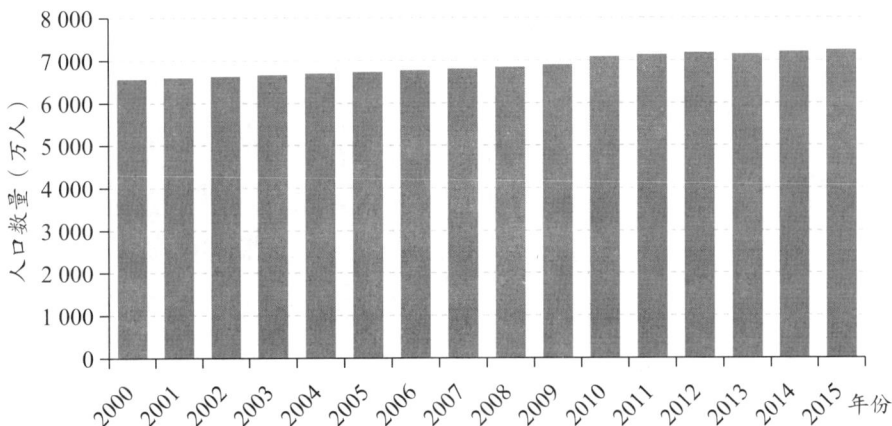

图 2.3 湖南省人口变化趋势（2000—2015）

目前，湖南已形成完备高效、绿色低碳的省内外大循环的交通运输网络，区域联系通达能力显著增强，铁路、水路、航空四通八达。全省高速铁路通车里程达 1 296 km，排名全国第一，京广高铁贯通全境，沪昆高铁湖南段全线通车。高速公路通车里程 5 653 km，位居全国第五位，京珠高速、包茂高速、杭瑞高速、常张高速、沪昆高速等高速公路贯穿境内。湖南境内公路纵横交错，城市的区域经济中心作用增强。

近年来，湖南省大力实施"四化两型""四个湖南"战略，协调发展城乡经济，城市化进程加快，城镇人口数量逐年增长，城市化水平不断提升。2005—2014年，湖南的城镇化率由 37% 飙升至 47.96%，年增长率达到 1.22%。2013 年湖南省的城镇人口数已经突破了 3 000 万人，约占总人口比重的 47.96%，但仍然低于全国的城镇化平均水平。2015 年年末全省常住人口 6 783 万人。其中，城镇人口 3 451.9 万人，首次超过了农村人口，城镇化率达到 50.89%，[275] 城镇化水平比 2014 年上升了 1.6 个百分点，比 2010 年提高 7.59 个百分点，比"十一五"提高了 1.29 个百分点，见图 2.4。

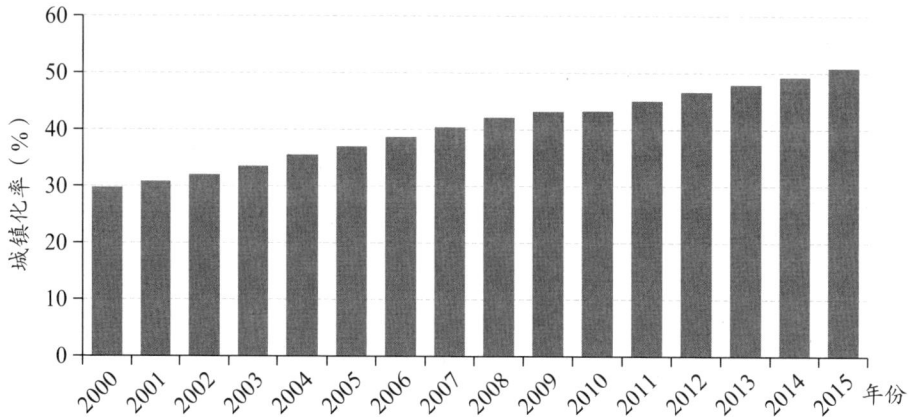

图2.4　湖南省城镇化率变化趋势（2000—2015）

目前湖南省的城镇化发展有两个特点：一是全省超过半数的市州城镇人口达到 200 万人，如长沙、株洲、衡阳等；二是长株潭城市群城镇化领先，区域发展不平衡。2013 年长株潭城镇人口已达到 876 万人，城镇化率为 63.39%，高于全国的 10% 以上，而娄底市、怀化市、湘西自治州等城镇化不到 40%，低于长株潭的城镇化率达 20%。有研究表明，湖南省的适度人口容量为 4 100 万人，临界人口容量为 8 500 万人，预测 2030 年湖南省人口总量将达到峰值 7 500 万人。从这个角度看，未来湖南省的生态系统负荷严重，不容乐观。

2．经济与社会发展

近年来，随着"中部崛起"战略的推行，湖南省委、省政府主动适应、引领经济发展新常态，着力促进"三量齐升"，明确"推进新型工业化、农业现代化、新型城镇化、信息化、绿色化五化同步"路径，加快实施"一带一部"发展战略，重构湖南区域发展空间经济新格局，努力将区位通道优势转化为经济竞争优势，推动湖南的区域空间布局优化和产业融合发展，湖南省经济社会发展呈现稳中有进、稳中趋优态势。全省经济在发展速度和总量扩张上都取得了很大的进步，综合实力显著增强，人民生活水平不断提高，全面小康的实现程度连年提升（见图 2.5）。虽然"十二五"期间，受国内外经济下行压力的影响，湖南省 GDP 增速有所下滑，但全省 GDP 由 16 037.96 亿元增长至 27 048.46 亿元；年均增速仍保持在 10% 以上，高出全国平均 2 个百分点以上，地区生产总值稳居全国前 10 位。

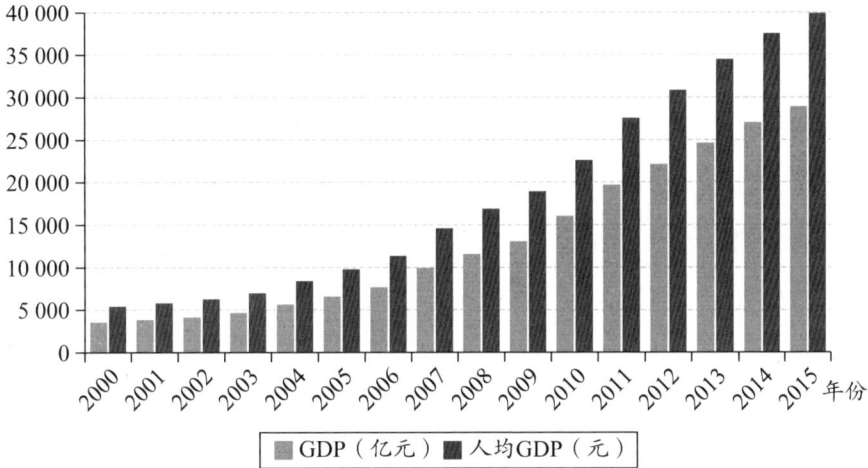

图 2.5　湖南省经济增长趋势（2000—2015）

2015 年，面对错综复杂的经济形势和艰巨繁重的改革任务，湖南全年地区生产总值基本保持稳中有升的态势，较之上一年，全省地区生产总值 29 047 亿元，增长 8.6%；人均地区生产总值 42 968 元，增长 7.9%；第一产业增加值 3 332 亿元，增长 3.6%；第二产业增加值 12 955 亿元，增长 7.4%；第三产业增加值 12 760 亿元，增长 11.2%。其中规模以上工业统计产品中保持增长的有大米、原油加工、汽车等；水泥、钢材、有色金属、混凝土机械、发电量较往年均有所下降。规模以上工业实现利润总额 1 548.6 亿元，同比增长 0.3%。2015 年，湖南经济总量增速 8.6%，告别了高歌猛进式的高速增长，步入了经济新常态的关口，"换挡降速"的风险也开始显现。从全国的视角来看，湖南省经济发展的实现程度，特别是人均 GDP，低于全国平均水平。2015 年湖南人均 GDP 为 42 609 元，低于全国平均水平 13 个百分点。同时，湖南省的地区经济发展不平衡矛盾突出，区域发展差距依旧明显，呈现出长株潭地区总量大、增速快，洞庭湖地区、大湘南地区发展平稳，大湘西地区占比小、增速相对缓慢的发展格局。区域资源配置不均衡，城乡差距大。大量优质资源主要集中在长株潭城市群等经济较发达的城市地区，而湘西等经济落后地区和农村地区基础设施依然薄弱。2015 年，全面小康总体实现程度最高的长株潭地区，达到 95.9%，而大湘西地区仅为 82.7%，两者相差 13.2 个百分点，其经济发展实现程度相差 20.3 个百分点。湖南省的扶贫攻坚任务非常繁重艰巨，贫困人口数量仍比较大。截至 2015 年年底，湖南省还有 51 个国家级和省级扶贫工作重点县，2 个集中连片特殊困难地区，8 000 多个贫困村，约有 465 万贫困人口，贫困人口数量在全国排第五。怀化市、邵阳市、湘西州 3 个地区贫困人口数量超过 50 万；湘西州、怀化市、张家界市、邵阳市 4 个地区贫困发生率超过 10%，高于 7.2% 的全国平均水平。2015 年，48 个重点贫困县市区的 GDP 和财政总收入分别仅占全省总量的 17.3% 和 9.4%；人均 GDP 仅为全省平均水平的 48.4%。贫困人口脱贫是全面建成小康社会的最大短板和难点。习近平总书记指出，农村贫困人口脱贫是全面建成小康社会最艰巨的任务。对于财力不足的湖南而言，这个任务更为艰巨。如果到 2020 年不能完成扶贫攻坚任务，确保贫困人口和贫困村精准脱贫，湖南省就不可能如期实现全面建成小康。

近年来，湖南省积极推动第二产业尤其是工业转型升级，大力支持发展第三产业，全省经济结构调整步伐加快。"十二五"以来，湖南省的产业结构得到了明显的优化，湖南三大产业产值增长进一步增加，见图 2.6。"十二五"期间，湖南三大产业的年均增加值分别增长了 3.6%、12.5%、11.4%。

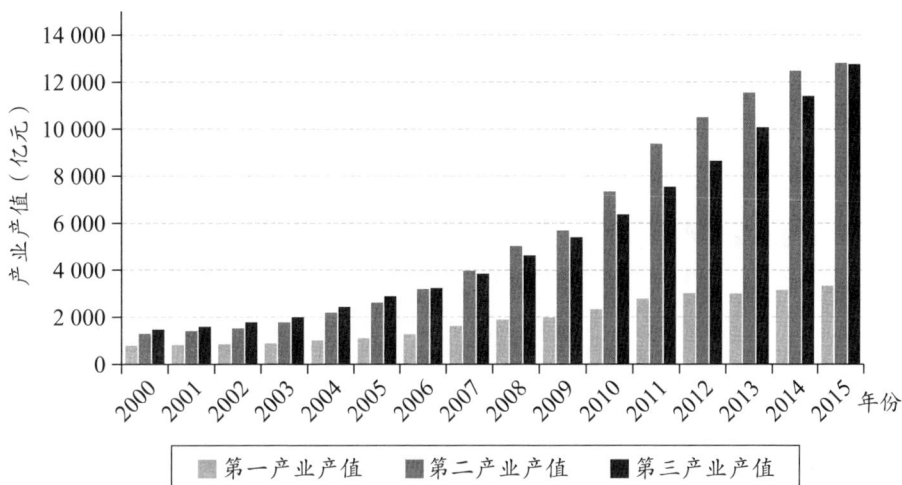

图 2.6　湖南省三产产值图（2000—2015）

产业积极发展的同时，产业结构也逐步调整，见图 2.7。2000—2006 年，全省产业结构为"三二一"的格局，因为这一时期湖南的工业化尚未得到充分的发展，第二产业发展相对落后，因此这种结构没有稳定性。2007—2013 年，全省产业结构转变为"二三一"的格局，这是近几年来，全省大力推进新型工业化建设初见成效的结果。2015 年，全省第一、二、三次产业增加值分别比上年增长了 3.6%、7.4% 和 11.2%，三次产业结构由 2010 年的 14.5 ∶ 45.8 ∶ 39.7 调整为 2015 年的 11.5 ∶ 44.6 ∶ 43.9。其中，第一产业比重下降了 3 个百分点，第三产业比重提高了 4.2 个百分点。但是，目前湖南的三次产业发展仍不够协调，各产业内部结构也不尽合理。由于农业劳动生产率不高，第一产业的经济效益偏低，40% 以上的农业劳动力却只能贡献 12.2% 的 GDP；第二产业的占比依然偏高，且内部结构有待改善，重化工业特征依然明显，高新技术产业发展仍然缓慢；第三产业的发展相对滞后。各产业的技术创新能力和竞争力不强，大部分企业在关键技术、关键设备方面拥有自主知识产权的产品和知名品牌少，处于全球产业链和价值链的较低端，出口产品以初级制成品为主，品种较少且附加值和利润较低。

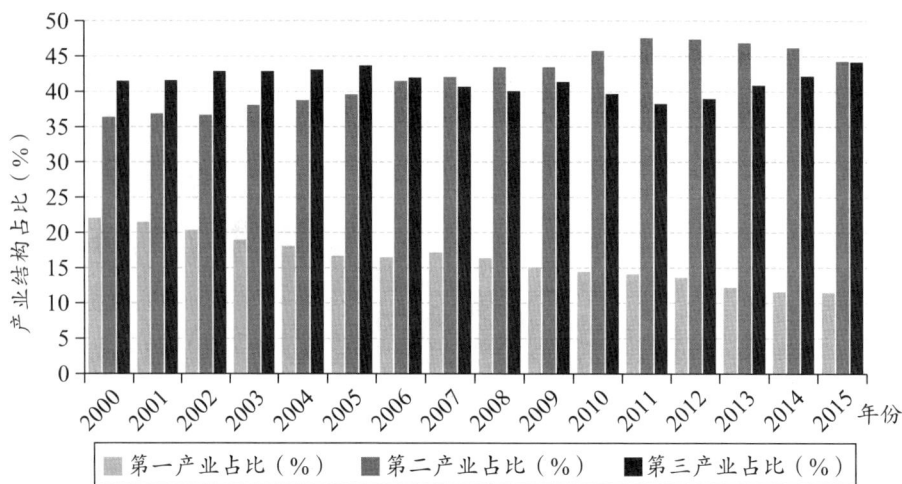

图 2.7 湖南省三产占比变化（2000—2015）

从产业的贡献度来看，工业经济仍然是湖南经济发展的支柱，2015 年，第二产业对全省经济的贡献度超过了 45%，其中 40% 的贡献来自工业增加值。第一产业增加值约占全省 GDP 的 10%。第三产业持续快速增长，年均增速维持在 10% 以上，占 GDP 比重达 43.9%，对增长的贡献率为 53.5%。尤其是金融产业、电子信息服务业、物流业等对第三产业增长的贡献较大。从用能来看，工业用能在第二产业用能，甚至全社会能源消费中一直占主导地位。2014 年，工业能源占第二产业能耗的 96.6%，占全社会能源的 60.9%。其中，六大高耗能行业仅占规模工业增加值的 31.4%，而耗能却高达 70% 以上。高碳产业结构短时间内难以改变。总的来说，研究时段内，湖南经济高速增长的主要动力来自于工业化的加速推进，大量的劳动力和要素资源向第二产业，尤其是工业集聚，推动经济实现了"结构性增速"。湖南正处于工业主导逐步向第三产业主导经济发展转变的过程中，产业结构日趋合理，但要真正实现向"三二一"的后工业时代转变仍需经历较长的发展过程。

在经济规模不断扩张的同时，全省经济发展质量、物产资源、产业发展、科教实力、市场政策环境和合作开发潜力等方面也保持持续提升的势头。财政收入增长较快，投资结构不断转化，在技术改造、基础设施建设、民生改善等方面的投资力度加大。一方面，受经济下行压力的影响，房地产投资放缓，民间投资观望较多，工业投资产能过剩。另一方面，基础设施、民生投资不断加强，第三产业的投资也保持一定的高度。这表明，湖南的投资结构正在不断转变。2008 年以来，湖南省恩格尔系数整体呈现逐步下降趋势，表明城乡居民收入水平和消费水平稳步上升，社会经济稳步增长，见图 2.8。2015 年，全省城镇居民人均可支配收入达 28 838 元，"十二五"期间年均增长 10.8%。农村居民人均可支配收入达 10 993 元，"十二五"期间年均增长 12.6%。城乡居民收入领先中部六省。此外，城镇就业形势较好。2011—2015 年，全省城镇登记失业率分别为 4.3%、4.18%、4.3%、4.14% 和 4.09%，均低于 5% 的"十二五"控制目标。"十二五"期间，全省累计新增城镇就业人员 384.03 万人，超额完成新增 300 万人的"十二五"目标。2015 年年末，全省城镇养老保险参保人数达到 1 160.7 万人，比 2010 年年末增加 223.04 万人。

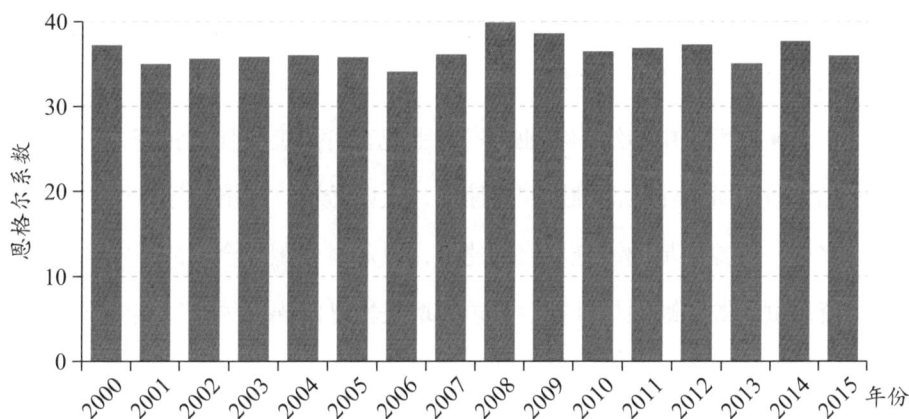

图 2.8　湖南省恩格尔系数变化（2000—2015）

3. 生态保护现状

近年来，湖南省大力推进"生态湖南""绿色湖南"建设，对自然保护区、风景名胜区、森林公园、湿地、水源涵养区等重点生态功能区进行了严格保护，对石漠化治理、防护林建设、重要水源地保护等实施了生态修复工程，并重点落实了长株潭城市群绿心建设，构筑了生态隔离屏障。目前湖南已建成 21 个国家森林公园，自然保护区 68 个，其中国家级保护区 9 个，省级 32 个，生态建设与保护取得了新进展。拥有规模以上环保企业 1 100 多家，涵盖研发、设计、生产、工程施工、运营等全产业链。2013—2015 年，全省环保产业产值年均增幅达到 25%，2014 年环保产业总产值达 1 350 亿元，产值名列全省七大战略性新兴产业第三位，雄厚实力一览无余。

然而，作为中部省份，湖南是一个充满矛盾的地方。从自然条件来看，湖南资源丰富，处于长江中游，对维系整个长江中下游水系及其周边区域的生态平衡和经济社会健康发展起着关键性作用，生态位置很重要。但从人地关系来看，因为人口基数大，人地关系较为紧张。此外，因为湖南地处我国三条易灾带的中间地带，属于大陆性亚热带季风湿润气候，境内降水量大且时空分布不匀，水资源调蓄体系不健全，遭受自然灾害，尤其是旱涝灾害的概率较大，生态系统具有天然的敏感性和脆弱性，是全国生态建设重点地区和生态环境的脆弱区，生态修复任务还十分艰巨。

近年来，湖南正由传统的农业大省向工业大省和工业强省转变，进入了新型工业化和新型城镇化全面推进和提速期，人口激增，经济快速发展，一系列交通、水利、能源等基础设施项目的建设，以及对资源不合理的开发利用，使得土地资源供给的稀缺性与其社会需求的增长性之间出现失衡发展的态势。湖南经济结构整体上不尽合理，经济增长方式较粗放，工业投资仍是主要经济增长动力，而工业投资又以高耗能投资为主，高耗能、高污染企业占比仍然很大。长期以来，湖南省的能源消费结构以传统的污染性能源（如煤炭）为主，而天然气、电力等新型优质能源占比较低。这种能源消费结构导致生态环境遭受到了严重的破坏，大气污染、酸雨等问题日益突出。2013 年湖南省的单位 GDP 能耗为 0.78 t 标准煤，与 2012 年比下降了 0.04 t 标准煤，但是仍高于全国平均水平,在各省份排名中靠后。在全国单位 GDP 能耗降低的 28 个省份里,湖南省排名第 24 位。湖南省的能源消耗仍然很高,面临着对外依存度高和消耗高的双重压力。2014 年年末工业固体废物排放量为 7 805.68 万 t,烟尘排放总量为 35.85 万 t。虽然湖南省的污染物排放量在逐年变少,但是总体排放量依旧庞大,而且高于全国的平均水平。第二产业为主要能源消费产业。据全省 38 个工业行业的统计资料,目前湖南传统工业(钢铁、水泥、化工等)的产值约占全省工业总产值的 75%;而现代生态型产业(电子信息、生物医药、新材料等)的产值占比仅为约 25%。现代生态型产业比重偏低,制约了湖南的生态文明建设。2015 年,湖南环境质量指数 94.8%,比 2010 年下降了 4 个百分点。

此外,多年来对土地,特别是耕地的掠夺式经营,给生态环境造成了较大压力,导致农业资源与生态环境衰退,矿产资源日益枯竭,森林资源不断减少,土壤污染、水土流失、生态退化较为严重、人地矛盾突出等生态安全问题日趋明显。湖南面临着加快发展与加快转型的双重任务和压力,生态经济协调发展面临瓶颈式困难。湖南乡镇企业的迅速发展,在不断优化全省经济格局变化的同时,环境污染也日趋明显。农村工业污染已使湖南省 15% 以上的耕地遭到一定程度破坏。农药化肥及包装物污染是第一产业污染的主要来源之一。2014 年,湖南省粮食播种面积达到 $4.98 \times 10^6 \text{ m}^2$,化肥使用在 500 万 t 以上,农药使用量达 1.4 万余 t,而化肥利用率仅为 30%~40%。很大一部分农药、化肥渗进农田地表和地下水,或随雨水流入河流,引起土质和水质的严重恶化。同时,畜禽养殖污染、农村生活垃圾污染,以及农药包装物、农膜污染也已经成为农村新的环境问题。

2.4　数据来源

湖南省的土地资源数据主要来源于 2000—2016 年的湖南统计年鉴[276-292]和 2000—2016 年的中国统计年鉴[293-309]；能源数据来源于 2000—2013 年的中国能源统计年鉴[310-323]。其余消费项目数据主要来源于《湖南省国民经济和社会发展统计公报》[324] 和《湖南省环境状况公报》[325] 等。各类消费项目中产品的能量折算系数主要来自陈阜[326]、骆世明[327] 的相关论著。太阳能值转换率的数据主要来源于蓝盛芳等[151]、朱玉林[329] 的著作及相关文献。

第3章 湖南省 2015 年生态赤字评价

能值生态足迹模型提供了一种简单而又全面的核算人类社会行为对自然资源影响程度和影响趋势的账户体系。生态赤字通过将一个国家或地区的生态足迹与该区域的生物供给力进行比较，来定量地判断该国家或地区的人类生产消费活动是否处于可持续发展的阈值内，从而度量该区域的可持续发展水平。因此，生态赤字是指示自然资源消耗的一种综合性指标。进行生态赤字核算的重要意义在于，将人类对自然资源及其生态系统服务的损耗与自然生态的可持续发展联系起来，用生态赤字来考察区域可持续发展状态水平和未来趋势，让决策者、研究者和公众了解人类对自然资本利用的状况，以便于确立可持续发展目标，制定相关政策措施。

3.1 能值生态足迹理论与计算方法

3.1.1 能值生态足迹理论

生态足迹分析方法从具体的生物物理量角度研究自然资本消费的空间，即能够提供资源或消纳废物的、具有生物生产力的地域空间，是关于人口数和人均物质消费的函数，也是各种消费商品的生物生产面积的总和。生态足迹模型反映了人类对环境的影响，它基于土地面积的量化指标，通过对生态足迹的状况与自然资源提供生态服务的能力水平的对比，度量和评价人类对自然资源的利用程度，从而定量分析和评价区域人类的生存状况。人类在依赖于自然生态系统的同时，也作用于自然生态系统。当人类对自然的索取超出自然生态系统的承载能力之后，就会产生生态超载，破坏生态系统健康，影响生态系统的供给能力。生态赤字取决于人们的生态资源需求与生态供给之间的关系。其中，表达生态需求的生态足迹取决于人口规模、人均消费与单位消费的资源强度，表达生态供给的生物承载力取决于土地利用面积与单位土地的生产力。

21 世纪初，徐中民[50]、杨开中等[51] 率先将生态足迹理论引入国内，并迅速引起了众多学者的关注。这种崭新的研究方法为研究者们打开了一扇窗户。然而，随着研究的深入和应用的广泛推进，生态足迹模型的缺陷亦逐步显现，比如生态足迹的变化受人口、消费、气候、科技、土地、管理等众多社会、经济及自然因素影响，模型在以全球平均产量为基础的转化过程中，全球平均生产力、均衡因子、产量因子等指标的采用未能考虑到时空方面的现实差异，一定程度上削减了模型作为统一量纲进行比较研究的意义。因此，生态足迹模型亟须改进和完善。

20 世纪 80 年代后期，基于系统生态、能量生态和生态经济理论，美国生态学家 H. T. Odum 教授以热力学第二定律和能量传递规律为基础创立了能值分析理论[149]。所谓能值，指的是一种流动或贮存的能量中所包含的另一种类别能量的数量，即产品或劳务形成过程中直接或间接投入应用的一种有效能量。能值是一个新的科学概念和度量标准，在生态经济学中被用来衡量自然支持系统与经济系统的产品与过程。能值分析理论将人类社会经济系统视为能量系统，以太阳能值（solar emergy）作为统一的度量标准，把生态系统或生态经济系统中不同种类不可比较的能量换算成同一标准的能值来衡量和分析，从而客观地评价和比较多种类型的自然环境资源对人类经济系统的贡献，为人们进行科学研究、正确认识自然环境生产与人类经济活动的关系提供了新的思路。能值评价方法摒弃了学界以往只是单纯着眼于生态或经济的弊端，很大程度上弥补了传统方法无法用货币来客观评价非市场性输入的缺陷，以生态为中心，整合了生态系统与人类社会经济系统的优点，对自然环境和人类劳动的真实价值进行统一的计量与分析，为区域可持续发展研究提供了一个具明显优势的理论与方法。改进后的能值生态足迹模型摒弃了争议较大的产量因子和均衡因子，解决了模型中土地生产能力的局限性的问题，采用较为稳定的能值转换率和能值密度，更加真实地反映了各地区生物生产性土地面积的需求。能值分析方法的运用，对科学评价、合理利用自然资源，制定经济发展政策以及实施可持续发展战略都具有重要意义。近年来，基于能值改进的生态足迹研究越来越受到关注，逐渐成为目前国际上评价生态承载力最先进的方法之一，被越来越多地应用于对自然生态系统、农业生态系统、城市生态系统以及区域生态系统的发展现状和可持续性的分析与评价中。国内学者赵晟等[63]首次引入区域能值密度（regional energy density）和全球能值密度（global energy density）的概念，采用更加成熟和稳定的能值转换率作为其转换因子，从而自然而又相对合理地将生态经济理论与能值理论紧密结合起来。之后，张芳怡等[161]、王建源等[329]、刘钦普[330]、陈春峰等[331]、刘淼等[59]、赵志强等[156]、张雪花等[157]、朱玉林[332]等在前人基础上进一步改进了能值生态足迹方法，并分别用传统生态足迹方法和能值生态足迹方法对区域的生态赤字进行核算与评价，验证了能值生态足迹方法的优越性。为进一步反映区域实际生态承载力和技术进步的程度，他们大多在应用中加大了数据统计和处理的难度。总之，能值生态足迹现已被多次证明，是较之传统生态足迹方法更为先进、更为合理的计量分析方法。

3.1.2　能值生态足迹改进模型

土地是自然生态空间的载体。作为生态足迹所体现的内容和量化的指标，土地具有生态载体和生态价值的属性。生态足迹模型根据不同类型土地生产力的差异，将地球土地分为以耕地、林地、草地、建筑用地等为载体的自然生态空间。耕地给人类提供生活必需品和吸收废品的能力是最高的，人类生产生活的必需品，如小麦、玉米、油料、蔬菜等均来自耕地。将产自于耕地上的各类产品换算成需要的土地面积，可以测度人类对耕地生态生产力的需求，即耕地生态足迹。草地是畜牧品的主要产地，草地生态足迹通常用当地人口生产的肉类产量、奶类产量等来表征。森林的主要贡献是生产木材，同时具有防风固沙、涵养水源、净化空气、保护物种多样性等功能，其生态生产力用木材量来表示。在具体的生态足迹测算中，考虑到指标的可得性，一般以经济林中水果的产量来评估林地的生态足迹。水域为人类提供水产品，人类当年水产品的生产量可转换为对水域生态生产力的需求，即水域生态足迹。人类生产生活中消费大量的化石能源，如煤炭、焦炭、汽油等，故通常以化石能源消费品的质量来测度化石燃料用地的生态足迹，即化石能源用地生态足迹。人类生存居住、生产生活、交通设施等占有的土地都属于建筑用地，建筑用地上的能源消耗最具普遍性，而其中最大的能耗来源于电力，所以通常以电力的消耗量来评估建筑用地的生态足迹。

传统生态足迹计算的出发点是生态系统的物质流，在计算诸如耕地、草地、林地等生物资源的生态足迹的基础上，通过引入产量因子和均衡因子，应用不同年份的全球平均产量将这些物质流数据换算为相应的生物生产性土地面积，然后加权成生态足迹和生态承载力。但这种理论无法克服自身的一些明显缺陷，比如生态足迹的变化受人口、消费、土地、气候、科技、管理等众多社会、经济及自然因素影响，在以全球平均产量为基础的转化过程中，对地区生态系统有影响的这些信息被忽略了。与传统模型相比，改进的能值生态足迹改进模型吸收了能值理论与生态足迹理论的优点，将物质循环与能量流动结合在一起，以长时间序列的生态足迹研究弥补了传统生态足迹法静态的缺陷，将可更新资源和社会生产消费中的能量流换算成对应的生物生产性土地面积，实现了对生态目标的更精确测度，从而为当前许多与环境相关的决策方法提供了一个更加全面的分析方案。

其理论架构与思路是：首先将区域 6 种生物生产土地（化石能源土地、耕地、草地、林地、建筑用地和水域）的实际消费量和自然提供的资源量进行消费项目划分，通过引入能量折算系数，将项目消费与产出量折算成能量；然后以项目的能量乘以相应的能值转换率，将各种不同类型、不同种类的能量流换算为可以相加的共同度量标准——太阳能值，再通过引入能值密度概念，将各消费项目的太阳能值转换为相应的生物生产性土地面积，以此计算区域能值生态足迹与能值生态承载力，并由此确定区域可持续发展程度。

具体的计算方法与过程如下：

1. 可更新资源的能值计算

为了客观真实地描述能值生态足迹，我们将自然资源分为可更新和不可更新两类。区域生态承载力可持续发展研究的主要对象是可更新资源。由于不可更新资源的再生速度远远赶不上其消耗速度，在人类利用的过程中，不可更新资源将不可避免地走向枯竭。故确保生态承载力持续发展唯一的方法是有效利用可更新资源。因此，能值生态足迹模型中的生态承载力计算，对不可更新资源的能值忽略不计，只考虑可更新资源的能值。众所周知，湖南是内陆省份，受潮汐影响的可能性很小，故本研究对潮汐能忽略不计，只考虑太阳能、雨水化学能、雨水势能、地球旋转能和风能这 5 种可更新资源。每种资源所含有的能值均可通过相应的太阳能值转换率计算得到。根据能值理论，为避免重复计算，同一性质的能量投入只选取最大值。如风能、雨水化学能和雨水势能都是太阳光的转化形式，只选其中数值最大的一项纳入总能值中。因此，本研究中的可更新资源的数值实际上就是雨水化学能和地球旋转能之和。计算公式如下：

$$可更新资源能值 = 实物量 \times 能量折算系数 \times 能值转换率 \qquad (3\text{-}1)$$

2. 区域能值密度的计算

能值密度这一概念是能值理论与生态足迹方法得以结合的关键，也是数值转换与计算分析的基础。其具体数值为区域能值总利用量与该区域的面积之比，因此又叫作能值利用强度。能值密度反映的是区域经济发展强度和经济发展的等级。能值密度与经济发展水平成正比，能值密度越大，说明区域经济越发达，在同等级区域中的地位越高。其计算公式如下：

$$区域能值密度 = 区域总能值 / 区域土地面积 \qquad (3\text{-}2)$$

3. 能值生态足迹（Eef）与能值生态承载力（Eec）的计算

生态足迹模型包括生态足迹、生态承载力和生态赤字（盈余）三部分。

计算能值生态足迹时，我们将生态足迹的消费项目划分为生物资源消费项目和能源消费项目两大类。从张芳怡等[161]、王建源等[329]、张雪花等[157]、朱玉林[328]等的研究来看，对生物资源项目的划分越来越精细，但基本都有的项目是谷物、小麦、大豆、棉花、蔬菜、油类作物、甘蔗茶叶、水果、猪肉这些归为耕地的主要农作物及肉类；牛羊肉、羊毛等归为草地的主要饲养物及产品；以木材为主的归为林地的种植物；水域的唯一项目是水产品。在能源资源项目上，研究者们的划分标准比较统一，差别只在于对化石燃料的细分程度，而建筑用地就只用唯一的指标：电力。

参照以上有代表性的研究成果，根据湖南省能源消费和生物资源消费的实际情况和数据的可获取性，经过筛选，本研究选取了六类共 27 项生态足迹指标，其中生物资源消费项目主要包括农、林、牧、渔四大部分，包括 13 项农产品，分别为：稻谷、小麦、玉米、豆类、薯类、棉花、麻类、烟叶、蔬菜、甘蔗、油菜籽、茶叶和猪肉；3 项林产品，分别为木材、油桐籽和水果；2 项畜牧业产品，分别为牛肉和羊肉；水产品 1 项。能源消费项目 7 项，分别为煤炭、焦炭、汽油、原油、煤油、柴油和燃料油；电力消费 1 项。需要说明的是，根据湖南省的实际情况，水果种植地的土质更接近林地，因此将水果的生物生产性土地划归到林地类；猪肉的获取主要是依靠粮食或者农作物加工品，因此将其生物生产性土地也归类为耕地，见表 3.1。

表 3.1　消费项目与生态足迹模型账户分类表

账户分类	消费项目	选取指标	生产性土地类型
能源消费	化石能源	煤炭、焦炭、汽油、原油、煤油、柴油、燃料油	化石能源用地
	电力	电力（水电）	建筑用地
生物资源消费	农产品	稻谷、小麦、玉米、豆类、薯类、棉花、麻类、烟叶、甘蔗、蔬菜、油菜籽、茶叶、猪肉	耕地
	林产品	木材、油桐籽、水果	林地
	水产品	淡水产品	水域
	畜牧产品	牛肉、羊肉	草地

改进之后的能值生态足迹模型如下：

$$Eef = N \times ef = N \times \sum_{i=1}^{N} \frac{c_i}{P} \qquad (3\text{-}3)$$

式中，Eef 代表能值生态足迹；ef 代表人均能值生态足迹；N 代表人口数量；P 代表全球平均能值密度，根据世界环境与发展委员会的报告《我们的未来》的建议，其值为 3.10E+14 sej/hm^2；c_i 代表第 i 种资源的人均能值。

相应地，改进了的能值生态承载力模型如下：

$$Eec=N \times ec=P_1/P \times A \times 0.88 \qquad (3\text{-}4)$$

式中，Eec 为能值生态承载力；N 为区域人口数量；ec 为人均能值生态承载力；P_1 为人均区域能值密度，其值为区域能值密度与区域人口之比；P 为全球平均能值密度；A 为区域土地面积，常数 0.88 为根据世界环境与发展委员会的报告《我们的未来》，扣除 12% 的生物多样性的修正系数而定。

4. 生态盈余（赤字）的计算

生态赤字或生态盈余反映的是社会发展所耗资源与自然可供资源之间的定量关系。如果某一区域的 $Eef > Eec$，就表明该区域存在生态赤字；反之，则存在生态盈余，表明该区域处于生态安全状态，能满足人类对资源的需求。区域可持续程度可以用生态盈余来衡量。赤字越大，表明区域生态环境越差；盈余越多，表明区域生态环境越好。计算公式如下：

$$生态盈余 / 赤字 = 生态承载力 - 生态足迹 \tag{3-5}$$

5. 万元 GDP 生态足迹的计算

万元 GDP 生态足迹计算的是每万元 GDP 占用的生态足迹，反映了区域经济发展中人类对生态生产性土地的利用程度，以及人类的社会经济活动给生态环境和自然资源造成的压力。其数值是能值生态足迹与万元 GDP 之比。万元 GDP 占用的生态足迹越小，表明资源的利用效益越高。具体计算公式为：

$$万元 GDP 生态足迹 = 能值生态足迹 / 万元 GDP \tag{3-6}$$

本研究所涉及的能量折算系数和能值转换率见表 3.2。

表 3.2　能量折算系数和能值转换率

项目	能量折算系数 （J•kW•h^{-1} 或 J•t^{-1}）	能值转换率 （sej•J^{-1} 或 ej•t^{-1}）	项目	能量折算系数 （J•kW•h^{-1} 或 J•t^{-1}）	能值转换率 （sej•J^{-1} 或 sej•t^{-1}）
太阳光能	—	1.00	甘蔗	2.68×10^9	8.40×10^4
风能	—	6.63×10^2	烟叶	1.43×10^9	2.70×10^4
雨水化学能	—	1.54×10^4	蔬菜	2.46×10^9	2.70×10^4
雨水势能	—	8.89×10^3	茶叶	1.43×10^{10}	2.00×10^5
地球旋转能	—	2.19×10^4	水果	2.65×10^9	5.30×10^5
净表土损失能	—	6.25×10^5	瓜果	2.46×10^9	2.46×10^5
水电能量	3.60×10^6	1.59×10^5	木材	1.57×10^{10}	4.40×10^4
火电能量	3.60×10^6	1.59×10^5	竹材	1.57×10^{10}	4.40×10^4

项目	能量折算系数 （J·kW·h^{-1}或J·t^{-1}）	能值转换率 （sej·J^{-1}或ej·t^{-1}）	项目	能量折算系数 （J·kW·h^{-1}或J·t^{-1}）	能值转换率 （sej·J^{-1}或sej·t^{-1}）
化肥	—	4.88×10^9	油桐籽	3.86×10^{10}	6.90×10^5
农药	—	1.62×10^9	油菜籽	3.86×10^{10}	8.60×10^4
农膜	5.19×10^4	3.80×10^8	板栗	9.68×10^9	6.90×10^5
农用柴油能	4.71×10^{10}	6.64×10^4	核桃	1.18×10^{10}	6.90×10^5
农用机械	3.60×10^6	7.50×10^4	竹笋干	1.17×10^{10}	2.70×10^4
劳动力	3.78×10^9	3.80×10^5	猪肉	2.09×10^{10}	1.70×10^6
畜力	1.89×10^9	1.46×10^5	牛肉	2.09×10^{10}	4.00×10^6
有机肥	—	2.70×10^4	羊肉	2.09×10^{10}	2.00×10^6
种子	—	6.60×10^7	禽肉	2.09×10^{10}	2.00×10^6
谷物	1.62×10^{10}	8.30×10^4	兔肉	2.09×10^{10}	4.00×10^6
豆类	1.85×10^{10}	8.30×10^4	牛奶	2.09×10^{10}	1.71×10^6
薯类	1.30×10^{10}	8.30×10^4	蜂蜜	1.34×10^{10}	1.71×10^4
棉花	1.88×10^{10}	1.90×10^6	水产品	5.50×10^9	2.00×10^6
麻类	1.67×10^{10}	8.30×10^4	/	/	/

3.2　湖南省 2015 年生态赤字（盈余）测算与分析

3.2.1　湖南省 2015 年能值生态足迹的测算与分析

从历年中国统计年鉴[276-292]、湖南省统计年鉴[293-309]等文献获取湖南省 2000—2015 年各种消费项目的实物量的原始数据（具体见文后附录），利用相对应的能量折算系数和太阳能值转换率，将不同类别的能量或物质转换为统一度量的太阳能值。已知 2015 年湖南省的区域总面积为 2.12E+05 hm^2，根据式（3-1）计算可得出湖南省 2015 年区域总能值为 5.71E+23 sej。由式（3-2）计算得出区域能值密度为 2.69E+18 sej/hm^2。利用式（3-3）计算得出湖南省 2015

年能值生态足迹和人均能值生态足迹，见表 3.3。

表 3.3　2015 年湖南省能值生态足迹

项目名称	来源	原始数据（J 或 t）	太阳能值（sej）	能值生态足迹（hm²）
稻谷	耕地	2.64E+07	3.40E+22	1.10E+08
小麦	耕地	9.36E+04	1.00E+20	3.23E+05
玉米	耕地	1.89E+06	2.59E+21	8.35E+06
豆类	耕地	3.43E+05	5.27E+20	1.70E+06
薯类	耕地	1.19E+06	1.28E+21	4.13E+06
棉花	耕地	2.01E+06	7.17E+21	2.31E+07
麻类	耕地	1.55E+04	2.14E+19	6.91E+04
甘蔗	耕地	6.60E+05	1.48E+20	4.78E+05
烟叶	耕地	2.27E+05	8.76E+18	2.82E+04
蔬菜	耕地	4.43E+07	2.94E+21	9.48E+06
油菜籽	耕地	2.11E+06	7.00E+21	2.25E+07
茶叶	耕地	1.76E+05	5.03E+20	1.62E+06
猪肉	耕地	5.22E+06	1.86E+23	5.98E+08
油桐籽	林地	3.30E+04	8.79E+20	2.83E+06
木材	林地	1.34E+06	3.06E+21	9.84E+06
水果	林地	9.81E+06	1.38E+22	4.44E+07
牛肉	草地	2.47E+05	2.06E+22	6.65E+07
羊肉	草地	1.27E+05	5.29E+21	1.71E+07
水产品	水域	2.61E+06	2.87E+22	9.26E+07
煤炭	化石能源用地	1.09E+08	1.27E+23	4.08E+08
焦炭	化石能源用地	1.08E+07	1.22E+22	3.93E+07
汽油	化石能源用地	4.41E+06	1.26E+22	4.04E+07
原油	化石能源用地	9.12E+06	1.09E+22	3.52E+07
煤油	化石能源用地	3.53E+05	8.08E+20	2.60E+06

项目名称	来源	原始数据（J 或 t）	太阳能值（sej）	能值生态足迹（hm²）
柴油	化石能源用地	5.49E+06	1.52E+22	4.89E+07
燃料油	化石能源用地	6.51E+05	1.73E+21	5.58E+06
电力	建筑用地	1.34E+07	7.65E+22	2.46E+08
能值汇总			5.71E+23	
区域面积			2.12E+05	
区域能值密度			2.69E+18	
能值生态足迹				1.84E+09
人均能值生态足迹				25.39

生态足迹反映了人类社会对资源的利用情况，足迹越大，表明对资源的消耗越大。如表 3.3 所示，湖南省 2015 年能值生态总足迹为 1.84E+09 hm²，人均能值生态足迹为 25.39 hm²/人。从生态足迹的来源项目看，来源于耕地的项目中，猪肉的能值生态足迹最大，其次是稻谷，分别达到了 5.98E+08 hm² 和 1.10E+08 hm²；来源于林地的项目中，最大值来自水果，为 4.44E+07 hm²，其次为木材，其值为 9.84E+06 hm²；来源于化石能源用地的项目中，原煤的能值生态足迹达到 4.08E+08 hm²，在能源类能值生态足迹需求中占比最高，其次是柴油和焦炭。猪肉、煤炭、电力、稻谷和水产品在所有生物资源消费账户中位居前五。

2015 年湖南省能值生态足迹的构成情况见表 3.4 和图 3.1。

表 3.4　2015 年湖南省能值生态足迹构成（hm²）

年份	耕地能值生态足迹	林地能值生态足迹	草地能值生态足迹	水域能值生态足迹	化石能源用地能值生态足迹	建筑用地能值生态足迹
2015	7.79E+08	5.71E+07	8.35E+07	9.26E+07	5.80E+08	2.46E+08

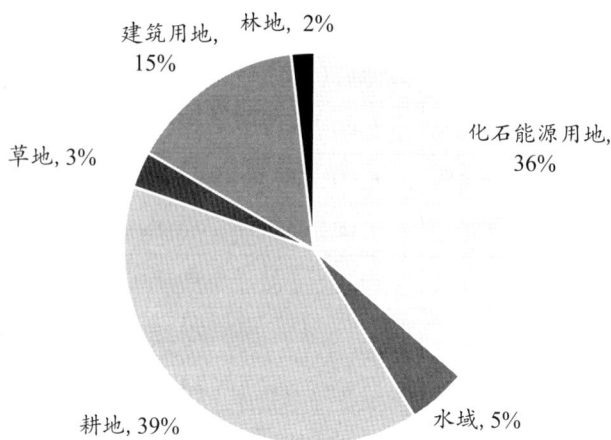

图3.1 2015年湖南省能值生态足迹构成

由表3.4和图3.1可知，对湖南省2015年能值生态足迹影响较大的因素依次是耕地、化石能源用地和建筑用地，数值分别达到了7.79E+08 hm²、5.80E+08 hm²和2.46E+08 hm²，分别占生态足迹总量的39%、36%和15%。其次是水域，占5%，而林地和牧草地生态足迹的增加对湖南省人均生态足迹变化的影响相对较小。

2015年湖南省各类生物生产性土地面积对其能值生态足迹的贡献率大小依次为：林地＜草地＜水域＜建筑用地＜化石能源用地＜耕地。耕地和能源消费是湖南省生态足迹的主导控制因子，也是湖南省自然生态系统压力的主要来源。

耕地的生态足迹占比最大，这一方面表明2015年湖南省的粮食生产负担较重，耕地资源比较紧缺，受城镇化、工业化进程的影响，农用土地资源处于高强度的开发程度，从利用方式看不可持续。另一方面也说明，湖南还是一个传统意义上的农业大省，城市化水平较低，基本生活资料的消费占比较大，经济发展水平还比较落后。湖南水稻种植过程中，单位面积农药、化肥、农膜等农业生产资料的投入过大，导致耕地碳排放量的大幅增加以及农业生产效益偏低。另外，农业机械使用过程中农用柴油等化石燃料的消耗，灌溉过程中电能的大量利用，以及稻田温室气体的碳排放，都是耕地生态足迹占比过大的原因。

化石能源用地的生态足迹占比很大，主要是因为产业规模的大幅增长导致了碳排放的大量增加。湖南省尚处于工业化中后期，新型工业化刚起步，一些传统高耗能行业，比如有色冶炼、工程机械制造、建材生产等，在部分地市的经济中仍为主导经济发展的核心动力。因受科技水平所限，新能源的开发推广力度和清洁生产能力有限，故能源消耗过多，能源利用率较低，经济发展的集约化水平不高。此外，在"两型社会"建设的过程中，随着城镇化建设的快速推进，湖南省对建筑用地的需求更加旺盛，同时也需要大量的资源能源作为建设发展的支撑，因此建筑用地的生态足迹也较大。

3.2.2　2015 年湖南省能值生态承载力的测算与分析

本研究沿用国际通用的全球平均能值密度数据 $3.10E+14\ sej/hm^2$，根据式（3-4）可计算得出 2015 年湖南省的能值生态承载力和人均能值生态承载力，见表 3.5。

由表 3.5 可知，2015 年，湖南省能值生态承载力为 $9.90E+08\ hm^2$，人均能值生态承载力为 $13.67\ hm^2$。2015 年湖南省能值生态足迹（人均能值生态足迹）为能值生态承载力（人均能值生态承载力）的 1.86 倍，这意味着需要近 2 个湖南省，才能满足当下我们对自然生态资源的需要。所以说，湖南省目前依然处于不可持续发展状态，人地关系依然紧张。湖南省 2015 年可更新资源的总能值数值较大，达到了 2.66E+22/sej。在能值生态承载力的构成中，雨水化学能的供给最大，占绝对优势。这说明，湖南省 2015 年雨量充沛，雨水利用潜力巨大。要强调的一点是，在能值生态承载力的计算过程中，因为只考虑了可更新资源的能值，所以计算结果比实际数值偏小；也就是说，我们对能值生态承载力的测算结果是偏紧的。实际生活中，我们的承载力水平应该比计算结果会稍好一些。

表 3.5 2015 年湖南省能值生态承载力

可更新资源	原始数据 /J	太阳能值转化率 / （sej/J）	太阳能值 /sej
太阳能	9.75E+20	1.00E+00	9.75E+20
风能	1.39E+13	6.63E+02	9.22E+15
雨水化学能	1.65E+18	1.54E+04	2.55E+22
雨水势能	2.79E+16	8.89E+03	2.48E+20
地球旋转能	8.72E+15	2.19E+04	1.91E+20
可更新资源能值（sej）	2.66E+22		
区域面积（hm²）	2.12E+05		
区域能值密度（sej/hm²）	1.26E+17		
能值生态承载力（hm²）	9.90E+08		
人均能值生态承载力（hm²/人）	13.67		

区域生态承载力虽然相对变化不大，但也不是一成不变的，它与资源环境状况和社会经济发展密切相关，不仅受实际土地数量和土地质量的影响，还与人类的科技水平和管理水平，以及生产和消费的结构关系密切。随着技术管理水平的提升，同样面积的土地产出将会增加，从而使生态承载力增加。如前所述，湖南在资源能源方面相对短缺，无油少气缺煤，水电发展潜力有限，人均耕地偏少，且土地开发率较高，人地关系较为紧张。尽管近年来，湖南省农林牧渔业生产能力有所提高，但随着城镇化和新型工业化的加快推进，湖南省耕地、草地、水域等生物生产性土地面积在减少，同时，能源、电力的消耗在增加，各类污染物的总量规模也在扩大，这使得湖南省的生态承载力下降趋势明显。基数大且持续扩张的人口规模及社会经济活动，势必导致资源消耗的增加和污染废弃物负荷的加大，可利用土地，尤其是耕地的减少，生态承载力将进一步下滑，这是湖南省绿色发展面临的巨大挑战。如果不改进技术和管理，未来能从自然系统中获取的资源将越来越有限，我们将难以摆脱绿色发展进程"资

源诅咒"的困境。

3.2.3　2015 年湖南省生态赤字（盈余）的测算与分析

由前已知，2015 年湖南省能值生态足迹为 1.84E+09 hm²，能值生态承载力为 9.90+08 hm²，人均能值生态足迹为 25.39 hm²，人均能值生态承载力为 13.67 hm²，根据式（3-5）计算得出湖南省 2015 年的生态盈余为 –8.49E+08 hm²，人均生态盈余为 –11.72 hm²。2015 年，湖南省能值生态足迹远远大于能值生态承载力，区域经济发展所需资源超过了环境的生态容量，依然表现为生态赤字。

生态赤字是被减数生态足迹与减数生态承载力之差。一方面，2015 年，湖南省的生态足迹总量继续增大。随着湖南省城镇化水平的快速提升以及新农村建设步伐的加快，湖南的经济得到高速发展，人民的生活水平得到快速的提高，需求结构也随之发生了改变，对生物和非生物资源的消耗量需求越来越大。另一方面，作为减数的生态承载力在 2015 年继续下降。盲目、粗放的发展模式使湖南的能源、土地资源和水资源等自然资源的承载力每况愈下。因为土地资源使用的不合理，土地内部结构失衡，耕地等生产性土地日益减少，建筑用地面积同步增长，加上人口的增长，人均生态承载力和生态效益明显下降，生态足迹与生态承载力的结构性矛盾日益尖锐，人地关系更为紧张。2015 年年末，湖南省常住人口达到 6 783 万人，与上一年相比，增加了 45.79 万人，年增长率达 6.80%。其中，城镇人口 3 451.9 万人，首次超过了农村人口。城镇化率 50.89%，比上年年末提高 1.61 个百分点，与全国平均水平的差距，由"十一五"末的 6.38 个百分点，缩小至 5.21 个百分点。继续增长的人口，给湖南省的生态承载力带来了更严峻的考验。从土地资源看，湖南省的土地资源承载力已经相对饱和。2015 年，湖南省建筑业增加值为 1 877.7 亿元，比上年增长 7.3%。城镇人均建设用地面积为 151.8 m²，远超过了国标确定的 90~110 m²/ 人的建设用地标准。再来看水资源，随着城市化步伐的加快，工农业和居民生活用水有增无减，大大增加了水资源开发的难度。水资源承载力显得更加脆弱。从能源的角度看，一方面，能源利用技术水平远远赶不上对能源的需求，能源利用的高投入、高消耗、低产出、低效益的状况并未得到较大的改观。另一方面，基础设施和住宅的大规模建设对能耗密集型产品的需求有增无减，同时，居民的生活用能也在日渐增长。第三次全国经济普查的数据显示，湖南六大高耗能行业主营业务收入占全部规模工业的 36.2%，而全国的数据是 33.6%，湖南比全国高出了 2.6 个百分点。数据显示，2015 年，湖南省每生产 1 亿元 GDP 需排放 10.87 万 t 废水，每生产 1 亿元工业增加值排放 34.74 t 粉尘、6 510.26 t 工业固体废物[278]。2015 年，湖南省规模工业综合能源消费量 6 060.1 万 t 标准煤。其中，六大高耗能行业综合能源消费量 4 806.6 万 t 标准煤，较之上一年下降了 5.7%，万元规模工业增加值能耗 0.58 t 标准煤 / 万元，下降了 12.7%[282]，但数据依然庞大，污染物排放强度大大超过了环境的自净能力。以上种种都说明，目前湖南省的社会经济发展给自然资源和环境带来的压力逐年增大，生态赤字持续增长，湖南省的自然系统总体上处于不可持续发展状态。

我们通常以万元 GDP 生态足迹这一指标来反映生态生产性土地的利用效率及经济效益。万元 GDP 生态足迹的大小与自然环境条件、区域土地生产力以及区域经济发展水平紧密相关。万元 GDP 生态足迹越大，说明经济增长的生态占用越大，资源的利用效益越低；万元 GDP 生态足迹越小，则其生态生产性土地面积的产出率和技术水平越高，越有可能缓解生态足迹增长的趋势。由此也可推知，人均生态足迹会随着万元 GDP 生态足迹的增长而增长。由前已知，2015 年湖南省的能值生态足迹为 1.84E+09 hm²，GDP 为 2.89E+08 万元，根据式（3-6）计算得出，2015 年湖南省万元 GDP 生态足迹为 6.36 hm²/ 万元，较之上一年，降低了 5.35 个百分点。这说明在经济发展过程中，湖南省的社会资本和人力资本等在区域经济发展中的作用日益加强，2015 年湖南省产业经济稳步发展、结构优化提升，产业结构的调整与升级效果初步得到了体现，逐步实行了从资源密集型产业向资金、智力密集型产业的转型。从经济运行情况来看，湖南省地区生产总值同比增长 8.6%，高出全国 1.7 个百分点。三大产业的产值总量持续增加，结构不断优化，农业占比下降，工业高端化、集聚化趋势加强，服务业比重不断提升。资源利用方式逐渐走向集约型，效率逐步提高，一定程度上缓解了资源消耗增大造成的压力。2015 年，湖南省规模工业加工转换率为 71.4%，比 2010 年高了 7.7 个百分点，相当于每万 t 标准煤加工转换减少 800 t 损失量。但整体来看，湖南省单位面积的生物生产性土地的产出仍不高，资源利用效率仍低于发达地区水平。湖南省还需大力提高资源利用效率，才能进入真正的生态节约型生产和消费模式。

3.3　本章小结

（1）与传统模型相比，改进的能值生态足迹改进模型吸收了能值理论与生态足迹理论的优点，将物质循环与能量流动结合在一起，以长时间序列的生态足迹研究弥补了传统生态足迹法静态的缺陷，将可更新资源和社会生产消费中的能量流换算成对应的生物生产性土地面积，实现了对生态目标的更精确测度，从而为当前许多与环境相关的决策方法提供了一个更加全面的分析方案。其理论架构与思路是：首先将区域 6 种生物生产土地（化石能源土地、耕地、草地、林地、建筑用地和水域）的实际消费量和自然提供的资源量进行消费项目划分，通过引入能量折算系数，将项目消费与产出量折算成能量；然后以项目的能量乘以相应的能值转换率，将各种不同类型、不同种类的能量流换算为可以相加的共同度量标准——太阳能值，再通过引入能值密度概念，将各消费项目的太阳能值转换为相应的生物生产性土地面积，以此计算区域能值生态足迹与能值生态承载力，并由此确定区域可持续发展程度。

（2）湖南省 2015 年能值生态总足迹为 $1.84E+09$ hm^2，人均能值生态足迹为 25.39 hm²。从生态足迹的来源项目看，来源于耕地的项目中，猪肉的能值生态足迹最大，其次是稻谷，分别达到了 5.98E+08 hm² 和 1.10E+08 hm²；来源于林地的项目中，最大值来自水果，为 4.44E+07 hm²，其次为木材，其值为 9.84E+06 hm²；来源于化石能源用地的项目中，原煤的能值生态足迹达到 4.08E+08 hm²，在能源类能值生态足迹需求中占比最高，其次是柴油和焦炭。猪肉、煤炭、电力、稻谷和水产品在所有生物资源消费账户中位居前五。

（3）对湖南省 2015 年能值生态足迹影响较大的因素从大到小依次是耕地、化石能源用地和建筑用地，数值分别达到了 7.79E+08 hm²、5.80E+08 hm² 和 2.46E+08 hm²，分别占生态足迹总量的 39%、36% 和 15%。其次是水域，占 5%，而林地和牧草地生态足迹的增加对湖南省人均生态足迹变化的影响相对较小。2015 年湖南省各类生物生产性土地面积对其能值生态足迹的贡献率大小依次为：林地 < 草地 < 水域 < 建筑用地 < 化石能源用地 < 耕地。耕地和能源消费是湖南省生态足迹的主导控制因子，也是湖南省自然生态系统压力的主要来源。

（4）2015 年，湖南省能值生态承载力为 9.90E+08 hm²，人均能值生态承载力为 13.67 hm²。2015 年湖南省能值生态足迹（人均能值生态足迹）为能值生态承载力（人均能值生态承载力）的 1.86 倍，这意味着需要近 2 个湖南省，才能满足当下湖南省民众对自然生态资源的需要。所以说，湖南省目前依然处于不可持续发展状态，人地关系依然紧张。

（5）湖南省 2015 年的生态盈余为 –8.49E+08 hm²，人均生态盈余为 –11.72 hm²。能值生态足迹远远大于能值生态承载力，区域经济发展所需资源超过了环境的生态容量，依然表现为生态赤字。2015 年湖南省万元 GDP 生态足迹为 6.36 hm²，较之上一年，降低了 5.35 个百分点。这说明在经济发展过程中，湖南省的社会资本和人力资本等在区域经济发展中的作用日益加强，2015 年湖南省产业经济稳步发展、结构优化提升、质量稳中向好。产业结构的调整与升级效果初步得到了体现，逐步实行了从资源密集型产业向资金、智力密集型产业的转型。但整体来看，湖南省单位面积的生物生产性土地的产出仍不高，资源利用效率仍低于经济发达地区的水平。湖南省还需大力提高资源利用效率，才能进入真正的生态节约型生产和消费模式。

第 4 章　2000—2015 年湖南省生态赤字（盈余）演变与趋势分析

4.1　湖南省能值生态足迹演变分析

根据式（3-1），可计算出湖南省历年的区域总能值。根据式（3-2）可计算出历年的区域能值密度。在此基础上，利用式（3-3）计算出湖南省历年能值生态足迹和人均能值生态足迹，见表 4.1。

表 4.1　2000—2015 年湖南省能值生态足迹与人均能值生态足迹

项目名称	来源	太阳能值（sej）					
		2000 年	2001 年	2002 年	2003 年	2004 年	2005 年
稻谷	耕地	3.25E+22	2.99E+22	2.72E+22	2.66E+22	3.14E+22	3.20E+22
小麦	耕地	2.50E+20	2.29E+20	1.96E+20	1.77E+20	1.56E+20	1.43E+20
玉米	耕地	1.56E+21	1.58E+21	1.64E+21	1.76E+21	1.77E+21	1.83E+21
豆类	耕地	8.40E+20	9.41E+20	9.40E+20	8.61E+20	8.66E+20	8.73E+20
薯类	耕地	1.56E+21	1.76E+21	1.85E+21	1.74E+21	1.71E+21	1.72E+21
棉花	耕地	6.12E+21	6.79E+21	5.47E+21	5.83E+21	7.30E+21	6.63E+21
麻类	耕地	9.70E+19	1.36E+20	1.89E+20	1.87E+20	1.89E+20	1.94E+20
甘蔗	耕地	2.61E+20	3.75E+20	4.06E+20	3.20E+20	2.49E+20	2.26E+20

续表 4.1

项目名称	来源	太阳能值（sej）					
		2000 年	2001 年	2002 年	2003 年	2004 年	2005 年
烟叶	耕地	6.47E+18	6.28E+18	7.20E+18	7.22E+18	7.31E+18	8.22E+18
蔬菜	耕地	1.18E+21	1.32E+21	1.45E+21	1.52E+21	1.53E+21	1.59E+21
油菜籽	耕地	3.63E+21	3.53E+21	2.88E+21	3.12E+21	1.27E+21	3.59E+21
茶叶	耕地	1.64E+20	1.67E+20	1.74E+20	1.73E+20	1.91E+20	2.06E+20
猪肉	耕地	1.32E+23	1.38E+23	1.41E+23	1.49E+23	1.52E+23	1.55E+23
油桐籽	林地	1.12E+21	1.08E+21	1.08E+21	1.00E+21	1.10E+21	1.13E+21
木材	林地	2.30E+21	2.34E+21	1.82E+21	2.43E+21	2.73E+21	2.88E+21
水果	林地	2.11E+20	6.97E+21	6.73E+21	7.20E+21	7.10E+21	7.57E+21
牛肉	草地	1.13E+22	1.10E+22	1.33E+22	1.34E+22	1.41E+22	1.52E+22
羊肉	草地	2.55E+21	2.79E+21	3.37E+21	3.93E+21	4.22E+21	4.87E+21
水产品	水域	1.47E+22	1.55E+22	1.65E+22	1.72E+22	1.84E+22	1.97E+22
煤炭	化石能源用地	3.89E+22	4.78E+22	5.00E+22	5.81E+22	7.04E+22	1.02E+23
焦炭	化石能源用地	3.40E+21	3.63E+21	3.98E+21	4.49E+21	6.27E+21	8.57E+21
汽油	化石能源用地	3.28E+21	3.23E+21	3.83E+21	3.87E+21	4.56E+21	7.73E+21
原油	化石能源用地	6.48E+21	5.28E+21	5.64E+21	6.09E+21	7.38E+21	7.92E+21
煤油	化石能源用地	1.85E+20	1.13E+20	2.00E+20	2.04E+20	2.65E+20	2.85E+20
柴油	化石能源用地	3.88E+21	3.43E+21	5.04E+21	5.11E+21	6.72E+21	7.80E+21
燃料油	化石能源用地	1.23E+21	1.21E+21	1.16E+21	1.14E+21	9.79E+20	1.15E+21
电力	建筑用地	2.32E+22	2.52E+22	2.73E+22	3.13E+22	3.79E+22	3.86E+22
能值汇总（sej）		2.93E+23	3.15E+23	3.23E+23	3.47E+23	3.81E+23	4.30E+23
区域面积（hm²）		2.12E+05	2.12E+05	2.12E+05	2.12E+05	2.12E+05	2.12E+05
区域能值密度（sej/hm²）		1.38E+18	1.49E+18	1.53E+18	1.64E+18	1.80E+18	2.03E+18
能值生态足迹（hm²）		9.44E+08	1.01E+09	1.04E+09	1.12E+09	1.23E+09	1.38E+09
人均能值生态足迹（hm²/人）		14.38	15.38	15.72	16.77	18.34	20.56

项目 名称	来源	太阳能值（sej）				
		2006 年	2007 年	2008 年	2009 年	2010 年
稻谷	耕地	3.22E+22	3.21E+22	3.43E+22	3.32E+22	3.22E+22
小麦	耕地	1.40E+20	1.38E+20	4.87E+19	6.85E+19	1.06E+20
玉米	耕地	2.01E+21	2.14E+21	1.78E+21	2.19E+21	2.31E+21
豆类	耕地	9.25E+20	9.58E+20	6.22E+20	5.85E+20	6.19E+20
薯类	耕地	1.77E+21	1.87E+21	1.35E+21	1.23E+21	1.27E+21
棉花	耕地	7.40E+21	8.71E+21	8.64E+21	7.57E+21	8.11E+21
麻类	耕地	2.02E+20	1.99E+20	1.48E+20	2.34E+19	8.90E+19
甘蔗	耕地	2.43E+20	2.70E+20	1.70E+20	1.76E+20	1.72E+20
烟叶	耕地	8.30E+18	7.52E+18	7.46E+18	8.41E+18	8.58E+18
蔬菜	耕地	1.88E+21	1.76E+21	1.71E+21	1.89E+21	2.07E+21
油菜籽	耕地	3.81E+21	3.95E+21	3.95E+21	4.96E+21	5.53E+21
猪肉	耕地	1.30E+23	1.24E+23	1.32E+23	1.40E+23	1.47E+23
茶叶	耕地	2.18E+20	2.50E+20	2.63E+20	2.82E+20	3.37E+20
油桐籽	林地	1.16E+20	1.01E+21	1.02E+21	9.90E+20	1.03E+21
木材	林地	3.71E+21	3.91E+21	5.16E+21	3.22E+21	3.29E+21
水果	林地	8.51E+21	9.14E+21	9.39E+21	1.01E+22	1.11E+22
牛肉	草地	1.15E+22	1.22E+22	1.22E+22	1.32E+22	1.36E+22
羊肉	草地	4.03E+21	4.31E+21	4.42E+21	4.60E+21	4.43E+21
水产品	水域	1.76E+22	1.87E+22	1.96E+22	2.07E+22	2.19E+22
煤炭	化石能源用地	1.10E+23	1.20E+23	1.19E+23	1.25E+23	1.32E+23
焦炭	化石能源用地	9.33E+21	1.04E+22	1.13E+22	1.15E+22	1.23E+22
汽油	化石能源用地	7.49E+21	7.73E+21	6.59E+21	7.00E+21	7.46E+21
原油	化石能源用地	6.88E+21	8.05E+21	7.36E+21	6.78E+21	7.04E+21
煤油	化石能源用地	4.76E+20	5.60E+20	5.81E+20	6.96E+20	6.91E+20
柴油	化石能源用地	9.46E+21	1.09E+22	1.04E+22	1.20E+22	1.39E+22

项目名称	来源	太阳能值（sej）				
		2006	2007	2008	2009	2010
燃料油	化石能源用地	1.12E+21	1.07E+21	1.10E+21	1.82E+21	2.00E+21
电力	建筑用地	4.40E+22	5.10E+22	5.18E+22	5.78E+22	6.71E+22
能值汇总（sej）		4.15E+23	4.35E+23	4.44E+23	4.68E+23	4.97E+23
区域面积（hm²）		2.12E+05	2.12E+05	2.12E+05	2.12E+05	2.12E+05
区域能值密度（sej/hm²）		1.96E+18	2.05E+18	2.10E+18	2.21E+18	2.35E+18
能值生态足迹（hm²）		1.34E+09	1.40E+09	1.43E+09	1.51E+09	1.60E+09
人均能值生态足迹（hm²/人）		19.76	20.59	20.90	21.87	22.60

项目名称	来源	太阳能值（sej）				
		2011 年	2012 年	2013 年	2014 年	2015 年
稻谷	耕地	3.31E+22	3.38E+22	3.37E+22	3.38E+22	3.40E+22
小麦	耕地	1.09E+20	9.16E+19	8.16E+19	1.11E+20	1.00E+20
玉米	耕地	2.59E+21	2.71E+21	2.54E+21	2.59E+21	2.59E+21
豆类	耕地	6.30E+20	5.90E+20	5.44E+20	5.59E+20	5.27E+20
薯类	耕地	1.28E+21	1.35E+21	1.37E+21	1.35E+21	1.28E+21
棉花	耕地	8.11E+21	8.95E+21	8.07E+21	7.61E+21	7.17E+21
麻类	耕地	5.86E+19	3.32E+19	2.34E+19	2.36E+19	2.14E+19
甘蔗	耕地	1.63E+20	1.66E+20	1.66E+20	1.48E+20	1.48E+20
烟叶	耕地	9.52E+18	9.54E+18	1.02E+19	9.01E+18	8.76E+18
蔬菜	耕地	2.22E+21	2.31E+21	2.65E+21	2.76E+21	2.94E+21
油菜籽	耕地	6.04E+21	5.93E+21	6.46E+21	6.73E+21	7.00E+21
茶叶	耕地	3.80E+20	3.87E+20	4.18E+20	4.63E+20	5.03E+20
猪肉	耕地	1.44E+23	1.52E+23	1.69E+23	1.78E+23	1.86E+23
油桐籽	林地	1.16E+21	1.13E+21	1.05E+21	8.75E+20	8.79E+20
木材	林地	3.54E+21	2.75E+21	2.84E+21	2.76E+21	3.06E+21
水果	林地	7.44E+21	7.78E+21	1.24E+22	1.29E+22	1.38E+22

项目名称	来源	太阳能值（sej）				
		2011 年	2012 年	2013 年	2014 年	2015 年
牛肉	草地	1.35E+22	1.40E+22	1.83E+22	1.95E+22	2.06E+22
羊肉	草地	4.28E+21	4.31E+21	4.96E+21	5.16E+21	5.29E+21
水产品	水域	2.20E+22	2.42E+22	2.57E+22	2.73E+22	2.87E+22
煤炭	化石能源用地	1.52E+23	1.41E+23	1.31E+23	1.32E+23	1.27E+23
焦炭	化石能源用地	9.65E+21	1.21E+22	1.18E+22	1.14E+22	1.22E+22
汽油	化石能源用地	8.39E+21	1.11E+22	1.15E+22	1.14E+22	1.26E+22
原油	化石能源用地	9.18E+21	1.11E+22	1.13E+22	1.06E+22	1.09E+22
煤油	化石能源用地	7.32E+20	8.05E+20	8.21E+20	8.02E+20	8.08E+20
柴油	化石能源用地	1.55E+22	1.39E+22	1.50E+22	1.37E+22	1.52E+22
燃料油	化石能源用地	1.84E+21	1.63E+21	1.74E+21	1.77E+21	1.73E+21
电力	建筑用地	7.40E+22	7.70E+22	7.45E+22	7.84E+22	7.65E+22
能值汇总（sej）		5.22E+23	5.31E+23	5.48E+23	5.62E+23	5.71E+23
区域面积（hm²）		2.12E+05	2.12E+05	2.12E+05	2.12E+05	2.12E+05
区域能值密度（sej/hm²）		2.46E+18	2.51E+18	2.59E+18	2.65E+18	2.69E+18
能值生态足迹（hm²）		1.68E+09	1.71E+09	1.77E+09	1.81E+09	1.84E+09
人均能值生态足迹（hm²/人）		23.57	23.83	24.71	25.14	25.39

从表 4.1 可知，研究时段内，湖南省人均能值生态足迹年均为 20.59 hm²，最大值为 2015 年的 25.39 hm²，最小值为 2000 年的 14.38 hm²，增长率为 76.52%。其中，化石能源用地和建筑用地的能值生态足迹增幅较大。这说明，随着人们生活方式的改变，湖南省居民生活消费对生物资源的生态需求整体下降，对能源资源的生态需求要求逐年提高，湖南省化石能源消费水平呈上升态势，化石能源用地和建筑用地生态足迹需求逐年显著增加，煤炭、电力等能源的消耗量也有了很大增加，对电力的依赖度尤其大。同时也说明，湖南省经济

的迅速发展主要依托于能源和电力的大量消耗，若不尽快改善这一现状，湖南省的生态环境将进一步恶化。2005 年以后，人均能值生态足迹的增长率有所下降，其原因主要是湖南的经济发展开始由粗放型向集约型转变，科学技术水平有所提高，导致资源消耗量的增长率有所下降。通过表 4.2 和图 4.1 进一步来比较分析 2000—2015 年湖南省能值生态足迹的构成情况。

表 4.2 2000—2015 年湖南省能值生态足迹构成 （单位：hm²）

年份	耕地能值生态足迹	林地能值生态足迹	草地能值生态足迹	水域能值生态足迹	化石能源用地生态足迹	建筑用地能值生态足迹
2000	5.81E+08	1.17E+07	4.45E+07	4.72E+07	1.85E+08	7.49E+07
2001	5.97E+08	3.35E+07	4.44E+07	5.00E+07	2.08E+08	8.11E+07
2002	5.91E+08	3.10E+07	5.37E+07	5.30E+07	2.25E+08	8.81E+07
2003	6.16E+08	3.42E+07	5.60E+07	5.55E+07	2.55E+08	1.01E+08
2004	6.41E+08	3.52E+07	5.90E+07	5.93E+07	3.11E+08	1.22E+08
2005	6.58E+08	3.73E+07	6.47E+07	6.35E+07	4.36E+08	1.24E+08
2006	5.83E+08	3.97E+07	5.00E+07	5.67E+07	4.67E+08	1.42E+08
2007	5.68E+08	4.53E+07	5.32E+07	6.03E+07	5.11E+08	1.64E+08
2008	5.94E+08	5.01E+07	5.36E+07	6.33E+07	5.02E+08	1.67E+08
2009	6.21E+08	4.59E+07	5.72E+07	6.68E+07	5.32E+08	1.86E+08
2010	6.42E+08	4.96E+07	5.81E+07	7.05E+07	5.65E+08	2.16E+08
2011	6.41E+08	3.91E+07	5.74E+07	7.09E+07	6.35E+08	2.39E+08
2012	6.71E+08	3.76E+07	5.91E+07	7.80E+07	6.17E+08	2.48E+08
2013	7.24E+08	5.23E+07	7.50E+07	8.29E+07	5.91E+08	2.40E+08
2014	7.53E+08	5.33E+07	7.94E+07	8.79E+07	5.85E+08	2.53E+08
2015	7.79E+08	5.71E+07	8.35E+07	9.26E+07	5.80E+08	2.46E+08

从生态足迹总量构成来看，研究时段内，各类型生物生产性土地的生态足迹均有不同程度的增长，湖南省生态足迹总量的不断扩大很大程度上是耕地、

化石能源用地和建筑用地的生态足迹的增加造成的，它们供需的平衡与否直接影响到湖南省未来能否持续健康发展。不同的土地类型在生态足迹的贡献率中差异较为明显，其中耕地和化石能源用地足迹所占的比例始终较大。不同土地类型的人均生态足迹在时间序列上的变化趋势具有不一致性。研究时段内，湖南省各类生物生产性土地面积对其能值生态足迹的贡献率大小依次为：耕地 > 化石能源用地 > 建筑用地 > 水域 > 牧草地 > 林地。耕地、化石能源用地和建筑用地的生态足迹变化对湖南省人均生态足迹的影响很大；水域次之，而牧草地和林地的生态足迹变化对人均生态足迹变化的贡献较小，所占比例均在 5%以下，这表明湖南省林业、牧业、渔业的生态足迹贡献度较低。湖南省对自然生态的压力主要来自于耕地和能源消费，此二者是湖南省生态足迹的主导控制因子。

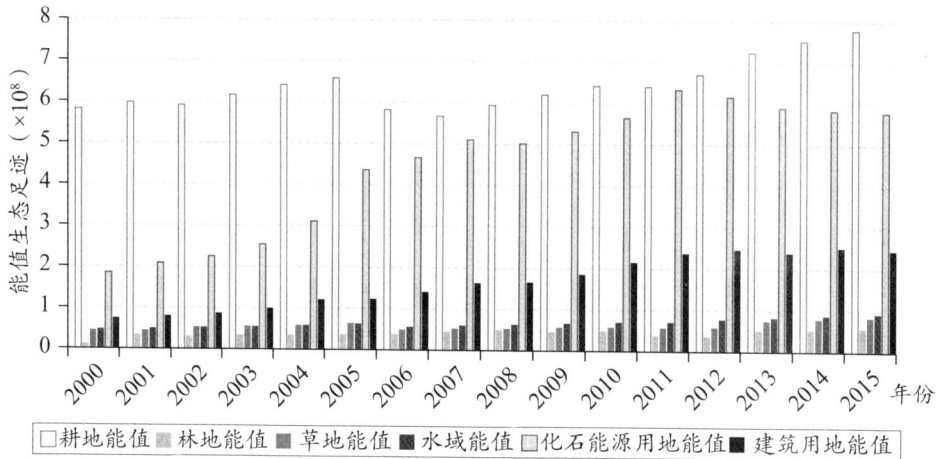

图 4.1　2000—2015 年湖南省能值生态足迹构成（hm²）

耕地是湖南省生态承载力最大的部分，但因其承载力远小于其生态足迹，耕地足迹呈现赤字状态。原因是多方面的：一方面，进入新世纪以来，湖南基本建设进入高速发展时期，基本建设大规模开展，但湖南的某些地方财政制度与土地开发关系紧密，城市建设和工业用地及商品房建设用地需求旺盛，导致耕地不时被侵占，面积日趋减少。另一方面，随着城镇化和工业化的进程不断加快，大量农村人口流向城镇，导致城市中心城区人口剧增，自然地向郊区扩展，必然推动城市交通等基础设施的大量建设，回过头来又导致城镇建设用地和工业用地需求的大量增加，对耕地的侵占因此加剧。再加上退耕还林还草等政策的实行导致耕地面积快速下降，有限的耕地被过度利用。此外，还有种植业耕作方式的相对落后和不合理的施肥技术使耕地土质遭到破坏。随着近年来湖南省农业机械的普及推广，农药和化肥的施用量随之迅速增多，由此导致了农业污染的不断加剧和农业生态环境的不断恶化。农田受人为干扰影响较大，既是碳源又是碳汇。大量工业辅助能的使用，不但增加了农业生产的成本，还造成了土壤的污染和农产品质量的不断下降。湖南的化肥使用中存在使用过量、利用率不高和氮磷钾使用比例不合理、氮肥用量偏高的问题。虽然 2006 年之后的耕地占补平衡政策使耕地面积有所回升，但随着人口的逐年增加以及耕地面积的不断减少，又因污染导致的耕地质量不断下降，湖南的耕地生态足迹赤字明显偏大，人地矛盾明显加剧。

化石能源用地在生态足迹中的贡献率仅次于耕地，排名第二。产业规模的扩大导致工业能源消费 CO_2 排放的增加和化石能源用地生态足迹的大幅度增加。这说明湖南经济发展的集约化程度不高，生产和生活的能源消耗较多。受科技发展水平所囿，清洁生产设备和新能源的开发未能得到广泛推广，导致能源利用率比较低。近年来，随着国家"中部崛起"战略的实施，湖南省社会经济的不断发展以及各新经济区的设立，湖南地区生产总值呈现快速上升趋势，社会经济有了较快较大的发展。一方面，湖南吸引了大量的外来人口，庞大的人口需要消耗更多的生活资料。另一方面，伴随着人们生活水平的不断提高、生活方式的不断改变以及城镇化水平的不断提升，城乡居民对肉类、水果、水产品的消费需求也大大增加，化石能源消费水平不断上升。煤炭、电力等能源的消耗量大幅增加，化石能源用地和建筑用地生态足迹需求也随之增加，这些直接导致了对应的能值生态足迹快速大幅地增加。

城镇化快速进程中，城镇建筑的大量增加带动了木材、家具和纸及纸制品需求的大量增加，再加上城镇居民快速增长的水果需求，林地生态足迹得到了快速的增长。相对粮食而言，水果需求的收入弹性较高，随着城乡居民收入的提高，城乡居民对水果的需求日益增大。湖南省林业资源较为丰富，但近年来砍伐较为严重，一些树木还未到成熟期即遭到砍伐，导致了水土流失、土地酸化和水质污染，林地生态赤字增大。湖南省淡水资源不够充足以及人类活动对水资源的污染造成了水域生态足迹的增长。湖区水产养殖的比重较大，但现有水产养殖，尤其是珍珠养殖已经造成了一定的环境污染，急需改变水产养殖的结构。此外，每年城市生活污水和未经处理的工业废水排放到湘江及其支流的数量让人触目惊心。由于污水的大量排放，洞庭湖的面积不断缩减，这些都直接造成了湖南省水域生态赤字的加大。事实上，如果湖南省自然系统丰富的水资源和湿地资源优势能够得到充分的利用，通过优化资源配置，提升环境负载率，湖南省的林业、畜牧业和渔业都将有更大的发展空间。

从生态足迹增速来看，如表 4.2 所示，2000—2015 年，耕地能值生态足迹逐年增大，但增长缓慢，由 2000 年的 5.81E+08 hm^2 增长到 2015 年的 7.79E+08 hm^2，增长率仅为 34.14%。相比其他五大土地类型的能值生态足迹增速，耕地的增速最小。2002 年以来，湖南省加大了土地整理力度，同时大力实施耕地占补平衡政策，这可能是耕地能值生态足迹增速最小的主要原因。增速最快的是林地，从 2000 年的 1.17E+07 hm^2 增长到 2015 年的 5.71E+07 hm^2，增速为 387.06%。这 16 年来，湖南林业产业发展速度较快，但无论是与林业资源丰富的地区相比，还是与林业产业发达地区相比，都还存在较大的差距，林业的综合效益没有得到充分挖掘和体现。由于研究时段内湖南人口的增速超过了林地的增速，林地生态足迹需求量的增长速度要远大于其供给能力的增长速度，导致 2000—2010 年林地生态足迹逐渐显著增加。"十一五"以来，湖南省委、省政府十分重视治理国土、改善生态环境工作，实施了一系列林业生态建设工程，比如退耕还林、防护林建设、绿色通道建设、生态公益林保护等，2010年以来实施效果逐渐体现，全省森林覆盖率有了一定的增长，林地生态供给能力有了一定程度的提高，故林地生态赤字 2011 年、2012 年开始出现连续下降。建筑用地能值生态足迹从 2000 年的 7.49E+07 hm² 增长到 2015 年的 2.46E+08 hm²，增长飞快，增速达 228.93%，这表明湖南省的发展对电力的依赖度相对较高。此三者在研究时段内均大致呈逐年递增的趋势。研究时段内，化石能源用地能值生态足迹增速也很大，从 2000 年的 1.85E+08 hm² 到 2015 年的 5.80E+08 hm²，增速为 214.07%。草地能值生态足迹和水域生态足迹增长较慢，增速分别为 87.49% 和 96.17%。总的来看，16 年来，湖南省的资源消耗增速很快，对土地的索取增长迅速。随着湖南经济的快速增长、人民收入水平的快速提高和生活水平的日益提升，可以预见，未来一段时间，资源的消耗水平还将持续上升，尤其是林地和草地的生态足迹还将进一步扩大。

4.2　湖南省能值生态承载力演变分析

采用国际通用的全球平均能值密度 3.10E+14 sej/hm²，根据式（3-4）计算得出 2000—2015 年湖南省的能值生态承载力和人均能值生态承载力，见表 4.3。

表 4.3　2000—2015 年湖南省能值生态承载力变化（hm²）

可更新资源项目	太阳能值转化率	太阳能值（sej）					
		2000 年	2001 年	2002 年	2003 年	2004 年	2005 年
太阳能	1.00E+00	9.75E+20	9.75E+20	9.75E+20	9.75E+20	9.75E+20	9.75E+20
风能	6.63E+02	9.22E+15	9.22E+15	9.22E+15	9.22E+15	9.22E+15	9.22E+15
雨水化学能	1.54E+04	2.38E+22	2.19E+22	3.17E+22	1.98E+22	2.41E+22	2.10E+22
雨水势能	8.89E+03	1.23E+22	1.13E+22	1.63E+22	1.02E+22	1.24E+22	1.08E+22

可更新资源项目	太阳能值转化率	太阳能值（sej）					
		2000年	2001年	2002年	2003年	2004年	2005年
地球旋转能	2.19E+04	1.91E+20	1.91E+20	1.91E+20	1.91E+20	1.91E+20	1.91E+20
可更新资源能值（sej）		2.50E+22	2.31E+22	3.29E+22	2.10E+22	2.53E+22	2.22E+22
区域面积（hm²）		2.12E+05	2.12E+05	2.12E+05	2.12E+05	2.12E+05	2.12E+05
区域能值密度（sej/hm²）		1.18E+17	1.09E+17	1.55E+17	9.90E+16	1.19E+17	1.05E+17
生态承载力（hm²）		9.29E+08	8.54E+08	1.23E+09	7.73E+08	9.40E+08	8.19E+08
人均生态承载力（hm²/人）		14.16	12.95	18.59	11.60	14.04	12.16

可更新资源项目	太阳能值转化率	太阳能值（sej）				
		2006年	2007年	2008年	2009年	2010年
太阳能	1.00E+00	9.75E+20	9.75E+20	9.75E+20	9.75E+20	9.75E+20
风能	6.63E+02	9.22E+15	9.22E+15	9.22E+15	9.22E+15	9.22E+15
雨水化学能	1.54E+04	2.18E+22	2.00E+22	1.98E+22	2.23E+22	2.49E+22
雨水势能	8.89E+03	1.12E+22	1.03E+22	1.02E+22	1.16E+22	1.24E+22
地球旋转能	2.19E+04	1.91E+20	1.91E+20	1.91E+20	1.91E+21	1.91E+21
可更新资源能值（sej）		2.30E+22	2.12E+22	2.10E+22	2.52E+22	2.78E+22
区域面积（hm²）		2.12E+05	2.12E+05	2.12E+05	2.12E+05	2.12E+05
区域能值密度（sej/hm²）		1.09E+17	1.00E+17	9.90E+16	1.19E+17	1.31E+17
生态承载力（hm²）		8.51E+08	7.81E+08	7.73E+08	9.37E+08	1.04E+09
人均生态承载力（hm²/人）		12.58	11.48	11.29	13.58	14.64

可更新资源项目	太阳能值转化率	太阳能值（sej）				
		2011年	2012年	2013年	2014年	2015年
太阳能	1.00E+00	9.75E+20	9.75E+20	9.75E+20	9.75E+20	9.75E+20
风能	6.63E+02	9.22E+15	9.22E+15	9.22E+15	9.22E+15	9.22E+15
雨水化学能	1.54E+04	1.65E+22	2.58E+22	2.05E+22	2.27E+22	2.55E+22
雨水势能	8.89E+03	8.23E+21	6.68E+20	6.68E+20	6.07E+20	2.48E+20
地球旋转能	2.19E+04	1.91E+21	1.91E+21	1.91E+20	1.91E+20	1.91E+20

续表 4.3

可更新 资源项目	太阳能值转 化率	太阳能值（sej）				
		2011 年	2012 年	2013 年	2014 年	2015 年
可更新资源能值（sej）		1.94E+22	2.87E+22	2.17E+22	2.39E+22	2.66E+22
区域面积（hm^2）		2.12E+05	2.12E+05	2.12E+05	2.12E+05	2.12E+05
区域能值密度（sej/hm^2）		9.17E+16	1.35E+17	1.02E+17	1.13E+17	1.26E+17
生态承载力（hm^2）		7.13E+08	8.99E+08	8.05E+08	8.89E+08	9.90E+08
人均生态承载力（hm^2/人）		9.99	12.52	11.26	12.35	13.67

根据表 4.3 可知，历年来湖南省可更新资源的能量数值，如太阳辐射能、风能及地球旋转能基本上保持不变，但由于降水量会出现年际变化，雨水化学能和雨水势能也有一定的差异，从而导致可更新资源总能值有一定变化。可更新资源能值中，能值投入最多的是雨水化学能，远远超过了其他能值投入，导致可更新资源总能值较大。这说明湖南省降水比较丰沛，雨水利用潜力巨大。研究时段内，2002 年的雨水能值最大，达到 3.17E+22 sej，这直接导致了 2002年能值生态承载力（1.23E+09 hm^2）最大。2011 年的雨水能值最小，只有 1.65E+22 sej，2011 年的能值生态承载力也相应地最小，仅为 7.13E+08 hm^2。

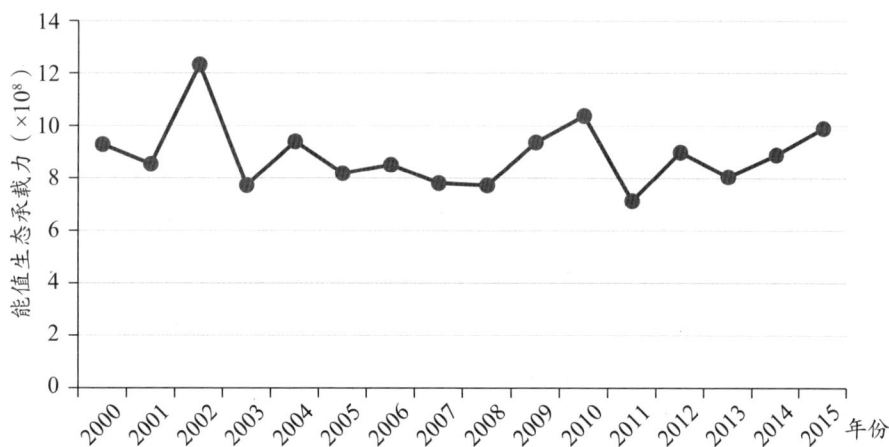

图 4.2　2000—2015 年湖南省能值生态承载力变化（hm^2）

从图 4.2 可知，2000—2015 年湖南省的能值生态承载力在一定范围内始终呈现波动变化的状态，总体呈下降趋势。人均能值生态承载力最大值为 2002 年的 18.59 hm²，最小值为 2011 年的 9.99 hm²。2002 年以后，湖南省的能值生态承载力出现明显的下滑和平缓波动趋势，2009 年后出现回升现象，至 2010 年出现一个次高峰，为 1.04E+09 hm²，最低值为 2011 年的 7.13E+08 hm²，之后有明显回升。土地资源的利用效率以及区域农业、工业发展对生态环境的污染状况是湖南省生态承载力水平的主要影响因素。从现实情况来看，湖南省虽然已经开始重视生态经济的发展建设，而且政府做了很大的努力，并取得了较为明显的成效，但是，出于历史的原因，加上近年来人口的快速增长以及某些不合理的建设开发，湖南省的耕地、建筑用地的人均生态承载力持续下降，人均能值生态足迹与人均能值生态承载力呈现背向的恶化发展趋势。这也就是说，目前湖南省的经济发展与生态建设的矛盾依然存在，区域自然生态系统仍然处于不可持续发展的状态。

4.3　湖南省生态盈余（赤字）演变与趋势分析

根据前文关于能值生态足迹和能值生态承载力的计算结果，利用式（4-5）计算可得湖南省 2000—2015 年的人均生态盈余，见表 4.4 和图 4.3。

表 4.4　2000—2015 年湖南省生态盈余变化（hm²）

年份	能值生态承载力	能值生态足迹	能值生态盈余
2000	9.29E+08	9.44E+08	−1.45E+07
2001	8.54E+08	1.01E+09	−1.60E+08
2002	1.23E+09	1.04E+09	1.91E+08
2003	7.73E+08	1.12E+09	−3.45E+08
2004	9.40E+08	1.23E+09	−2.88E+08

续表 4.4

年份	能值生态承载力	能值生态足迹	能值生态盈余
2005	8.19E+08	1.38E+09	−5.65E+08
2006	8.51E+08	1.34E+09	−4.86E+08
2007	7.81E+08	1.40E+09	−6.20E+08
2008	7.73E+08	1.43E+09	−6.58E+08
2009	9.37E+08	1.51E+09	−5.72E+08
2010	1.04E+09	1.60E+09	−5.64E+08
2011	7.13E+08	1.68E+09	−9.69E+08
2012	8.99E+08	1.71E+09	−8.12E+08
2013	8.05E+08	1.77E+09	−9.61E+08
2014	8.89E+08	1.81E+09	−9.21E+08
2015	9.90E+08	1.84E+09	−8.49E+08

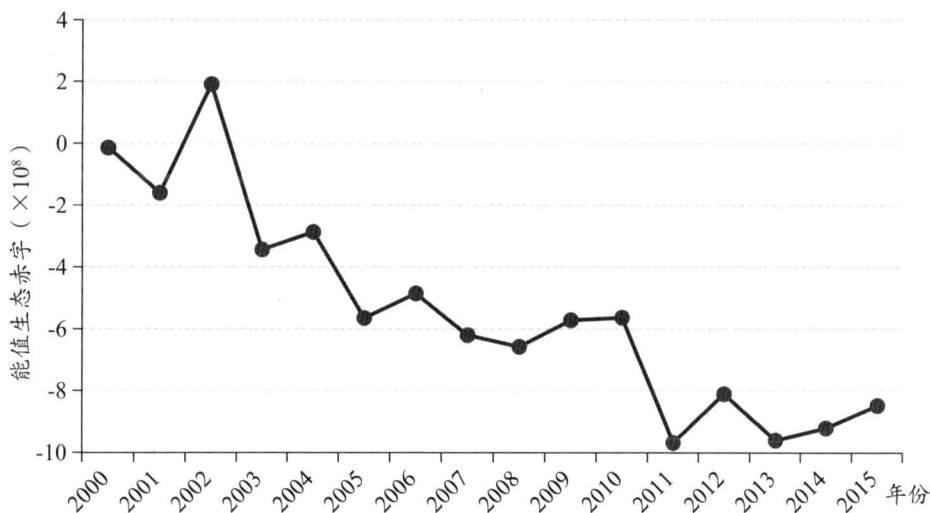

图 4.3　2000—2015 年湖南省生态赤字变化（hm^2）

由表 4.4 和图 4.3 可见,研究时段里,除了 2002 年为生态盈余(1.91E+08 hm^2),其余各年均处于生态赤字状态。人均生态赤字最高达到 13.58.69 hm^2,最低

为 -0.22 hm^2，年均为 -7.66 hm^2。2002 年以后，湖南省生态盈余持续平缓走低，至 2011 年到达最低（-9.69E+08 hm^2）。湖南省的社会经济发展对自然资源和环境的压力逐年增大，生态赤字持续增长，湖南省的自然系统总体上处于不可持续发展状态，且赤字情况较为严重。持续的生态赤字，表明研究时段内湖南省的自然资源存量被持续大量消耗，湖南省面临的生态压力持续存在。

为了更直观地观察湖南省 2000—2015 年能值生态足迹的变化及其与能值生态承载力的关系，将其绘制成图，即图 4.4。

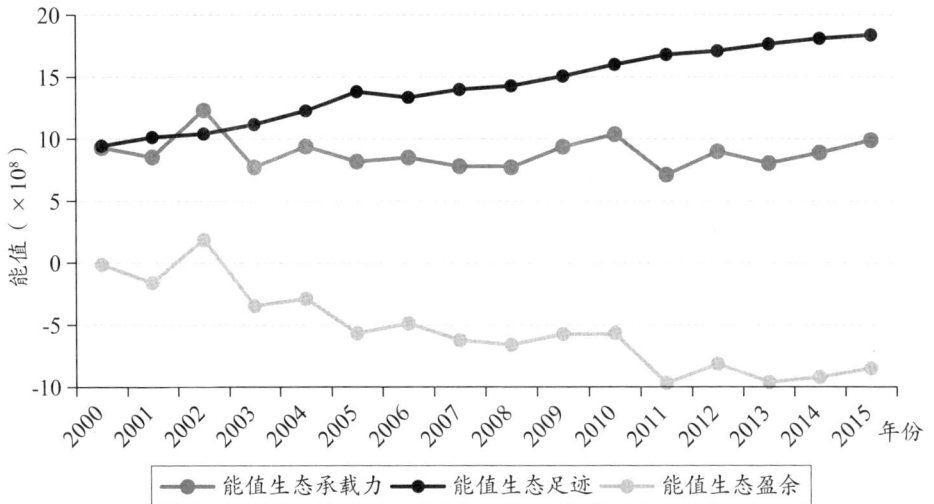

图 4.4　2000—2015 年湖南省能值生态足迹、能值生态承载力及生态赤字变化

由图 4.4 可知，2000—2015 年间，湖南省能值生态足迹呈现逐年上升趋势，增长速度逐年增加。除 2002 年之外的其余各年，能值生态足迹都明显领先于能值生态承载力。其中，2011 年的差距最大，这直接导致了 2011 年的生态赤字最大。湖南省的能值生态承载力呈现长期增长、短期有所回落的轻微动荡趋势，而能值生态足迹呈现持续稳定增长的态势。这导致湖南省的生态赤字持续上升，生态赤字呈现出与能值生态足迹基本一致的变化趋势。2013 年、2015 年两年出现较为严重的生态赤字，表明现阶段湖南省的生态供给明显不能满足生态需求，经济的发展给自然资源和环境带来的压力非常大。工业化与城市化给快速发展中的湖南带来了更大的生态赤字挑战。总的来说，湖南省面临的生态环境压力较大，形势不容乐观，寻求减少生态足迹的有效途径是一项非常重要且紧迫的工作任务。

由计算结果可知历年湖南省的能值生态足迹数据，从历年相关年鉴查找可知历年万元GDP数据，根据式（3-6）可以求得2000—2015年湖南省万元GDP生态足迹数据，见图4.5和表4.5。

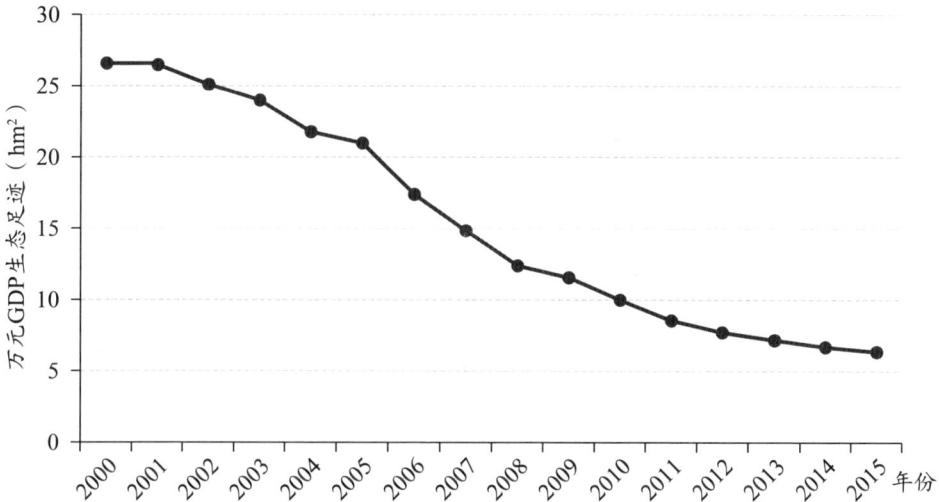

图4.5　2000—2015年湖南省万元GDP生态足迹变化（hm²）

表4.5　2000—2015年湖南省万元GDP生态足迹变化

年份	能值生态足迹（hm²）	万元GDP（亿元）	万元GDP生态足迹（hm²）
2000	9.44E+08	3 551.49	26.58
2001	1.01E+09	3 831.90	26.47
2002	1.04E+09	4 151.54	25.09
2003	1.12E+09	4 659.99	23.98
2004	1.23E+09	5 641.94	21.77
2005	1.38E+09	6 596.10	20.98

续表 4.5

年份	能值生态足迹（hm^2）	万元 GDP（亿元）	万元 GDP 生态足迹（hm^2）
2006	1.34E+09	7 688.67	17.39
2007	1.40E+09	9 439.60	14.85
2008	1.43E+09	11 555.00	12.38
2009	1.51E+09	13 059.69	11.55
2010	1.60E+09	16 037.96	9.99
2011	1.68E+09	19 669.56	8.55
2012	1.71E+09	22 154.23	7.72
2013	1.77E+09	24 621.67	7.17
2014	1.81E+09	27 037.32	6.70
2015	1.84E+09	28 902.21	6.36

从图 4.5 和表 4.5 可知，从 2000 年开始，湖南省的万元 GDP 生态足迹呈现不间断的逐年减小趋势，至 2015 年达到研究时段内的最低值（6.36 hm^2）。这表明，近些年来，湖南省资源和能源的利用效率还是在逐年提高，一定程度上缓解了资源消耗增大对环境造成的压力。

近些年来，湖南省政府越来越认识到自然生态对湖南经济发展的重大影响，因此更加关注资源的高效利用，积极响应国家发展生态经济和循环经济的号召，大力加强环境治理，且初步取得了较好的成效。R&D（研究与试验发展）经费是科技创新的核心指标，代表着一个国家、地区或单位的科研创新能力。近年来，湖南坚持科技支撑、创新引领经济社会发展，以政府引导、企业为主体、高校和科研院所以及社会资本等全社会参与的科研投入体系已基本形成。近年来，湖南省加大对科技的投入，R&D 经费支出逐年增加（见图 4.6）。资源的利用效率有了显著的提高，也一定程度上提高了生态承载力，但对比先进地区，差距仍然较大。2015 年湖南全社会 R&D 投入 412.67 亿元，在全国排第 12 位，在中部六省中排第 4 位。R&D 投入占 GDP 的比重为 1.43%[294]，在全国排第 14 位，在中部排第 3 位，与 2020 年 2.5% 的目标还存在较大差距。但总的来说，湖南省的经济发展在不断从资源粗放型向资源节约型转变，资源的利用效率不断提高，随着工业经济发展的步伐放缓和环境的逐渐恢复，湖南省的自然环境资源有了更多优势，湖南经济发展开始向生态经济系统方向转变，体现为经济与环境的逐步协调共赢。

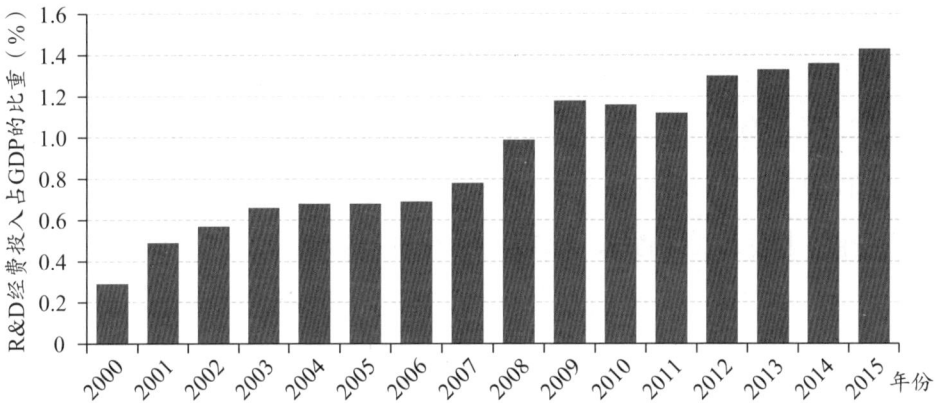

图 4.6　2000—2015 年湖南省 R&D 经费支出变化

4.4　本章小结

（1）2000—2015 年，湖南省人均能值生态足迹年均为 20.59 hm^2，最大值为 2015 年的 25.39 hm^2，最小值为 2000 年的 14.38 hm^2，增长率为 76.52%。其中，化石能源用地和建筑用地的能值生态足迹增幅较大。这说明，随着人们生活方式的改变，湖南省居民生活消费对生物资源的生态需求整体下降，对能源资源的生态需求要求逐年增加，湖南省化石能源消费水平呈上升态势，化石能源用地和建筑用地生态足迹需求逐年显著增加，煤炭、电力等能源的消耗量也有了很大增加，对电力的依赖度尤其高。同时这也说明，湖南省经济的迅速发展主要依托于能源和电力的大量消耗，若不尽快改善这一现状，湖南省的生态环境将进一步恶化。

（2）从生态足迹总量构成来看，研究时段内，各类型生物生产性土地的生态足迹均有不同程度的增长，湖南省生态足迹总量的不断扩大很大程度上是耕地、化石能源用地和建筑用地的生态足迹的增加造成的，它们供需的平衡与否直接影响到湖南省未来能否持续健康发展。不同的土地类型在生态足迹的贡献率中差异较为明显。其中耕地和化石能源用地足迹所占的比例始终较大。不同土地类型的人均生态足迹在时间序列上的变化趋势具有不一致性。研究时段内，湖南省各类生物生产性土地面积对其能值生态足迹的贡献率大小依次为：耕地＞化石能源用地＞建筑用地＞水域＞牧草地＞林地。湖南省对自然生态的压力主要来自于耕地和能源消费，此二者是湖南省生态足迹的主导控制因子。

（3）从生态足迹增速来看，2000—2015 年，耕地能值生态足迹逐年增大，但增长缓慢，由 2000 年的 $5.81E+08\ hm^2$ 增长到 2015 年的 $7.79E+08\ hm^2$，增长率仅为 34.14%。在六大土地类型的生态足迹增速中，耕地的增速最小。增速最快的是林地，从 2000 年的 $1.17E+07\ hm^2$ 增长到 2015 年的 $5.71E+07\ hm^2$，增速为 387.06%。建筑用地能值生态足迹从 2000 年的 $7.49E+07\ hm^2$ 增长到 2015 年的 $2.46E+08\ hm^2$，增长飞快，增速达 228.93%，这表明湖南省的发展对电力的依赖度相对较高。总的来看，16 年来湖南的资源消耗增速很快，对土地的索取增长迅速。随着湖南经济的快速增长、人民收入水平的快速提高和生活水平的日益提升，可以预见，未来一段时间内，湖南对资源的消耗水平还将上升，尤其是林地和草地的生态足迹还将进一步扩大。

（4）2000—2015 年，湖南省的能值生态承载力在一定范围内始终呈现波动变化的状态，总体呈下降趋势。人均能值生态承载力最大值为 2002 年的 $18.59\ hm^2$，最小值为 2011 年的 $9.99\ hm^2$。2002 年以后，湖南省的能值生态承载力出现明显的下滑和平缓波动趋势，2009 年后出现回升现象，至 2010 年出现一个次高峰，为 1.04E+09 hm²，最低值为 2011 年的 7.13E+08 hm²，之后有明显回升。土地资源的利用效率以及区域农业、工业发展对生态环境的污染状况是湖南省生态承载力水平的主要影响因素。

（5）研究时段里，除了 2002 年为生态盈余（1.91E+08 hm²），其余各年均处于生态赤字状态。人均生态赤字最高达到 13.58.69 hm²，最低为 −0.22 hm²，年均为 −7.66 hm²。2002 年以后，湖南省生态盈余持续平缓走低，至 2011 年达到最低值（−9.69E+08 hm²）。湖南省的社会经济发展对自然资源和环境的压力逐年增大，生态赤字持续增长，湖南省的自然系统总体上处于不可持续发展状态，且赤字情况较为严重。从 2000 年开始，湖南省的万元 GDP 生态足迹呈现不间断的逐年减小趋势，至 2015 年达到研究时段内的最低值（6.36 hm²）。这表明，近些年来，湖南省资源和能源的利用效率还是在逐年提高，一定程度上缓解了资源消耗增大给环境造成的压力。总的来说，湖南省的经济发展在不断从资源粗放型向资源节约型转变，资源的利用效率不断提高，随着工业经济发展的步伐放缓和环境的逐渐恢复，湖南省的自然环境资源有了更多优势，湖南经济发展开始向生态经济系统方向转变，体现为经济与环境的逐步协调共赢。

第5章 湖南省生态赤字（盈余）区域差异比较分析

5.1 研究区域划分

区域生态承载力、生态足迹和生态赤字差异主要受到包括土地面积、地形地貌、降水量、森林覆盖率、生物多样性等在内的自然资源差异、人口数量、地区经济发展程度、科技水平等因素的制约和影响，而与地区的行政区划关系不大。因此，本研究讨论的湖南省生态赤字区域差异问题也并非依据区域行政区划来进行，而是按照"因地制宜、发挥优势、突出重点、协调发展"的原则，根据地势地形相似性、相邻行政单元的相对完整性以及地区经济发展程度，将湖南省域划分为长株潭城市群区（长沙市、湘潭市、株洲市）、环洞庭湖区（常德市、益阳市、岳阳市）、湘中南区（娄底市、衡阳市、永州市、郴州市）、大湘西区（张家界市、湘西土家族苗族自治州、怀化市、邵阳市）这4个区域。

5.1.1 长株潭城市群区

长株潭城市群区位于湘江中下游，包括长沙、株洲、湘潭三市。该区域处于洞庭湖平原区和湘中南区的过渡地带，地形以山间平原、丘陵和盆地为主，地势平坦，土壤肥沃。区域内雨水充沛、阳光充足，自然条件优良。该区域处于我国京广经济带和长江经济带的连接点上，人口稠密，交通便利，城镇发达，经济社会发展条件得天独厚。三市沿湘江呈"品"字形分布，是湖南省经济发展的增长极，也是全国"两型"社会建设综合配套改革试验区之一。区域科技实力较雄厚，区域内有全省 80% 的普通高校，是全省资金、人才、劳动力等生产要素的汇集地。2015 年，湖南省有 8 个市全面小康实现程度达到 90% 以上，居全省前三位的就是长沙、株洲、湘潭。省会长沙是湖南省的经济、政治和文化中心。老工业基地株洲是重要的交通枢纽，开放度较高，经济发展水平位居全省前列。湘潭是湖南省乃至全国著名的工业基地。区域面积 28 088 km²，占全省总面积的 13.26%，耕地 60.83 万 hm²，建设用地 30.55 万 hm²。城镇周边可用作建设用地的丘岗山地资源达 137.24 万 hm²[279]。2015 年区域总人口 1 395.55 万，城市化率 67.75%，地区生产总值为 12 548.34 亿元，占全省经济总量的比重由 2010 年的 41.9% 提高到 42.8%，人均 GDP 远远高于其他地区，达到 8.99 万元。

5.1.2　环洞庭湖区

该地区又称洞庭湖盆地，位于两湖平原之南，包括岳阳、常德、益阳三市。区域地势较为平缓，土壤肥沃，农耕历史悠久；水域丰富，河网密布，水陆交通发达。由于地理环境独特，该区域是我国重要的商品粮基地之一，是全省粮食、经济作物和水产品主产区。其主要农产品在全省地位突出，也是国家重要的粮棉基地和淡水渔区，有"鱼米之乡"的美称。区域面积 45 410 km²，占全省总面积的 21.44%，耕地 103.44 万 hm²，约占全省耕地面积的 30% 以上，建设用地 40.22 万 hm²[279]。城镇周边可用作建设用地的丘岗山地资源达 218.50 万 hm²。2015 年全区总人口 1 573.67 万，城市化率 49.53%，地区生产总值为 6 949.71 亿元，人均 GDP 4.42 万元[279]，是一个人口稠密、经济较为发达的地区。2012—2015 年该地区 GDP 年均增速达到 10.9%。

5.1.3　湘中南区

湘中南区与两广接壤，包括娄底、郴州、永州、衡阳四市。该地区以丘陵、岗地和盆地为主，耕地后备资源潜力相对较大。其矿产资源丰富，其中南岭地带是有色金属矿产资源富集区；日照时间较为充足，无霜期长，适合农耕，自然环境较好，但交通相对不便。区域面积 64 981 km²，占全省总面积的 30.67%，耕地 113.88 万 hm²，建设用地 40.74 万 hm²。城镇周边可用作建设用地的丘岗山地资源达 181.91 万 hm²。2015 年全区总人口 2 107.58 万，城市化率 47.21%，地区生产总值为 7 323.48 亿元，人均 GDP 3.47 万元 [279]。

5.1.4　大湘西区

该区域包括湘西自治州和张家界、邵阳、怀化四州市。域内丘陵散布，山地多而耕地少，人口众多；风光秀美，景观奇特，林木、特色农业和水力资源丰富，旅游产业发达。该区降雨多，空气湿度大，生物资源丰富。区域面积 7.34 万 km²，占全省土地面积的 34.63%，其中耕地 95.45 万 hm²，建设用地 28.36 万 hm²。2015 年全区总人口 1 632.18 万，为全省人口的 26%，城市化率 42.31%，地区生产总值为 3 605.39 亿元，人均 GDP 2.21 万元。经济发展总体低于湖南省平均水平。在经济总量上，湘西地区的国民生产总值为湖南省的 12%。在发展速度上，湘西地区的年均增长速度低于全省。在经济效益方面，湘西地区的财政收入是湖南省的 7%，人均财政收入为全省的 1/3。湘西地区是湖南省贫困县密集区域，整个地区有 32 个市县，其中就有 21 个是省定的、市定的贫困县，比例超过全省贫困县总数的一半，贫困人口接近 60 万 [279]。为方便比较，我们将 2015 年四大区域的基本情况列在表 5.1 中。

由表 5.1 可见，湖南省的四大区域之间因自然条件、经济发展和社会文化等方面的差异，发展很不均衡。四大区域之中，面积最大的是大湘西区，人口最多的是湘中南区，而长株潭城市群区虽然面积和人口都是最少的，但地区生产总值、人均 GDP 以及城市化率遥遥领先。长株潭城市区以最少的总人口数，创造了最大的经济总量。大湘西区在地区生产总值、人均 GDP 以及城市化率方面均落后于其他 3 个区域，无论在经济总量上还是人均水平上，发展差距都比较明显，尤其是与长株潭城市群区的差距非常大。

表 5.1　2015 年湖南省四大区域基本数据比较

项目	长株潭城市群区	环洞庭湖区	湘中南区	大湘西区
人口（万）	1 395.55	1 573.67	2 107.58	1 632.18
面积（km²）	28 088	45 410	64 981	73 372
耕地面积（km²）	60.83	103.44	113.88	95.45
建设用地（km²）	30.55	40.22	40.74	28.36
地区生产总值（亿元）	12 548.34	6 949.71	7 323.48	3 605.39
人均 GDP（万元）	8.99	4.42	3.47	2.21
城市化率（%）	67.75	49.53	47.21	42.31

5.2　区域能值生态承载力差异比较分析

在搜集相关原始数据资料的基础上，根据相应公式可以计算出 2015 年湖南省 4 个区域的能值生态承载力及人均生态承载力，见表 5.2。

由表 5.2 可以看出，2015 年，长株潭城市群区、环洞庭湖区、湘中南区、大湘西区 4 个区域的能值生态承载力分别为 1.79E+08 hm²、2.67E+08 hm²、4.25E+08 hm² 和 4.34E+08 hm²，区域间差别非常大。如前所述，区域可更新资源能值主要由地区土地面积、海拔高度、年降雨量、空气密度、年积温等因素决定，大湘西区和湘中南区这两个区域的面积、雨水化学能、风能、太阳能等都明显领先于环洞庭湖区和长株潭城市群区，因此，可更新资源的能值明显大于后两者。受降雨量、区域面积和人口分布不均的影响，湖南省的能值生态承载力空间差异较大。由于地广人稀、阳光充足、雨量充沛，大湘西区和湘中南区的能值生态承载力和人均能值生态承载力均远远超过了环洞庭湖区和长株潭城市群区。大湘西区的人均能值生态承载力甚至是长株潭城市群区人均能值生态承载力的 2 倍以上。此外，在 4 个区域可更新资源能值供给中，占比重最大的是雨水化学能。雨水化学能对 4 个区域可更新资源能值的贡献程度分别为77.90%、76.02%、78.43% 和 76.15%，都超过了 75%。相对于其他地区，湖南省的降水比较丰沛，雨水利用潜力巨大，因此在以上 4 个区域内，雨水化学能的占比都比较大。

表 5.2　湖南省 2015 年四大区域能值生态承载力、人均能值生态承载力比较

项目名称	长株潭城市群区	环洞庭湖区	湘中南区	大湘西区
太阳能（sej）	1.29E+20	2.08E+20	3.00E+20	3.38E+20
风能（sej）	1.72E+15	1.97E+15	2.84E+15	3.31E+15
雨水化学能（sej）	3.60E+21	5.23E+21	8.59E+21	8.52E+21
雨水势能（sej）	1.52E+21	2.09E+21	3.26E+21	3.70E+21
地球旋转能（sej）	8.92E+20	1.44E+21	2.06E+21	2.33E+21
可更新资源能值（sej）	4.62E+21	6.88E+21	1.10E+22	1.12E+22
区域面积（hm²）	2.81E+04	4.54E+04	6.50E+04	7.34E+04
区域能值密度（sej/hm²）	1.65E+17	1.52E+17	1.69E+17	1.52E+17
区域能值生态承载力（hm²）	1.79E+08	2.67E+08	4.25E+08	4.34E+08
区域人均能值生态承载力（hm²）	12.57	16.81	19.89	26.59

5.3　区域能值生态足迹差异比较分析

在搜集整理相关原始数据资料的基础上，根据相应公式可以计算出 2015年 4 个区域的能值生态足迹及人均能值生态足迹，见表 5.3。

表 5.3　湖南省 2015 年四大区域能值生态足迹、人均能值生态足迹比较

项目名称	长株潭城市群区	环洞庭湖区	湘中南区	大湘西区
稻谷（sej）	7.21E+21	1.13E+22	1.13E+22	6.30E+21
小麦（sej）	1.07E+18	8.21E+19	1.24E+19	1.39E+19
玉米（sej）	1.68E+20	6.34E+20	1.05E+21	1.46E+21
豆类（sej）	5.04E+19	7.42E+19	2.18E+20	1.30E+20
薯类（sej）	9.97E+19	2.31E+20	3.81E+20	4.89E+20
棉花（sej）	9.78E+18	7.31E+20	1.26E+21	1.62E+21
麻类（sej）	2.39E+18	9.72E+18	8.73E+17	8.32E+18
甘蔗（sej）	2.72E+18	7.73E+19	1.33E+20	1.33E+19
烟叶（sej）	8.41E+17	3.58E+17	4.91E+18	2.36E+18
蔬菜（sej）	5.92E+20	4.88E+20	7.52E+20	2.89E+20
油菜籽（sej）	5.10E+20	3.29E+21	1.80E+21	1.40E+21
茶叶（sej）	1.05E+20	3.09E+20	5.45E+19	3.75E+19
猪肉（sej）	4.65E+22	4.67E+22	7.50E+22	3.90E+22
油桐籽（sej）	2.88E+19	2.57E+20	2.06E+20	3.87E+20
木材（sej）	8.90E+16	2.22E+17	1.84E+17	3.05E+17
水果（sej）	1.12E+21	3.05E+21	4.63E+21	4.97E+21
牛肉（sej）	1.98E+21	5.14E+21	7.18E+21	6.34E+21
羊肉（sej）	9.60E+20	1.86E+21	1.41E+21	1.06E+21
水产品（sej）	3.41E+21	1.53E+22	7.58E+21	2.50E+21
煤炭（sej）	1.23E+22	2.14E+22	3.95E+22	6.52E+21
焦炭（sej）	3.65E+21	9.46E+19	6.45E+21	2.07E+20
汽油（sej）	2.55E+20	1.84E+20	6.39E+19	4.98E+19
原油（sej）	1.40E+17	1.05E+22	9.23E+16	7.19E+15
煤油（sej）	3.07E+18	1.01E+20	2.61E+18	1.17E+18
柴油（sej）	3.65E+20	4.58E+20	2.76E+20	7.87E+19

续表 5.3

项目名称	长株潭城市群区	环洞庭湖区	湘中南区	大湘西区
燃料油（sej）	4.99E+20	1.78E+20	1.29E+19	5.48E+19
电力（sej）	1.52E+22	1.30E+22	1.62E+22	8.26E+21
能值汇总（sej）	9.51E+22	1.35E+23	1.75E+23	8.12E+22
区域能值生态足迹（hm²）	3.06E+08	4.36E+08	5.65E+08	2.62E+08
区域人均能值生态足迹（hm²）	21.50	27.47	26.45	16.02

由表 5.3 可以看出，2015 年，长株潭城市群区、环洞庭湖区、湘中南区、大湘西区 4 个区域能值生态足迹分别为 3.06E+08 hm²、4.36E+08 hm²、5.65E+08 hm²和 2.62E+08 hm²，人均能值生态足迹分别为 21.50 hm²、27.47 hm²、26.45 hm²和 16.02 hm²。能值生态足迹与人均能值生态足迹之间的数量关系并不对等。能值生态足迹最大的湘中南区，人均能值生态足迹并非最大；人均能值生态足迹最大的环洞庭湖区，能值生态足迹也非最大。能值生态足迹和人均能值生态足迹呈现一致关系的是大湘西区和长株潭城市群区，前者两者皆为最小，后者两者皆排名第三。四大区域的能值生态足迹排名与能值生态承载力的排名情况也完全不同。出现这种情况的主要原因是，伴随着湖南经济社会的快速发展，人们的生活水平不断提高，对肉类、畜牧产品、水产品和能源资源的消费需求大大增加。但与此同时，省内各区域间不能协调发展的问题也日渐严重，大湘西区的贫穷落后状况一直未能得到改善，导致该区域对各种生物资源和能源资源的消费水平远低于其他地区。

此外，通过分析四大区域各类生物生产性土地对其能值生态足迹的贡献可以发现，四个区域的情况也不尽相同。将各类生物生产性土地对其生态足迹的贡献率根据大小排序，长株潭城市群区的情况为：耕地＞化石能源用地＞建筑用地＞水域＞牧草地＞林地；环洞庭湖区的情况为：耕地＞化石能源用地＞水域＞建筑用地＞牧草地＞林地；湘中南区的情况为：耕地＞化石能源用地＞建

筑用地＞牧草地＞水域＞林地；大湘西区的情况为：耕地＞建筑用地＞牧草地
＞化石能源用地＞林地＞水域。具体见表5.4。

表5.4 2015年湖南省四大区域能值生态足迹构成

区域	耕地	林地	牧草地	水域	化石能源用地	建筑用地
长株潭城市群区	58.12%	1.21%	3.09%	3.59%	17.98%	16.01%
环洞庭湖区	46.67%	2.41%	6.27%	11.13%	24.03%	9.49%
湘中南区	52.37%	2.76%	4.90%	4.32%	26.39%	9.26%
大湘西区	62.51%	6.60%	9.12%	3.08%	8.51%	10.17%

　　受地形地貌条件等自然条件和经济社会条件的综合影响，湖南省各区域土
地利用空间格局的差异明显。长株潭城市群区的耕地、化石能源用地和建筑用
地的生态足迹占用最多，与湖南省的整体生态足迹占用情况一致。这是因为该
区域经济总量大、增速快，经济相对发达，交通、生产、人口高度密集，居民
消费水平相对较高，城镇化建设进程较快，建设用地增长速度较快且土地利用
集约化水平较高。环洞庭湖区生态占用排名前三的是耕地、化石能源用地和水
域。这与该区域的地理区位关系密切。近年来湖区建设脚步加快，农药化肥及
农膜的过量使用，以及畜禽养殖污染是湖区农业面源污染的主要来源，而造纸
行业则是主要污染行业。历史上的围湖造田，导致湖泊面积萎缩，生物多样性
下降，生态失调。湘中南区近年来建设速度飞快，工业迅速发展，城市规模迅
速扩大，且主要以资源开发为核心，对能源的依赖程度很高，耕地侵占现象较
为严重，因此耕地、化石能源用地和建筑用地的生态足迹占用较大。相比之下，
大湘西区因经济发展相对欠发达，建设用地的增长速度和集约化水平均相对较
低，化石能源用地的生态足迹占用在四大区域中最小。但总体来看，在四大区
域的能值生态足迹中，无论哪个区域，耕地生态赤字都是最大的。原因大致有
以下几点：一是近年来，湖南省土壤环境污染问题较为突出，局部耕地质量降
低严重；二是城市化进程的加快推进和人口的持续增多，导致非农建设用地（尤

其是建筑用地）占用耕地的面积逐年增加；三是受退耕还林（湖）政策的影响，一些耕地消失，变成了林地或水域。另外，随着农村外出就业的人口增多，荒废和闲置的耕地面积随之增加。因此，保护粮食作物耕地面积，确保新增建设用地占用耕地比例逐年下降，提高耕地的单位面积产量，是缩小湖南省自然系统生态赤字的关键对策之一。

5.4　区域生态赤字（盈余）差异比较分析

由以上计算出的区域能值生态承载力和能值生态足迹，将两者相减，就可以得到区域能值生态赤字（盈余）和人均能值生态赤字（盈余），见表5.5。

表5.5　2015年湖南省四大区域生态赤字（盈余）比较

区域	生态承载力（hm²）	生态足迹（hm²）	生态盈余（赤字）（hm²）	人均生态盈余（赤字）（hm²）
长株潭城市群区	1.79E+08	3.06E+08	−1.27E+08	−8.92
环洞庭湖区	2.67E+08	4.36E+08	−1.69E+08	−10.66
湘中南区	4.25E+08	5.65E+08	−1.40E+08	−6.56
大湘西区	4.34E+08	2.62E+08	1.72E+08	10.57

从表5.5可知，除大湘西区之外，其他3个区域都出现了生态赤字。这表明这3个区域经济社会对自然资源的需求已经超过了自然生态系统自身的供给能力，处于不可持续发展的状态。这3个区域中，长株潭城市群区生态承载力最小（1.79E+08 hm²），大湘西区生态承载力最大（4.34E+08 hm²）；湘中南区生态足迹最大（5.65E+08 hm²），大湘西区生态足迹最小（2.62E+08 hm²）。环洞庭湖区生态赤字和人均生态赤字都是最大的，大湘西区生态赤字和人均生态赤字都是最小的。总的来说，湖南省的生态赤字有着较为明显的东西差异：东部地区的生态足迹相对较大，生态承载力相对较小，生态赤字相对较大；西部

地区的情况与之相反。究其原因，主要在于湖南省的经济发展水平。东部地区的经济发展水平远优于西部地区，开发建设的脚步更快，对自然资源的利用也就更多，而西部地区因为经济相对落后，开发建设的脚步慢一些，对自然系统的破坏要少一些，自然植被多一些，环境也更好一些。

5.5　区域生态压力指数差异比较分析

为了更加直观地了解人类活动对自然资源和生态环境所产生的影响的程度，我们用生态压力指数这一概念来表征。生态压力指数又叫生态足迹强度指数，该指标可以反映区域内生态承载力单位面积上所能承载的生态足迹，即它可以衡量单位面积生态压力的大小抑或生态容量的大小。生态压力指数越大，表明环境的负荷越高，人地关系越紧张，反之亦然。计算生态压力指数的公式如下：

$$EFI = Eef/Eec \qquad\qquad (5\text{-}1)$$

式中，EFI 为生态压力指数；Eef 为能值生态足迹；Eec 为能值生态承载力。当 $0 < EFI < 1$ 时，$Eef < Eec$，表明生态系统生态总需求小于生态总供给，生态系统此时处于生态安全状态。当 $EFI=1$ 时，$Eef=Eec$，说明生态系统的总需求和总供给达到平衡，系统此时处于安全临界状态；当 $EFI > 1$ 时，$Eef > Eec$，说明生态系统的总需求大于其总供给，供需出现不平衡，生态安全受到威胁。EFI 值与 1 相差越大，说明生态系统所受到的压力就越大。湖南省四大区域的生态压力指数情况见图 5.1。

从图 5.1 可以发现，2015 年 4 个区域生态压力指数小于 1 的只有大湘西区，数值为 0.60，而长株潭城市群区、环洞庭湖区、湘中南区的生态压力指数都大于 1，其中数值最大的是长株潭城市群区，为 1.71，环洞庭湖区次之，为 1.63，湘中南区排在第三位，为 1.33。这与各区域的生态赤字排名情况不完全吻合，长株潭城市群区、环洞庭湖区、湘中南区都面临着较为严重的生态压力，处于不可持续发展状态，尤其是长株潭城市群区，有着最为显著的生态压力。这种状况与当地的经济发展模式关系密切：盲目追求经济规模的快速扩大和城镇化建设的飞速发展，导致了人口激增、耕地锐减、各种工农业污染以及土地质量下降等问题，而这些都是湖南省生态压力产生的主要原因。

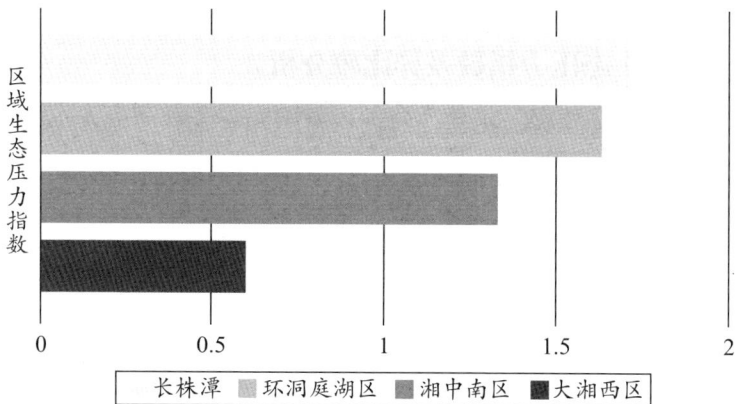

图 5.1 2015 年湖南省四大区域生态压力指数比较

5.6 本章小结

（1）2015 年，长株潭城市群区、环洞庭湖区、湘中南区、大湘西区 4 个区域的能值生态足迹分别为 3.06E+08 hm²、4.36E+08 hm²、5.65E+08 hm² 和 2.62E+08 hm²，人均能值生态足迹分别为 21.50 hm²、27.47 hm²、26.45 hm² 和 16.02 hm²。能值生态足迹与人均能值生态足迹之间的数量关系并不对等。能值生态足迹最大的湘中南区，人均能值生态足迹并非最大；人均能值生态足迹最大的环洞庭湖区，能值生态足迹也非最大。能值生态足迹和人均能值生态足迹呈现一致关系的是大湘西区和长株潭城市群区，前者两者皆为最小，后者两者皆排名第三。

受地形地貌条件等自然条件和经济社会条件的综合影响，湖南省各区域土地利用空间格局的差异明显。长株潭城市群区的耕地、化石能源用地和建筑用地的生态足迹占用最多，与湖南省的整体生态足迹占用情况一致。环洞庭湖区生态占用排名前三的是耕地、化石能源用地和水域。湘中南区耕地、化石能源用地和建筑用地的生态足迹占用也较大。大湘西区化石能源用地的生态足迹占用在四大区域中最小。总体来看，在四大区域的能值生态足迹中，无论哪个区域，耕地生态赤字都是最大的。

除大湘西区外，其他 3 个区域都出现了生态赤字。这表明这 3 个区域经济社会对自然资源的需求已经超过了自然生态系统自身的供给能力，处于不可持续发展的状态。这 3 个区域中，长株潭城市群区生态承载力最小（1.79E+08 hm²），大湘西区生态承载力最大（4.34E+08 hm²）。湘中南区生态足迹最大（5.65E+08 hm²），大湘西区生态足迹最小（2.62E+08 hm²）。环洞庭湖区生态赤字和人均生态赤字都是最大的，大湘西区生态赤字和人均生态赤字都是最小的。总的来说，湖南省的生态赤字有着较为明显的东西差异：东部地区的生态足迹相对较大，生态承载力相对较小，生态赤字相对较大；西部地区的情况与之相反。

（4）2015 年 4 个区域生态压力指数小于 1 的只有大湘西区，数值为 0.60，而长株潭城市群区、环洞庭湖区、湘中南区的生态压力指数都大于 1，其中数值最大的是长株潭城市群区，为 1.71，环洞庭湖区次之，为 1.63，湘中南区排在第三位，为 1.33。这与各区域的生态赤字排名情况不完全吻合，长株潭城市群区、环洞庭湖区、湘中南区都面临着较为严重的生态压力，处于不可持续发展状态，尤其是长株潭城市群区，有着最为显著的生态压力。

第 6 章　湖南省能源消费碳足迹研究

在生态承载力恒定的情况下，影响生态赤字（盈余）变化的主观能动因素就是生态足迹。人类的生态足迹里，有一半以上是来自能源消费碳足迹。因此，对能源消费碳足迹的研究实际上是对生态足迹研究的进一步深入和印证。碳足迹（Carbon Footprint），是在生态足迹的概念基础上提出来的，它描述了一个人的能源意识和行为对环境的影响和压力程度，是导致人为生态影响的重要因素。根据《中国生态足迹报告 2012》和有关学者的研究，化石能源是碳排放产生的关键原因，也是目前全球消耗的最主要能源，占比高达 87.9%。对经济高速发展的中国来说，这个数据高达 93.8%。近年来，湖南省的能源消费总量逐年增长且增速较快，反映了社会经济的快速发展带来的能源消费的同步增长。根据第 4 章的计算结果，湖南省的生态需求主要来自化石能源用地的土地足迹，即碳足迹。在湖南省的能值生态足迹总量中，碳足迹的占比很高，这说明湖南省面临的主要生态和资源问题来自 CO_2 的排放，因此碳减排是湖南省乃至全国当下最重要的生态工作。

受相关实验条件和实验数据所囿，本研究碳排放量的计算主要是基于耕地、建设用地、林地、草地等土地类型的碳排放系数进行的。

6.1　计算方法

6.1.1　碳足迹计算方法

由于其他能源对碳排放的影响比较小，加上数据难以获取，本研究仅计算化石能源所产生的碳排放，选择了原煤、原油、燃料油、汽油、液化石油气、天然气等共 8 种化石能源作为研究对象。为了便于进行对比和计算，我们采用统一的当量值单位来进行计算，把每公斤含热量 7 000 kcal（29 306 J）定为标准煤，也叫作煤当量，以此将各种能源使用量折合成标准煤的吨数来表示。碳排放系数是指每一种能源被消费过程中产生的碳排放数量。本研究的碳排放系数来自政府间气候变化专门委员会（Intergovernmental Panel on Climate Change，IPCC），能源土地转换系数来自世界自然基金会，以林地吸收 CO_2 的量来计算。各类能源折算参数见表 6.1。

表6.1　各类型化石能源碳排放折算参数

能源类型	原煤	原油	燃料油	汽油	煤油	柴油	液化石油气	天然气
折标准煤系数（10^4tce/10^4t）	0.714 3	1.428 6	1.428 6	1.471 4	1.471 4	1.457 1	1.714 3	1.143 3
碳排放系数（10^4t/10^4tce）	0.755 9	0.585 7	0.618 5	0.553 8	0.571 4	0.592 1	0.504 2	0.448 3

能源利用碳足迹的计算模型如下：

$$C_z = \sum_{i=1}^{n} E_i \times C_{oei} \times \frac{44}{12} / 6.49 \tag{6-1}$$

式中：C_z 为能源利用碳足迹；E_i 是某类能源 i 消费的标准量；C_{oei} 为某类能源 i 的碳排放系数；44/12 是碳排放量到 CO_2 排放量的转换系数，即 CO_2 和 C 的分子量比率；6.49 是能源土地转换系数。

人均碳足迹指的是能源利用碳足迹与区域人口之比，反映的是人口对有限碳排放空间的占有程度；区域单位面积的碳足迹指的是能源利用碳足迹与区域面积之比。这两个指标体现了区域能源使用和碳排放的公平性。具体计算公式如下：

$$RC_z = C_z / R \qquad\qquad （6\text{-}2）$$

$$DC_z = C_z / D \qquad\qquad （6\text{-}3）$$

式中，R 代表区域总人口（人）；D 为区域总面积（hm^2）；RC_z 代表区域人均碳足迹（hm^2/人）；DC_z 代表区域单位面积碳足迹（hm^2/hm^2）。

6.1.2　碳排放强度计算方法

碳排放强度是指生产万元 GDP 所带来的 CO_2 排放量，也可以理解为相对碳排放效率，是衡量经济结构合理性和经济发展中科技水平的重要指标。其计算公式如下：

$$C_g = C_f / g \qquad\qquad （6\text{-}4）$$

式中，C_g 为碳排放强度（吨／万元）；C_f 为碳排放量；g 为 GDP 总量。

6.2　湖南省能源消费碳足迹动态研究

6.2.1　湖南省分品种能源消费分析

从 2000—2015 年湖南省统计年鉴和湖南省能源统计年鉴中获取 2000—2015 年各品种能源消费数据，通过能源折煤系数表，将之换算成标准煤数据。具体数据如表 6.2 所示。

表 6.2　2000—2015 年湖南省分品种能源消费量　（单位：万 t）

年份	原煤	原油	汽油	燃料油	柴油	煤油	液化气	天然气	合计
2000	1 997.78	772.81	169.75	54.11	204.15	11.88	60.7	0	3 271.17
2001	2 928.35	629.09	167.25	63.85	177.87	7.25	52.87	0	4 026.53
2002	3 062.21	672.65	198.02	53	262.37	12.39	67.61	0	4 328.24

续表 6.2

年份	原煤	原油	汽油	燃料油	柴油	煤油	液化气	天然气	合计
2003	3 560.36	725.35	199.95	59.78	269.26	13.11	66.12	0	4 893.93
2004	4 313.5	879.57	236.05	52.59	353.75	17.04	97.17	0.68	5 950.35
2005	6 241.42	943.95	302.09	61.54	488.68	30.12	140.71	58.77	8 267.29
2006	6 714.02	820.59	387.2	60.06	498.18	33.59	153.33	61.32	8 728.29
2007	7 339.64	959.39	399.59	57.43	575.31	36.03	139.1	92.65	9 599.14
2008	7 262.51	877.17	340.97	59.14	546.88	37.39	128.18	99.94	9 352.18
2009	7 678.15	808.13	362.01	97.69	629.69	44.79	112.48	124.1	9 857.03
2010	8 086.9	839.32	385.92	107.45	732.51	44.5	110.62	136.61	10 443.83
2011	9 288.46	1094.16	434	98.52	818.06	47.11	133.06	186.03	12 099.41
2012	8 631.39	1322.88	572.27	87.47	730.91	51.82	141.77	217.72	11 756.25
2013	9 291.91	1352.23	609.98	97.59	825.18	57.15	153.19	239.22	12 626.45
2014	7 785.52	1 144.74	672.14	96.76	873.05	60.89	147.22	285.48	11 065.79
2015	7 958.92	1 254.97	757.26	132.57	1 000.4	76.16	159.57	311.59	11 651.46
累计	102 141.0	15 097	6 194.4	1 239.5	8 986.2	581.22	1 863.7	1 814.11	13 7917.3
占比	74.06%	10.95%	4.49%	0.90%	6.52%	0.42%	1.35%	1.32%	100.00%

　　从表 6.2 可知，16 年间，湖南省的能源消费总量逐年增长，且增速较快。社会经济的快速发展带来了能源消费量的同步快速增长。2015 年，能源消费总量为 11 651.46 万 t，较之 2000 年增长了 8 380.29 万 t，增速达 256.19%。各种能源消费的总量也有较大的差异。其中，煤炭消费量在能源消费总量中占最大份额，消费总量累计达到 102 141.05 万 t，占所有品种能源消费总量的74.06%，在能源消费结构中居于绝对主导地位。由此可知，湖南省的能源消费结构具有鲜明的"高碳"刚性特征，优质能源所占比重较低。这也跟我国的国情相吻合,我国是一个多煤少油缺气的国家,是全球主要的煤炭生产、消费国。2000—2015 年，原油消费量达 15 097 万 t，占比达到 10.95%。原煤和原油的

消费量在 2013 年均达到了 16 年中的最大值，分别为 9 291.91 万 t 和 1 352.23
万 t。其余 6 类化石能源的最大值均出现在 2015 年。柴油和汽油的消费量分
别是 8 986.28 万 t 和 6 194.45 万 t，占比分别为 6.52% 和 4.49%；排在第五和
第六的分别是液化气和天然气，其消费量分别为 1 863.70 万 t 和 1 814.11 万 t，
其占比分别为 1.35% 和 1.32%；燃料油和煤油的消费量占比排在最后两位，均
小于 1%，分别为 0.90% 和 0.42%。湖南省的原油和天然气在能源总资源中占
比较小，且因为湖南省几乎无原油和天然气，必须依赖外省调入或外国进口，
这在一定程度上加剧了湖南省能源供应的紧张程度。

为了更直观地了解湖南省能源消费的总量变化，根据表 6.2 制作图 6.1。

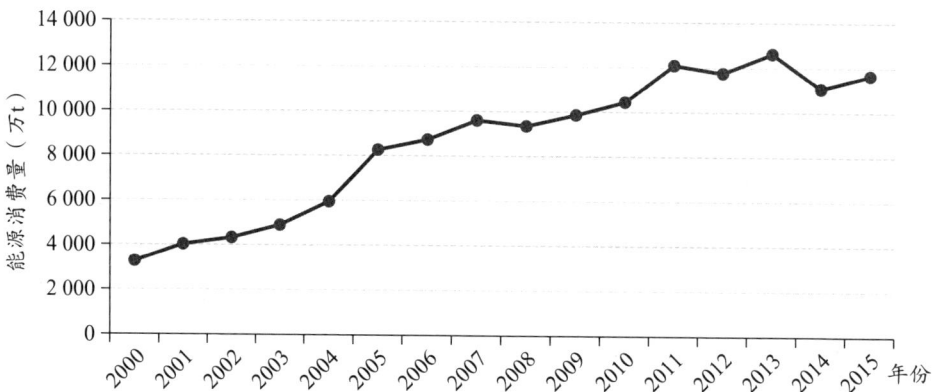

图 6.1　2000—2015 年湖南省能源消费总量（单位：万 t）

从图 6.1 清晰可见，湖南省能源消费总量呈现逐年增长的趋势。从 2000
年开始，能源消费急剧上升，至 2011 年，一路直线攀升，尤其是 2005 年，有
了突破性的增长。但到 2008 年有了明显放缓，至 2013 年达到巅峰，此后出现
了较为明显的回落。"十五"期间，湖南省逐渐进入工业化中期初始发展阶段，
重工业化特征仍很明显，城市化进程快速发展，经济的快速增长带动了能源消
费总量的迅猛增长。同时，大规模的基础设施建设推动了高能耗的钢铁、化工
等重工业飞速发展。但是受 2008 年全球爆发的金融危机的影响，我国经济增

长速度急剧放缓，工业的总产出受到了一定的抑制，湖南省能源的生产量和消费量也同样受到影响。同时，受政府加大产业结构调整力度和节能减排力度的影响，2013 年以来，湖南省能源消费总量出现明显回落。

为了方便比较各能源品种的消费量及增速，根据表 6.2 制作了图 6.2。从总量上看，原煤的消费数量遥遥领先，原油的消费总量居第二位，但与原煤的消费量相差甚远，其他各品种的消费量与庞大的原煤消费量更是差异悬殊。从各品种能源消费量的增速上看，总体上均呈现逐年增长的趋势，但增长波动幅度有一定的差异。原煤的消费量经历了一个从 2000 年至 2011 年 12 年间直线飙升，然后从 2011 年到 2014 年呈 "M" 形状的曲折动荡变化过程，2015 年轻微上扬。原油、汽油等其他 6 类能源的消费量及其增速都与原煤形成了鲜明的对比，呈现轻微的波动性上升趋势。

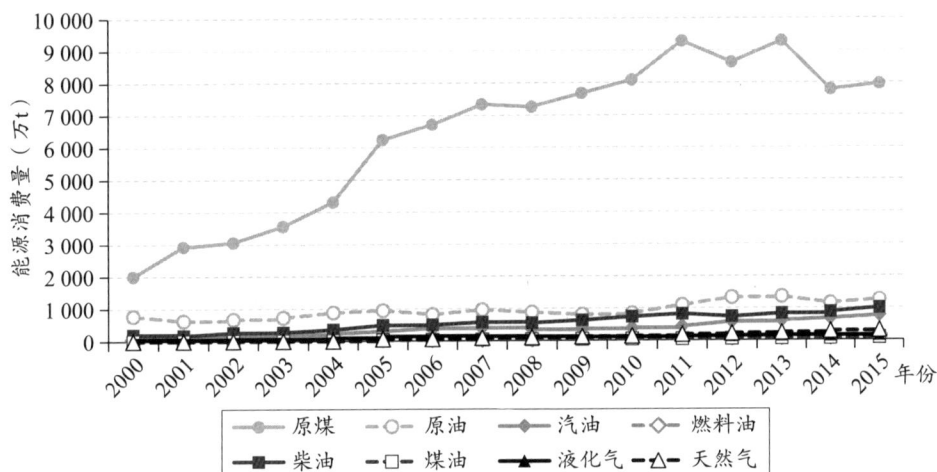

图 6.2　2000—2015 年湖南省分品种化石能源消费情况对比（单位：万 t）

根据表 6.2 制作图 6.3，呈现各类能源在湖南省的能源消费总量中的占比情况。如图所示，原煤消费的占比波动幅度极小，16 年里一直在能源消费总量中保持绝对优势，原煤消费基本上呈直线上升的趋势。这主要是由于长期以来，湖南能源消费以煤炭为主的能源消费结构调整缓慢。直接地大量消费原煤，

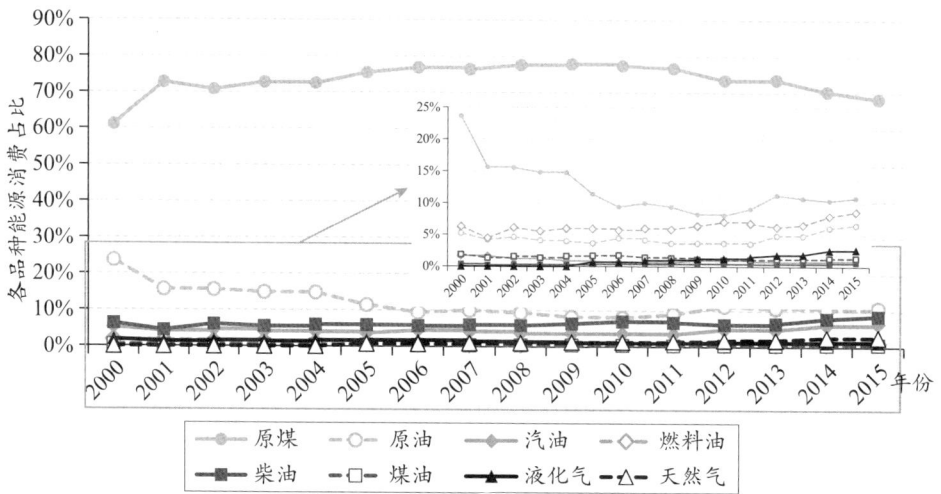

图6.3　2000—2015年湖南省能源消费占比

不仅造成能源利用率低下，而且直接导致了湖南生态赤字恶化，对经济生态环境造成了严重的破坏，尤其是对大气的污染严重。2010年以来，原煤消费逐步缓慢而明显地下降。这主要是因为自2008年以来，湖南省开始实施"煤改气"工程，原煤消费量有了明显的减少。与此同时，湖南省响应"两型社会"建设的号召，全民开展节能行动，并提升了能源综合利用水平。原油的消费占比从2000年至2005年经历了连续的大幅度下滑，至2012年开始有了明显的回暖上扬。汽油消费的占比以2011年为节点，2011年之后有了明显的上升。2012年以来，汽油和柴油的消费占比基本保持着一致的上升趋势。近年来，随着湖南省经济社会持续快速发展，机动车和驾驶人呈现"井喷式"增长。截至2015年8月，湖南省的机动车保有量达1 016.4万台，居全国第12，湖南已经成为名副其实的"汽车大省"；2009—2014年6年时间里，长沙汽车保有量年均增速达25.2%。与此同时，"公交都市"工程建设飞快提速，全省新增公共汽车、出租车数量大增。煤油、燃料油和液化气消费的占比变动很小，但值得一提的是天然气的消费占比。作为一种污染小却热值高的清洁能源，自2004年正式入湘以来，天然气的消费量逐年上升，有效降低了湖南省的碳排放强度。

2015 年天然气的消费量为 311.59 万 t, 较之 2004 年增长了 457.22%。"十二五"以来, 湖南省委、省政府提出"基本稳定水电, 适度发展火电, 加快气化湖南, 积极发展新能源"的能源新要求, 累计投入 1 200 亿元推进能源建设, 已经初见成效, 湖南省的能源消费结构正在逐步优化, 趋于合理化水平。

6.2.2　湖南省能源消费碳排放的时序分析

利用能源消费碳足迹公式式（6-1）和各类能源折算参数表（表 6.1）, 根据湖南省 8 类能源消耗数据, 可以计算出 2000—2015 年湖南省能源消费的碳排放数据, 见表 6.3。

表 6.3　2000—2015 年湖南省能源消费碳排放　　（单位: 万 t）

年份	原煤	原油	柴油	汽油	液化气	燃料油	天然气	煤油	合计
2000	3 955.1	2 370.99	645.8	507.1	192.7	175.3	0	36.6	7 883.42
2001	5 797.4	1 930.06	562.6	499.7	167.5	206.8	0	22.3	9 186.70
2002	6 062.4	2 063.69	829.9	591.6	214.2	171.7	0	38.2	9 971.98
2003	7 048.7	2 225.39	851.7	597.4	209.5	193.6	0	40.4	11 166.96
2004	11 955	1 888.95	768.0	479.3	179.6	119.2	1.20	35.7	15 427.49
2005	17 298	2 027.19	1 060	613.4	260.1	139.5	96.61	63.1	21 559.93
2006	18 608	1 762.27	1 081	786.2	283.4	136.2	100.80	70.3	22 829.73
2007	20 342	2 060.36	1 249	811.4	257.1	130.2	152.30	75.5	25 078.75
2008	20 129	1 883.79	1 187	692.3	236.9	134.1	164.27	78.3	24 506.17
2009	21 281	1 735.51	1 367	735.0	207.9	221.5	203.99	93.8	25 846.01
2010	2 241.9	1 802.49	1 590	783.6	204.5	243.6	224.55	93.2	27 356.34
2011	25 744	2 349.79	1 776	881.2	246.0	223.4	305.79	98.7	31 625.23
2012	23 923	2 840.98	1 586	1 162.0	262.10	198.37	357.89	108.58	30 439.86
2013	25 753	2 904.00	1 791	1 238.6	283.21	221.31	393.22	119.74	32 705.39
2014	21 578	2 458.40	1 895	1 364.8	272.18	219.43	469.27	127.57	28 385.71

年份	原煤	原油	柴油	汽油	液化气	燃料油	天然气	煤油	合计
2015	22 059	2 695.13	2 171	1 537.6	295.00	300.66	512.18	159.56	29 731.37
累计	273 952	34 998.9	20 416	13 281	3 772.0	3 035.3	2 982.0	1 261.8	353 701.0
占比	77.45%	9.90%	5.77%	3.76%	1.07%	0.86%	0.84%	0.36%	100.00%

根据表 6.3 制作图 6.4，更直观地呈现湖南省各类能源碳排放的变化轨迹。

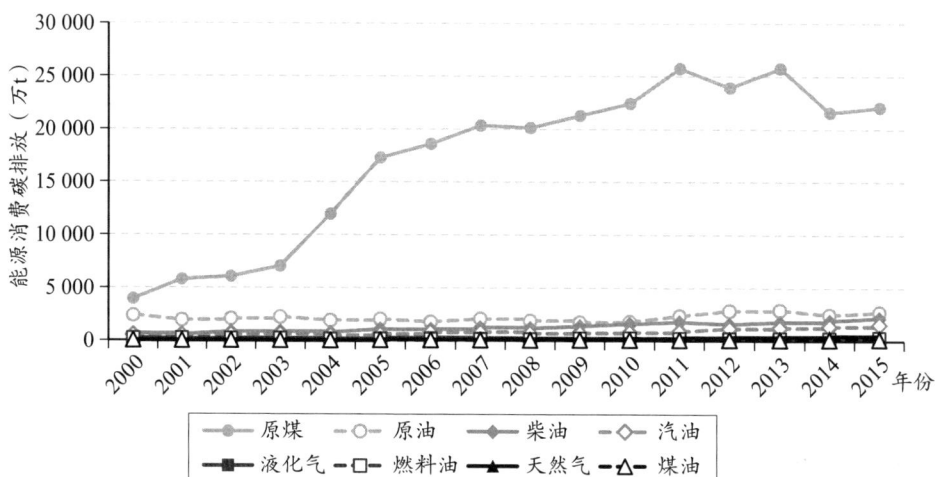

图 6.4　2000—2015 年湖南省各类能源碳排放变化

如表 6.2 和图 6.4 所示，2000 年，湖南省能源消费碳排放量为 7 883.42 万 t，至 2015 年，这个数值达到 2 9731.37 万 t，增加了 21 847.96 万 t，增幅为 277.14%。16 年间，湖南省能源消费碳排放总量的增长表现为波动性上升态势，累计排放 353 701.04 万 t，年均排放 27 850.46 万 t，累计增加 21 847.96 万 t，年均增长 1 365.50 万 t。2000—2015 年，湖南省能源消费碳排放量增长率最大值出现在 2005 年，增幅达到 39.75%；最小值则出现在 2014 年，其值为 −13.21%；年均增长率为 9.41%。2000—2005 年，是中国进入新世纪后，经济开始蓬勃发展的阶段，全社会各行业都投入了大量的资源能源来发展经济，高速的经济增长是这一阶段碳排放剧增的主要动力。从 2000 年起，伴随着湖南省工业化进程明显加快，城镇化水平显著提高，湖南省的能源消费碳排放量呈直线趋势迅速上升。2006 年以来，湖南省节能降耗成效明显，碳排放总量增速回落，呈现缓慢下降趋势。这也是湖南省贯彻落实国家"十一五"规划节能减排政策的体现，同时也反映了在经历一个高速增长期后，湖南经济发展遇到了环境瓶颈的约束。由于环境问题的倒逼，湖南资源能源的投入增加不得不减缓，经济发展方法和传统的高排放型产业结构开始实现调整与优化，以低碳循环经济为特征的产业体系构建成为新阶段经济发展的核心目标。2009 年以后，能源消费碳排放总量增速逐年回升，开始出现新一轮的增加，于 2011 年达到研究时段内碳排放总量的最大值，碳排放总量呈现出"先上升后下降"的趋势。这说明随着湖南省经济转型的不断深入，产业结构优化升级初见成果，结构调整趋向合理，初步实现了经济效益与环境效益的双赢。在省委、省政府建设"两型社会"的要求下，湖南省的节能降耗已初见成效，能源效率水平得到了一定提升。但从整体来看，湖南省的能源结构中，以原煤消费为主的能源消费结构很不合理。这导致湖南省的碳排放逐年增加，环境问题日益突出。再加上由于湖南正处于工业化中后期，一些高耗能的传统行业（如有色冶炼、工程机械制造等），仍在部分地市经济发展中作为关键性动力，综合能耗还处于同比上升阶段，未来湖南省低碳减排的任务依然艰巨。

2000—2015 年，在导致碳排放的各类消费能源中，原煤占绝对优势。原煤消耗导致的碳排放量累计为 273 952.6 万 t，占比为 77.44%，其主要原因是湖南省仍然以原煤为主要能源，能源消耗中原煤依然占主导地位。原油作为第二大碳源，其 16 年间能源消费碳排放量累计 34 998.98 万 t，累计占比 9.90%；这是因为原油有较高的碳排放系数且适用范围较广。此外，柴油消费碳排放 20 416.2 万 t，累计占比 5.77%；汽油消费碳排放 13 281.98 万 t，累计占比 3.76%；天然气、液化气、燃料油、煤油分别占比 0.84%、1.07%、0.86%、0.36%。具体占比见图 6.5。这些燃料碳排放占比低的主要原因在于用量少且其碳排放系数低。这也间接说明，湖南省的交通运输业造成的碳排放在碳排放总量中占比不大。作为一种污染小、热值高的清洁能源，天然气的占比却最低，这造成了湖南省碳排放强度高、能源供应紧张的局面，也与我们建设"两型湖南"的目标相距甚远。

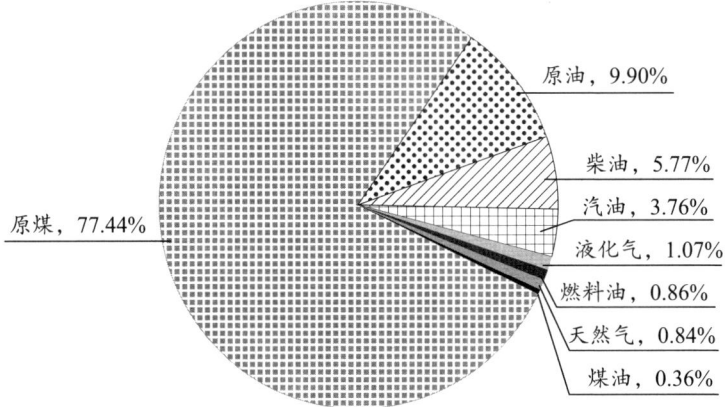

原油，9.90%
柴油，5.77%
汽油，3.76%
液化气，1.07%
燃料油，0.86%
天然气，0.84%
煤油，0.36%
原煤，77.44%

图6.5 湖南省能源消费碳排放结构

6.2.3 湖南省能源消费碳足迹的时序分析

能源消费碳足迹主要是指在产品生产的过程中，因为直接的能源消耗带来的碳排放。利用能源消费碳足迹公式，即式（6-1），测算得出湖南省能源消费碳足迹。利用式（6-2）、式（6-3）分别算出2000—2015年湖南省能源消费人均碳足迹和单位面积碳足迹，其结果见表6.4。

从表6.4可以看出，2000—2015年湖南省能源消费碳足迹和人均碳足迹均呈现上升趋势。碳足迹和人均碳足迹均在2013年达到最高峰，分别为5 039.35 hm^{2}和0.75 hm^2。碳足迹从2000年的1 214.70 hm^{2}增长到2015年的4 581.11 hm^2，增长率高达277.14%，年均增长率为16.12%。人均碳足迹从2000年的0.19 hm^{2}增长到2015年的0.68 hm^2，增长率高达257.89%。单位增长率最高峰出现在2005年，增长率高达39.75%；最低值为2014年，增长率为−13.46%。2000—2015年湖南省能源消费单位面积碳足迹呈现上升趋势，从2000年的0.57 hm^2

增长到 2015 年的 2.16 hm^2，增长 277.14%，年均增长率为 9.41%。单位面积碳足迹最大值出现在 2013 年，为 2.38 hm^2。这与能源消费总量、碳足迹和人均碳足迹均在 2013 年出现最大值的情况是一致的。16 年来，湖南省的人口增长了 10.36‰，相比碳足迹的增幅小了很多，这说明，湖南省碳足迹的均值有了较高幅度的增长。

表 6.4　2000—2015 年湖南省碳足迹、人均碳足迹与单位面积碳足迹的动态变化

年份	能源消费 碳足迹（hm^2）	能源消费 人均碳足迹（hm^2）	单位面积 碳足迹（hm^2）	单位增长率 （%）
2000	1 214.70	0.19	0.57	—
2001	1 415.52	0.21	0.69	16.53%
2002	1 536.52	0.23	0.73	8.55%
2003	1 720.64	0.26	0.81	11.98%
2004	2 377.12	0.35	1.12	38.15%
2005	3 322.02	0.53	1.57	39.75%
2006	3 517.68	0.55	1.67	5.89%
2007	3 864.21	0.61	1.82	9.85%
2008	3 775.99	0.59	1.78	−2.28%
2009	3 982.44	0.62	1.88	5.47%
2010	4 215.15	0.64	1.99	5.84%
2011	4 872.92	0.74	2.30	15.60%
2012	4 690.27	0.71	2.21	−3.75%
2013	5 039.35	0.75	2.38	7.44%
2014	4 360.94	0.65	2.06	−13.46%
2015	4 581.11	0.68	2.16	5.05%

　　为了方便了解 2000—2015 年湖南省能源消费碳足迹的变化趋势，我们根据表 6.4 制作图 6.6。

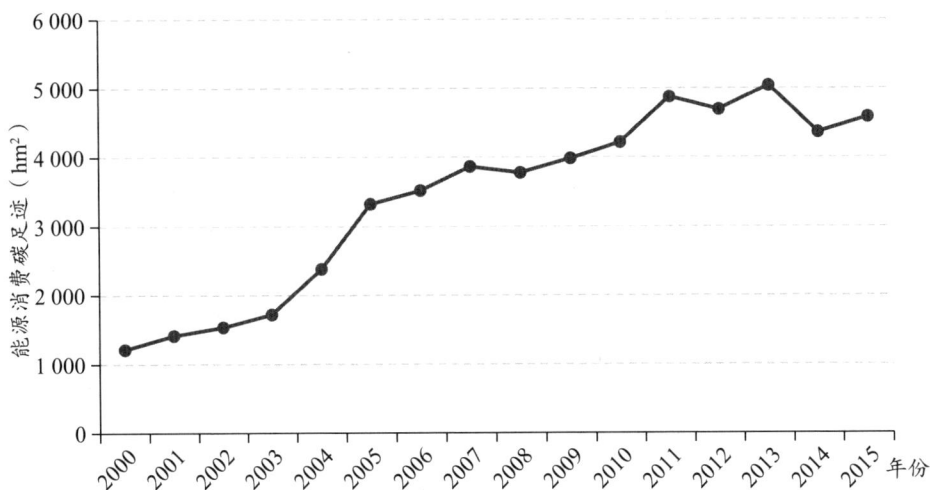

图 6.6　2000—2015 年湖南省能源消费碳足迹变化

从图 6.6 可见，2000—2015 年湖南省能源消费碳足迹一路有明显的上升，呈现轻微震荡走高的趋势。2002 年以后，湖南省碳足迹显著增大，这与中国加入世界贸易组织（World Trade Organization, WTO）的时间点几乎同步。这不是巧合，李昭华、傅伟[333] 曾在研究中曾指出，2002 年以后中国碳排放激增，不仅与经济的快速发展相关，还与重工业产品出口的快速增加导致的能源消耗和碳排放的急剧上升有关。从年度增速来看，2005 年的增速最大，达到 39.75%；2014 年的增速最小，为 –13.46%。整体来看，湖南省能源消费碳足迹总量有上升趋势，但增速有下降趋势。

根据表 6.4 制作图 6.7。从各能源品种的碳排放占比来看，原煤的碳排放占比遥遥领先，其次是原油，其余各种能源的占比严重落后。这与各能源品种的消费量排名情况完全一致。原煤的碳排放占比经历了一个由 2000—2003 年曲折上升，直线飙升至 2005 年后，维持高位的相对平缓状态，至 2013 年后轻微缓慢下降的变化过程。原油的占比则是从 2000—2002 年急剧下降，维持一个短暂的平台期后继续一路下跌，至 2012 年轻微缓慢回升。其余各种能源占比的变化情况与湖南省能源消费占比的情况基本吻合，维持了轻微的动荡。

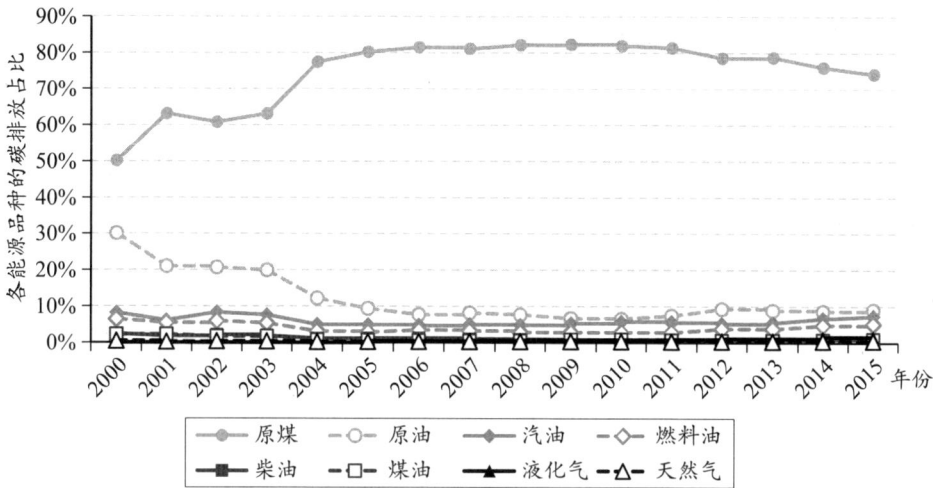

图 6.7　2000—2015 年湖南省能源碳排放占比

6.2.4　湖南省碳排放强度的动态分析

碳排放强度是指区域国民生产总值的增长所带来的 CO_2 排放量，是碳排放总量与 GDP 的比值。该指标主要用来反映区域经济结构与碳排放量之间的关系。碳排放强度与技术进步和经济增长是反向指标，碳排放强度越大则说明区域经济结构越不合理。如果区域经济增长的同时，碳排放强度在下降，则说明该区域实现了低碳发展模式。根据式（6-4），计算可得 2000—2015 年湖南省碳排放强度状况，见表 6.5。

表 6.5　2000—2015 年湖南省碳排放强度

年份	碳排放（万 t）	碳排放强度（t/ 万元）	GDP（亿元）	人均 GDP（元）
2000	7 883.42	2.22	3 551	5 425
2001	9 186.70	2.40	3 832	6 120
2002	9 971.98	2.40	4 152	6 734
2003	11 166.96	2.40	4 660	7 589
2004	15 427.49	2.73	5 642	9 165

年份	碳排放（万 t）	碳排放强度（t/万元）	GDP（亿元）	人均 GDP（元）
2005	21 559.93	3.27	6 596	10 426
2006	22 829.73	2.97	7 689	11 830
2007	25 078.75	2.52	9 940	14 869
2008	24 506.17	2.12	11 555	18 147
2009	25 846.01	1.98	13 060	20 428
2010	27 356.34	1.71	16 038	24 719
2011	31 625.23	1.61	19 670	29 880
2012	30 439.86	1.37	22 154	33 480
2013	32 705.39	1.33	24 622	36 943
2014	28 302.47	1.05	27 037	40 271
2015	29 731.37	1.03	28 902	42 609

从整体上看，2000—2015 年，湖南省碳排放强度大致呈现的是缓慢上升之后不断下行的趋势（见图 6.8）。

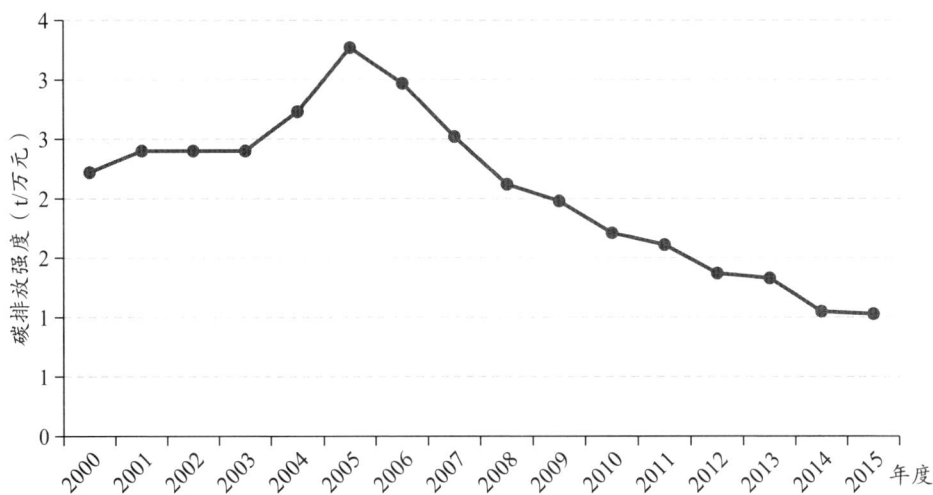

图 6.8　2000—2015 年湖南省碳排放强度变化趋势

2000—2003 年，湖南省的碳排放强度呈平稳发展态势，2003—2005 年急剧上升，以 2005 年为节点，自 2005 年后，一路直线下行。16 年间，湖南省的碳排放量在 2013 年达到最大值（32 705.39 万 t），最小值出现在 2000 年（7 883.42 万 t）；碳排放强度在 2005 年达到最大值（3.27 t/万元），最小值出现在 2015 年（1.03 t/万元）。其中，2001—2003 年的碳排放强度维持不变（2.40 t/万元）。与碳排放量和碳排放强度均有波动变化的情况不同的是，16 年间，湖南省的 GDP 和人均 GDP 一致呈现直线上升的态势。尤其是近 5 年的 GDP，年均增长都保持在 6.5% 以上，年均增长达到 8%。2009 年是增长的最高峰，增速达到 14.3%。碳排放量的上升趋势与 GDP 及人均 GDP 的持续上升趋势基本保持一致。2008 年以来，碳排放强度的下降趋势也与 GDP 及人均 GDP 的持续上升趋势基本保持一致。碳排放强度的降低可以有效降低生态赤字，减小环境压力。这也就是说，伴随着经济的增长，2003 年之后，尤其是 2008 年以来，湖南省的碳足迹强度持续降低，这表明湖南省的能源利用率在不断提高。"十二五"以来，通过建立两型工业准入、提升、退出机制，组织实施重点节能工程等一系列措施，湖南省的能源资源利用率有了显著提高，2014 年全省规模工业增加值突破了 1 万亿元，综合能源消耗却减少了 200 多万 t。在"十二五"的 5 年间，湖南省单位规模工业增加值能耗累计降低了 38.3%，年均下降 11.4%，以较低的能源消耗支撑了较高的工业增长，这是令人振奋的进步。

6.3　本章小结

（1）2000—2015 年，湖南省的能源消费总量逐年增长且增速较快，说明社会经济的飞速发展带来了能源消费的同步快速增长。各种类能源的消费量有较大的差异，其中煤炭消费量在能源消费总量中占最大份额，达到 74.06%，在能源消费结构中居于绝对的主导地位，原油和天然气等在总的能源资源中占比较小。从各类能源在湖南省的能源消费总量中的占比情况来看，原煤消费的占比波动幅度极小，16 年里一直占绝对优势，但是 2010 年以来，呈现缓慢而明显的下降趋势。2012 年以来，汽油和柴油的消费占比基本保持着一致的上升趋势。天然气的消费占比自 2004 年以来有了较大幅度的上升。2015 年天然气的消费量为 311.59 万 t，较之 2004 年增长了 457.22%。湖南省的能源消费结构正走向优化，趋于合理水平。

（2）2000—2015 年，各类能源消费所导致的碳排放中，原煤占绝对优势，原煤消耗导致的碳排放量累计为 273 952.6 万 t，占比为 77.45%；原油作为第二大碳源，16 年间能源消费碳排放量累计 34 998.98 万 t，累计占比 9.90%；柴油消费碳排放 20 416.2 万 t，累计占比 5.77%；汽油消费碳排放 13 281.98 万 t，累计占比 3.76%；天然气、液化气、燃料油、煤油分别占比 0.84%、1.07%、0.86%、0.36%。作为新能源，天然气占比极低，这与我们建设"两型湖南"的目标差距甚远。16 年间，湖南省能源消费碳排放总量的增长呈现波动性上升趋势，累计排放 353 701.04 万 t，年均排放 27 850.46 万 t，累计增加 21 847.96 万 t，年均增长 1 365.50 万 t。2000—2015 年，湖南省能源消费碳排放量增长率最大值出现在 2005 年，增速达到 39.75%；最小值则出现在 2014 年，其值为 −13.21%；年均增长率为 9.41%。从整体来看，湖南省的碳排放逐年增加，未来湖南省低碳减排的任务依然艰巨。2005 年以来，湖南省能源消费碳排放增速呈现缓慢下降趋势。这说明，在省委、省政府建设"两型社会"的要求下，湖南省的节能降耗已初见成效，能源效率水平得到了一定的提升。

（3）2000—2015 年湖南省能源消费碳足迹和人均碳足迹均呈现上升趋势。人均碳足迹从 2000 年的 0.19 hm^2 增长到 2015 年的 0.68 hm^2，增长率高达 257.89%，16 年间的平均增长率为 16.12%。碳足迹和人均碳足迹均在 2013 年达到最高峰，分别为 5039.35 hm^2 和 0.75 hm^2。16 年来，湖南省的人口增长了 10.36‰，较之碳足迹的增幅小得多，可见碳足迹的均值有较高幅度的增长。

从整体来看，湖南省能源消费碳足迹增速呈现下降趋势。

（4）2000—2015 年，湖南省能源消费单位面积碳足迹年均增长率为 9.41%，最高峰在 2005 年，增长率高达 39.75%；最低值在 2014 年，增长率为 −13.46%。整体看来，湖南省能源消费单位面积碳足迹的增速呈现缓慢下降的趋势。整体上看，湖南省碳排放强度基本呈现了不断下降的趋势，以 2005 年为节点，其后一路直线下行。随着经济的增长，湖南省碳足迹强度持续减少，能源利用率不断提高。

（5）2000—2015 年，湖南省碳排放强度大致呈现出缓慢上升之后不断下行的趋势。湖南省的碳排放量在 2013 年达到最大值（32 705.39 万 t），最小值出现在 2000 年（7 883.42 万 t）；碳排放强度在 2005 年达到最大值（3.27 t/ 万元），最小值出现在 2015 年（1.03 t/ 万元）。其中，2001—2003 年的碳排放强度维持不变（2.40 t/ 万元）。与碳排放量和碳排放强度均有波动变化的情况不同的是，16 年间，湖南省的 GDP 和人均 GDP 一致呈现直线上升的态势。碳排放量的上升趋势与 GDP 及人均 GDP 的持续上升趋势基本保持一致。2008 年以来，碳排放强度的下降趋势也与 GDP 及人均 GDP 的持续上升趋势基本保持一致。伴随着经济的增长，2003 年之后，尤其是 2008 年以来，湖南省的碳足迹强度持续性降低，这表明湖南省的能源利用率在不断提高。

第 7 章　湖南省生态足迹驱动力因素分析

在对区域生态赤字状况进行定量分析的基础上，采用偏最小二乘回归模型，建立生态足迹与人口、经济各因素的多元回归模型，进一步研究导致生态赤字（盈余）的出现甚至加剧的主要社会经济驱动力因素，并量化各驱动因素的重要程度，对揭示造成生态足迹增长的社会经济驱动机制，认识区域生态承载力现状和发展趋势，以及改善区域生态环境有重要的现实意义，我们可以更好地为未来区域在经济发展、人口控制与生态环境保护等绿色发展相应政策的制定提供明确导向和决策依据。

7.1　驱动分析方法介绍

7.1.1　偏最小二乘回归模型简介

偏最小二乘回归是一种新型的多元统计数据分析方法，1983 年，由瑞典学者伍德（S. Wold）等人提出。它是一种多因变量对多自变量的回归建模方法，最早被用于分析化学实验数据，经过 30 多年来理论与实践的不断创新改进，现在已经普及到金融、地理信息和生态学领域，被用来解释、分析自然环境等因素与经济因素之间的联系。该方法集多元回归分析、主成分分析和典型相关分析方法的优点于一身，既拥有主成分分析法提取主成分的功能，又克服了主成分与因变量关系不够密切的缺点，在有效消除自变量之间多重共线性的同时，能够最大限度地保留原来的所有自变量和因变量数据中的信息，确保数据结构的简化和图形功能的强大，并能对所建立的回归模型给予更多、更深入的实际解释。

7.1.2　偏最小二乘回归模型的建模方法

本章的目的是找寻导致生态足迹变化的驱动因子，所以我们选用单因变量的偏最小二乘回归模型来创建模型，具体计算方法如下：

（1）对因变量 y 和 k 个自变量 x_1，x_2，$\cdots$，x_k 观测 n 组数据。

（2）将观测数据进行标准化处理，记为：

$$y = \begin{pmatrix} y_1 \\ \vdots \\ y_n \end{pmatrix}, x = \begin{pmatrix} x_{11} & \cdots & x_{1k} \\ \vdots & \ddots & \vdots \\ x_{n1} & \cdots & x_{nk} \end{pmatrix}$$

（3）将因变量 y 对每个自变量 $x_i(i=1, 2, \cdots, k)$ 单独作普通最小二乘线性回归。

$$\hat{y}(x_i) = \frac{a_i' y}{a_i' a_i} x_i，其中 a_i = \begin{pmatrix} x_{1i} \\ \vdots \\ x_{ni} \end{pmatrix} (i=1,2,\cdots,k) \tag{7.1}$$

（4）将式（7.1）右端的量加权，用 ω_i 表示相应的权重，可得：

$$\sum_{i=1}^{k} \omega_i \frac{a_i' y}{a_i' a_i} x_i$$

若选取 $\omega_i = a_i' a_i$，代入上式并记为：

$$t_1 = \sum_{i=1}^{k} (a_i' y) x_i \tag{7.2}$$

（5）将 t_1 作自变量，对 y 做回归，有：

$$\hat{y}(t_1) = \frac{t_1' y}{t_1' t_1} t_1 \qquad (7.3)$$

利用式（7.3）预测 y，可得预测值向量 $\hat{y}(t_1)$，残差向量 $y^{(1)} = y - \hat{y}(t_1)$。

（6）将每个自变量 $x_i(i=1, 2, \cdots, k)$ 对 t_1 作回归，得回归方程：

$$\hat{x}_i(t_1) = \frac{t_1' x_i}{t_1' t_1} t_1 \quad (i=1, 2, \cdots, k)$$

其预测值向量为 $\hat{x}_i(t_1)$，相应的残差向量记为 $x_i^{(1)} = x_i - \hat{x}_i(t_1)$，其中 $i=1, 2, \cdots, k$。

（7）将前两步中所得的残差值作为新的数据资料，重复上述步骤，继续逐步求得新的变量 $t_2, \cdots, t_r$，其中 r 是矩阵 $X'X$ 的秩。

（8）运用普通最小二乘作因变量 y 对自变量 $t_1, t_2, \cdots, t_r$ 的回归，经过变量间的转换，最终可以得到 y 对自变量 $x_1, x_2, \cdots, x_k$ 的回归方程。

鉴于偏最小二乘回归的算法比较复杂，下文中我们将借助软件 Simca-p 11.5 进行偏最小二乘回归分析。

7.2　生态足迹驱动力因素的分析

7.2.1　驱动因子的筛选与模型的建立

1. 驱动因子的筛选

生态足迹具有生态偏向性特征。区域自然资源的优劣和多寡会对生态足迹的变化产生影响，而实际上，气候、降水、土壤等因素大多要在经历了长时间的演变过程后才能对生态足迹造成影响，我们对此可以暂且忽略不计。所以我们探讨的生态足迹的内部驱动力主要是偏向于区域的经济和社会发展的影响。

毫无疑问，经济发展状况是深刻影响生态足迹变化的重要方面之一。在经济增长的源头，需要向大自然索取大量的资源和能源，在经济增长的过程和消费的过程，又将产生各种排放污染，给自然生态打上深深的印记，也因此对生态足迹的变化产生重要的影响。在经济发展因素变量选择方面，除了首选GDP 这一重要的经济测度指标，还选择了能源消费总量、全社会固定资产投资、进出口总额等要素。为了考察目前在湖南省产业结构调整的关键时期，GDP的构成对生态足迹的不同影响程度，用第一、二、三产业的产业总值来表示产业结构要素。

GDP 代表了区域一年里经济发展的综合情况，是用来衡量区域富裕程度的一个经济性指标，与区域的富裕程度成正比。随着收入水平的提高，人们利用资源的技术水平上升，从而带动了资源利用率的提升。能源消费总量主要是指区域为满足人类日常需要而消耗的不可再生能源的总和。能源消费导致的碳足迹是生态足迹的最大组成部分。全社会固定资产投资是以货币形式表现的全国固定资产的规模、结构和发展速度，是反映区域社会经济综合发展水平的重要指标，对国民经济的增长具有立竿见影的影响。进出口总额一定程度上反映了区域经济发展水平。出口贸易一定程度上能够减轻区域的环境压力，而进口贸易相当程度上将增加区域的生态压力。但是工业制成品的出口则是相反的情况，其出口量的增加将加剧区域的生态环境污染。

产业结构反映了资源能源消耗和环境污染状况。各重工业产业由于有不同的生产机制，对生态足迹产生的影响也会有所不同。第一产业对生态资源的需求最大，占用最多；第二产业与工业化进程和生态环境压力相关度较大，主要消耗能源和矿产资源等地表下资源。工业结构的重型化以能源原材料消耗为主，高度依赖资源，这势必带来能源消耗强度的上升，同时产生的废弃物也较多。因此，理论上，第一、第二产业会增加区域的生态足迹。相反，第三产业消耗的能源和排出的 CO_2 明显低于第二产业，而附加值又相对高于第一产业，是资源能源消耗和生态环境损害较小的产业。由于对资源的需求量相对较小，第三产业产生的废弃物也相对较少，理论上将抑制生态足迹的增长。

　　社会的发展是决定生态足迹变化的另一重要因素，主要体现在人口和消费两方面。生态足迹的影响具有鲜明的人口消费的特征，因此，我们选取总人口数、农业人口以及城镇化率来考察人口因素对生态足迹的影响。人口数量可以表征资源的消耗规模。人口素质直接影响全社会劳动生产率的高低，决定了对生态需求量的高低。人口的增加导致对生物资源的需求增加；也就是说，会导致对耕地、牧草地以及水域面积需求的增大。同时，建筑面积不断扩大，交通能耗不断增多，从而直接或间接地导致生态足迹总量增大。农业是人类赖以生存的物质资料的主要来源，农业人口和城镇化率一定程度上反映了产业结构变化导致的人口转移。农业人口减少意味着城镇人口的增加和城镇化率的上升，因此我们预设农业人口是一个负向指标。城镇化率是区域城镇常住人口占地区常住总人口的比例，是区域经济社会发展进步的主要反映和重要标志。城镇化是工业化的必然产物，往往在带来居民收入提高的同时，带来了消费水平的提升、消费模式的改变和生态足迹的增加。

　　生态赤字产生的主要原因在于，在生态承载力恒定的情况下，人类生产效率提高的速度赶不上消费增长的速度。随着人口的增加、城镇化进程的加快，经济增长的驱动因素会更鲜明地从投资和出口转向消费驱动，由此，消费端的自然生态影响将更加显著。从理论上看，消费过程其实就是生态足迹产生的过程，人类的各项消费都会扩大生态足迹。消费因素方面，选取了城镇居民消费量和农村居民消费量两个指标来考察消费因素对生态足迹的影响。它们可以用来衡量区域的富裕程度，通常，城乡居民消费水平与该地区的经济状况成正比。

　　据此，本书结合湖南省的实际情况，考虑到数据的有效性和可获取性，根据湖南省 2000—2015 年社会经济的相关数据，以湖南省 2000—2015 年的人均生态足迹（Y）为因变量，从人口、消费、经济数量与产业结构 4 个角度选取了可能对生态足迹产生影响的 12 个因子作为自变量（$x_1, x_2, \cdots, x_{12}$），如表 7.1 所示。受数据获取条件的影响，本研究未将可能对生态足迹产生影响的政策效应因素、科技水平因素和资源利用效率因素纳入自变量体系。

表 7.1　生态足迹变化可能的驱动因素

		可能的驱动因素	相应的自变量
经济	经济数量	GDP	x_1
		能源消费总量	x_2
		全社会固定资产投资	x_3
		进出口总额	x_4
	产业结构	第一产业总值	x_5
		第二产业总值	x_6
		第三产业总值	x_7
社会	人口	总人口数	x_8
		农业人口	x_9
		城镇化率	x_{10}
	消费	城镇居民消费量	x_{11}
		农村居民消费量	x_{12}

所有数据均来源于 2000—2015 年湖南省统计年鉴，或者根据统计年鉴的数据计算而得。由于指标的多样化，不同指标的基础数据之间的量纲和数量级存在差异，为了方便各指标在平等的情况下进行分析，需要对所有原始数据进行标准化处理。所选择的 12 个自变量之间的相关系数见表 7.2。所有自变量间的相关系数的绝对值均大于 0.6，且在 0.01 的水平上显著相关。这表明自变量之间存在显著的相关关系，多重共线性情况比较严重。这也同时证明了本研究采用偏最小二乘回归模型是正确和有效的。

表7.2　自变量之间的相关系数矩阵

r	x_1	x_2	x_3	x_4	x_5	x_6	x_7	x_8	x_9	x_{10}	x_{11}	x_{12}
x_1	1											
x_2	0.873	1										
x_3	0.964	0.759	1									
x4	0.992	0.850	0.967	1								
x_5	0.990	0.911	0.924	0.974	1							
x_6	0.999	0.876	0.955	0.990	0.992	1						
x_7	0.996	0.848	0.978	0.991	0.976	0.991	1					
x_8	0.976	0.923	0.889	0.956	0.989	0.980	0.960	1				
x_9	−0.727	−0.889	−0.625	0.711	0.760	0.722	0.712	0.795	1			
x_{10}	0.956	0.958	0.888	0.944	0.968	0.952	0.948	0.966	0.867	1		
x_{11}	0.997	0.869	0.973	0.992	0.979	0.992	0.998	0.963	0.731	0.960	1	
x_{12}	0.975	0.792	0.990	0.982	0.936	0.966	0.988	0.911	0.666	0.914	0.986	1

2．模型的建立

考虑到自变量之间存在显著的强相关性且样本量较少，故选取 PLS 模型建立生态足迹与各自变量的回归方程。应用软件 Simca-p 11.5 进行相关分析。

表 7-3 为交叉有效性验证结果。$R_y^2(\text{cum})$ 和 $Q_y^2(\text{cum})$ 分别反映了模型对 y 的解释能力和预测效果。结果显示，在模型提取 3 个主成分的情况下，交叉有效性为 0.981 4，模型的解释能力达到了 0.990 0，这说明模型的精度和信度都比较高。

表 7.3　交叉有效性验证

Y	$R_y^2(\text{cum})$	$Q_y^2(\text{cum})$
1	0.953 2	0.949 3
2	0.987 4	0.981 4
3	0.990 0	0.981 4

在偏最小二乘回归模型分析中，变量投影重要性（variable importance in projection，VIP）常被用来评价自变量对因变量的解释能力，其值也常常被用来作为驱动因子选择的依据。当因子的 VIP 值 >1 时，该因子可认为是显著的，因此可以入选驱动因子；当 0.5<VIP<1 时，表示该驱动因子较为显著，同样可以入选驱动因子；当 VIP<0.5 时，则认为该因子不够显著，不能入选驱动因子。结果如表 7.4 所示。

表 7.4　基于 PLS 模型的生态足迹驱动因子排序

因子	x_2	x_{10}	x_8	x_5	x_9	x_1
VIP 值	1.068 1	1.043 5	1.021 1	1.006 7	0.997 8	0.996 7
因子	x_{11}	x_6	x_7	x_4	x_{12}	x_3
VIP 值	0.996 6	0.995 0	0.987 3	0.984 5	0.956 5	0.939 7

从表 7.4 可以看出，所有自变量的 VIP 值都大于 0.5，这表明研究所选用的自变量均能较好地解释生态足迹的变化原因。根据表 7.4 中各因子的 VIP 值的大小排序如下：能源消费总量 > 城镇化率 > 总人口数 > 第一产业产值 > 农业人口 >GDP> 城镇居民消费量 > 第二产业产值 > 第三产业产值 > 进出口总额 > 农村居民消费总量 > 全社会固定资产投资。

3．PLS 回归方程

非标准化数据 PLS 回归方程为：

$$y=-325\,688\,288+1\,744.04x_1+29\,527.72x_2-1\,899.86x_3+132\,122.58x_4$$
$$+17\,842.84x_5+3\,943.14x_6+3\,962.15x_7+189\,666.25x_8-138\,375.06x_9$$
$$+7\,116\,998x_{10}+4\,659.44x_{11}+1\,153.95x_{12}$$

4．PLS 模型预测结果

从表 7.5 和图 7.1 可知，模型预测的拟合值和实际值非常接近，说明模型的拟合效果很好，模型的建立是合理的。从模型的预测效果来看，同样证实模型的建立是合理有效的。

表 7.5　模型预测数据与实际测算数据对比

年份	测算的生态足迹值	模型预测的生态足迹值
2000	943 858 331.6	940 642 724.3
2001	1 014 257 618	1 038 608 542
2002	1 041 818 208	1 070 610 552
2003	1 117 407 352	1 121 115 365
2004	1 228 308 591	1 196 845 978
2005	1 383 861 582	1 297 120 847
2006	1 337 333 733	1 350 029 063
2007	1 401 345 153	1 422 840 750
2008	1 430 588 023	1 459 388 873
2009	1 508 808 509	1 502 919 243
2010	1 601 977 082	1 595 621 997
2011	1 681 607 510	1 695 772 076
2012	1 710 822 457	1 728 342 922
2013	1 765 974 600	1 782 659 785
2014	1 810 491 260	1 782 192 415
2015	1 838 824 342	1 832 574 885

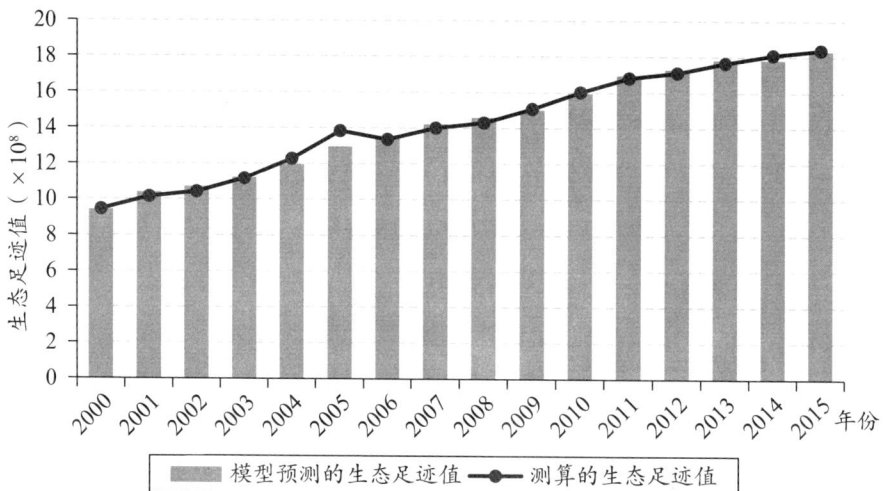

图 7.1　生态足迹模型预测值与公式测算值对比

7.2.2　分析与讨论

利用专业分析软件 Simca-p 11.5 来构建偏最小二乘回归模型，进行回归分析。在模型提取 3 个主成分的情况下，交叉有效性为 0.981 4，模型的解释能力达到了 0.990 0，其值接近 1，这说明模型的精确度和可信度都比较高。在此基础上建立线性回归模型，得到非标准化数据 PLS 回归方程为：

$$y=-325\ 688\ 288+1\ 744.04x_1+29\ 527.72x_2-1\ 899.86x_3$$
$$+132\ 122.58x_4+17\ 842.84x_5+3\ 943.14x_6+3\ 962.15x_7$$
$$+189\ 666.25x_8-138\ 375.06x_9+7\ 116\ 998x_{10}+4\ 659.44x_{11}+1\ 153.95x_{12}$$

从回归模型可知，12 项因子对湖南省生态足迹的增长均有着程度不一的影响。这也正好说明，现实中，生态足迹的大小不是仅限于受一两项因子的影响，而是由经济、社会、人口等众多因素综合影响而产生的结果。生产力发展的水平、人口的集中程度、人们的生产生活和消费方式，以及各地的资源禀赋对区域的生态足迹的变化都有重要影响。模型反映出，在解释生态足迹的变化方面，除农业人口之外，其余的 11 个可能影响因子的自变量系数均为正，且与生态足迹的变化呈现趋同的变化趋势；也就是说，其值的增大会使生态足迹的值同步增大。其中，能源消费总量、城镇化率和总人口数这 3 个自变量的显著度最大，对生态足迹的正向驱动作用最大。

从模型看，能源消费总量因子的显著度最高，说明能源的消耗是经济活动对自然生态环境造成冲击的最主要因素，对生态足迹的增长贡献率最大。目前湖南省仍处于工业化中期向后期加速过渡的"黄金发展期"，面临加快发展与加速转型的双重任务和压力，对资源能源的需求大，能源消费总量和消费强度依然较大。要减小湖南省的生态赤字，首要的任务是降低湖南省的能源消耗总量，提高能源的利用效率。

其次，人口数量与生态足迹趋于正向关系，人口数量的增长是生态足迹增长的重要驱动力之一，也将导致自然系统资源消耗的相对增加和消化废物能力的相对下降。人口增长必然伴随着消耗的增加。当一个地区的人口数量上升，人口规模扩大，必将消费更多资源能源，导致耕地、林地、草地和水域足迹的增大。同时，建筑面积不断扩大，交通能耗大量增加，从而直接或间接地导致生态足迹的扩大，对自然环境产生巨大的生态压力。而人口的增长，多与城镇化的快速推进相伴。研究时段内，湖南省总人口数呈现直线上升趋势，平均每年增加42.50万人。16年间人口数量增长了10.36%，这说明湖南省面临人口基数大、增量快的双重压力，人口的快速发展对湖南省生态赤字的增加起了重要作用，短期内湖南人口数量的增加仍将对生态环境产生负面影响。

农业人口的系数为负，说明农业人口对生态足迹有负向驱动作用，农业人口的增加会减小生态足迹。一定程度上，农业人口的减少意味着城镇化率的增大，这也将导致生态足迹的扩大。

城镇化率对生态足迹的影响非常大。城镇是人口集聚的地区，也是资源消耗与碳排放发生的主要地区，直接促进了人均生态足迹的增长。城镇化带来的财富增长会刺激消费数量的增加和结构的改变，从而相应地引起生态足迹的增长，使环境压力增大。PLS分析的结果肯定了这一点。在过去的30多年中，中国城市化率和生态足迹是同步增长的。一方面，城镇化对生态足迹的影响具有较强空间溢出效应，经济规模的扩大、城镇人口比重的上升、城市交通水平的提高以及城镇居民消费方式的改变，都可能导致生态足迹的不断变化。另一方面，城镇扩展会挤占农田、森林、草地、湿地等绿色生态空间，一定程度上会造成生物承载力下降。在特定的城镇化区域和特定的城镇化阶段，人均生态足迹的增长和人均生物承载力的下降会同时发生，同时，耕地资源和水资源在城镇化进程中被大量浪费。这对包括中国在内的全球任何国家而言，都是生态系统难以承受的城市化发展之重。日益便捷的交通网络方便了生态资源及其他产品的空间搬运，但这并不意味着城市在空间、人口规模与产业聚集上无限扩大。蔓延的生态足迹，不仅会加大国家的生态压力，对区域而言也存在安全隐患。城镇化带来的财富增长会刺激消费数量的增加和结构的改变，从而相应地引起人均生态足迹的增长，增大环境压力。随着"中部崛起"战略的强力推进，湖南省大力推进新型工业化和城镇化建设。湖南高速发展的城镇化进程逐渐逼近，甚至超越其生态承载力。所以湖南省必须以"非饱和开发模式"，合理推进城镇化的进程，控制生态足迹的剧增。

再次，产业结构与区域资源、环境存在着显著的互动关系，深刻影响着生态足迹。第一产业主要占用的是耕地、草地和水域等生产性土地，第二产业主要依赖化石能源用地、建设用地和林地，此二者是生态足迹的主要贡献者。第二产业比例与生态足迹总量呈正相关关系。湖南省第二产业为主要能源消费产业，传统工业，如钢铁、水泥、化工等的产值约占全省工业总产值的 75%；而现代生态型产业，如电子信息、生物医药、新材料等的产值占比仅为 25%。现代生态型产业比重偏低，对生态足迹的贡献较大，制约了湖南的绿色发展。第三产业主要是资源节约型、环境友好型产业，因其对资源和能源的需求不大，需要消纳的废弃物也比较少，所以即便第三产业在产业结构中有较高的占比，其对生态足迹增长的贡献度却最低。如模型所示，第一产业产值的显著度在12 个可能的影响因子中排名靠前，这也符合湖南省的实际情况。一方面，作为全国主要的传统粮食生产和生猪基地，湖南还是一个传统意义上的农业大省，耕地资源紧缺，城市化水平较低，多以大量资源、能源的消耗来换取较高的产出，在农业生产方面仍呈现出高碳化特征。另一方面，农业资源与生态环境衰退，农业污染日趋严重，这一情况也与农业部发布的"农业已超过工业成中国最大面源污染产业"的报告吻合。湖南第一产业对生态足迹的影响力依然较大。由此也说明，调整产业结构，努力向最优产业结构"三二一"模式调整，是减小生态赤字的有效措施。

最后，富裕度的提升也是生态足迹增长的重要驱动力之一。随着经济发展水平的提升，能源消耗主体及其消耗能力均同步增加，必然导致生态足迹的增加。GDP 的快速增长往往伴随着工业企业数量和全社会固定投资总量的增加，需要占用更多的能源用地，因此必将导致能源的大量消耗和污染物的大量排放，从而也导致了生态足迹的大量增长。要减弱这一正向效应，湖南省可以适当放缓 GDP 的增速，减缓碳排放的增长趋势，使经济与环境协调发展。

消费越大，对资源和能源的占有越多，产生的废弃物也就越多，给自然环境的压力也就越大。居民消费水平的不断上升也是导致生态足迹增长的一大原因。因此，提倡绿色消费，从本地区的生态承载力出发，适度消费，也是有效减小生态足迹的途径。

总的来看，经济状况和经济发展模式，都将对生态赤字产生巨大的影响。湖南省生态足迹增长的最主要驱动因素是由产业结构不合理造成的巨大的能源消费量以及经济的快速发展和庞大的人口数量。在自然生态承载力有限的条件下，合理推进城镇化的进程，控制人口增长，提高资源利用效率，才能有效降低生态赤字，缓解自然系统的压力，维持社会经济的可持续发展。

7.3　生态足迹与各影响因素的时序演变分析

根据第 4 章和第 5 章的计算和分析结果，结合 PLS 模型的分析，将 2000—2015 年湖南省的生态足迹与模型确定的各影响因子的同期数据做一个比对，可以再次检验模型研究结果的合理性。

能源消费量是影响生态足迹的一个重要正效应因子。目前湖南省仍处于工业化中后期阶段，对能源需求大，能源消费总量和消费强度依然较大。16 年来，湖南省能源消费总量逐年增长。虽然较之生态足迹的增长，是一个曲折攀升的过程，但趋势整体都是向上的，如图 7.2 所示。

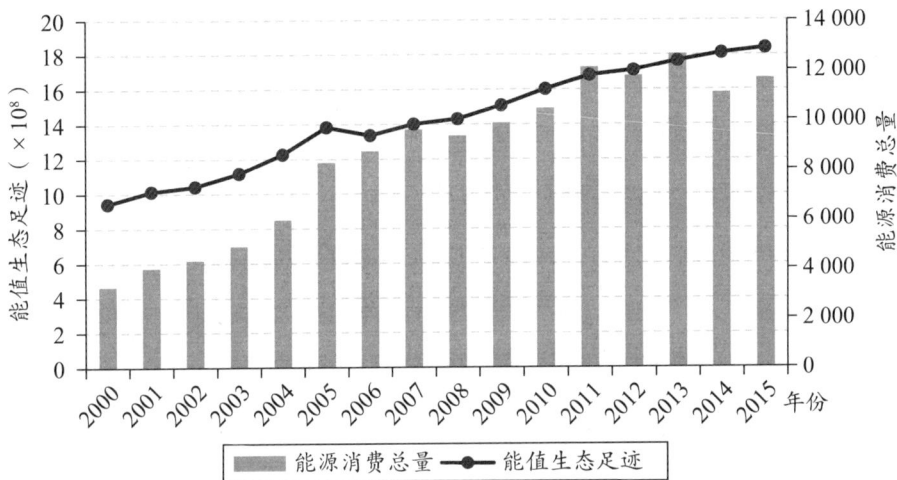

图 7.2　2000—2015 年湖南省能值生态足迹与能源消费总量对比

城镇化率是生态足迹变化的重要驱动力因素之一。城镇化率与生态足迹的走势非常接近，16 年来，城镇化率的增长轨迹呈现直线上升的趋势，无限接近生态足迹的增长速率（见图 7.3）。2015 年，湖南省的城镇化率与全国平均水平的差距仍有 5.21 个百分点，在中部六省中仅居中游。同时，人口城镇化的速度远远落后于土地的城镇化，2010—2015 年，湖南省城市建成区扩大超过 100%，

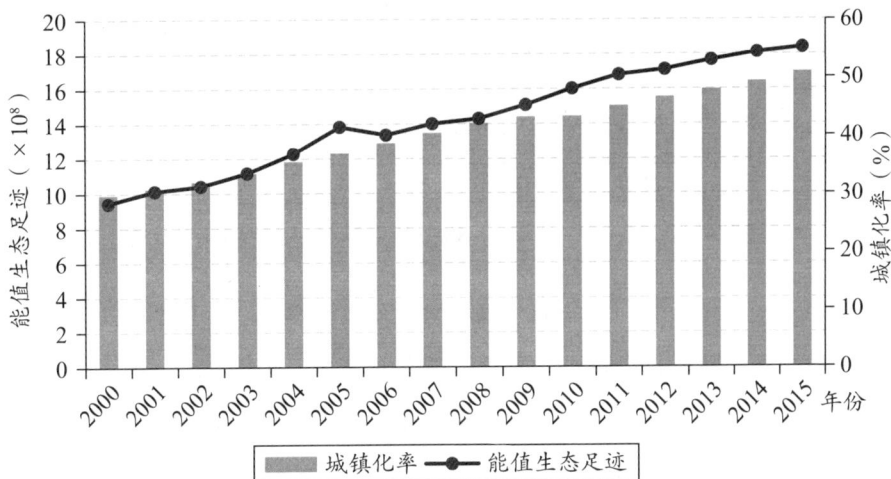

图 7.3　2000—2015 年湖南省生态足迹与城镇化率的比较

而城镇人口只增长了 21.33%。城镇化的快速发展，使得人类对建筑用地和能源用地的需求不断扩大，可能造成资源的过度使用和浪费，同时还将带来大量污染物，直接导致生态足迹的扩大，甚至生态赤字的加剧。

人口数量既从生物资源消费角度直接影响到生态足迹的变化，还能从能源资源消费角度间接影响到生态足迹的变化。湖南省人口基数大，且增长迅速。半个多世纪来，湖南人口的平均增长率为 14.49‰，年均净增人口 66.34 万人。目前，湖南的人口密度已达 319.50 人 /km²，人口密度和人口年均递增率均高出全国平均水平。研究时段内，湖南省的人口增速和生态足迹增速保持着非常接近的向上趋势（见图 7.4）。如何在有限的生态空间里，既保证环境质量，又提高新增人口的生活质量，是湖南省绿色发展迫切需要解决的一个核心问题。

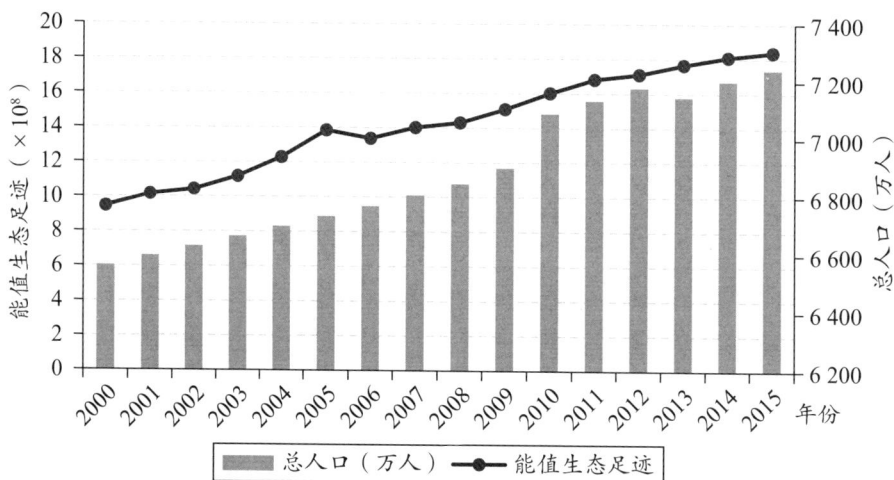

图 7.4　2000—2015 年湖南省生态足迹与总人口发展变化比较

16 年来，随着湖南经济的快速发展，三次产业得到了不同程度的发展，保持着一致的逐年攀升的趋势，这与生态足迹的逐年上升趋势完全一致（见图 7.5）。三产产值的增加，意味着生产所需的资源和生产过程中能源的消耗增加，也意味着生产以及人类消费过程中碳和污染物排放的增加，这些都是导致生态足迹扩大的直接原因。湖南省目前基本形成了第一产业比重逐步降低、第二产业提质发展、第三产业稳步增长的产业结构，但湖南产业结构优化升级与经济发展的良性互动机制尚未完全形成，目前的发展重点仍在第二产业，第二产业是湖南省经济增长的最主要动力。由于第二产业工业规模大且增速飞快，对能源型资源的依赖度高，直接导致了湖南省的庞大的生态赤字和较为严重的生态危机，湖南省节能减排的压力仍然很大。

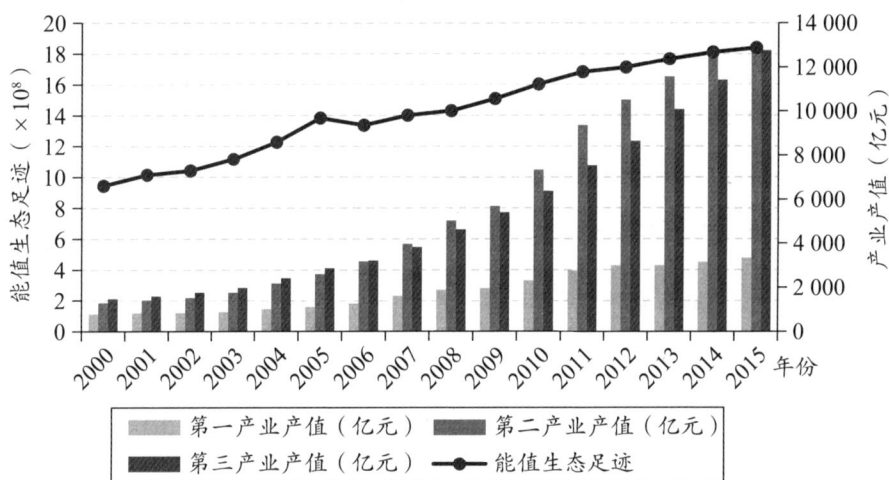

图 7.5 2000—2015 年湖南省三产产值与生态足迹对比图

GDP 是引起生态足迹变化的重要因素。研究时段内，湖南省 GDP 与生态足迹的走势趋同，都是大体逐年增加。这也就是说，随着湖南省经济的增长，生态足迹逐步攀升。但是，2009 年以来，较之生态足迹的平缓稳步上升，湖南省 GDP 的走势显得更为凌厉（见图 7.6）。2015 年，湖南 GDP 总量达 29 047.2 亿元，位列全国第 9 位，同比增长 8.6%。而 2015 年湖南省生态足迹同比增长仅为 1.66%。由此可见，要减弱这一正向效应，湖南省可以适当放缓 GDP 的增速，减缓碳排放的增长趋势，使经济与环境协调发展。

城镇居民消费对生态足迹的变化有着较为显著的影响。经济的发展，必然大幅度地提高人民的生活水平。根据马斯洛的需求原理，人的需求是由低层次向高层次不断发展递进的。人们手头的盈余增加了，对生活质量的要求也就更

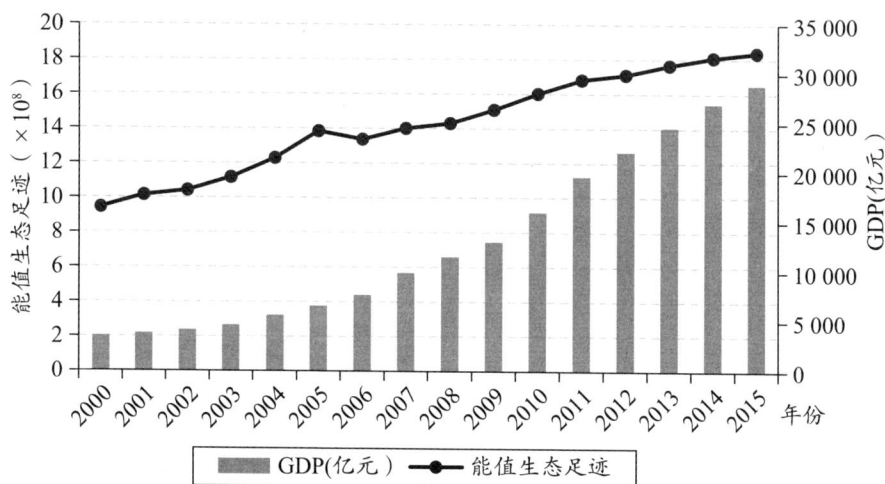

图 7.6　2000—2015 年湖南省生态足迹与 GDP 的变化比较

高了。2015 年，湖南消费对经济增长的贡献已上升到 41.2%，但与全国 60%以上的平均水平相比仍有较大差距[282]。16 年间，农村居民消费和城镇居民消费分别以年均 8% 和 9.3% 的速度增加，城乡居民已基本实现了由生存型消费向发展型消费的升级，从传统型消费向新型消费的升级，从物质型消费向服务型消费的升级。随着居民收入的稳定增加以及中等收入群体的不断扩大，消费对经济增长的贡献显著提升，人们的消费需求正处在快速上升时期，尤其是农村居民消费更是增长迅速（见图 7.7）。目前湖南的住房消费需求仍有很大空间，由此带动的家具、电器、装修、家用汽车等方面的巨大消费需求，都是对自然系统资源和能源支撑的巨大考验。因此必须努力推进消费结构的多元化，建立资源节约型消费模式，从本质上降低能耗，减少污染，降低自然系统的生态负荷。

　　进出口总额也是指示区域经济发展水平的一个风向标，对区域生态足迹变化有一定的影响。"十二五"时期，湖南积极应对全球经济复苏乏力的影响，大力发展开放型经济，对外贸易发展较快，湖南省企业"走出去"步伐明显加快，主要指标保持高速增长。但与发达省份相比，开放型经济虽然得到了一定的发展，但对外贸易规模小，结构欠优，总体水平仍然较低（见图 7.8）。2015

年，全省进出口总额达 1 825.4 亿元人民币，仅占全国进出口总额的 0.7%，在全国排名第 19 位[282]。这主要是因为湖南经济发展正处于新旧动能转化阶段，转型升级伴随着阵痛，增长出现波动，向好因素与不利影响并存。随着劳动力成本上升、人口老龄化问题的加剧，出口企业特别是小微企业处于艰难爬坡阶段，部分行业和企业生产经营状况不容乐观。因此，进出口总额对湖南省生态足迹的影响相对没有那么显著。

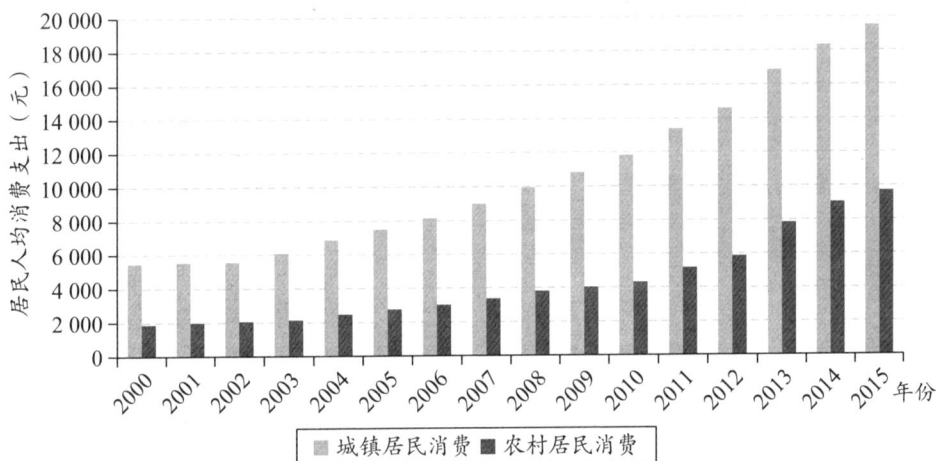

图 7.7　2000—2015 年湖南省城乡居民消费变化

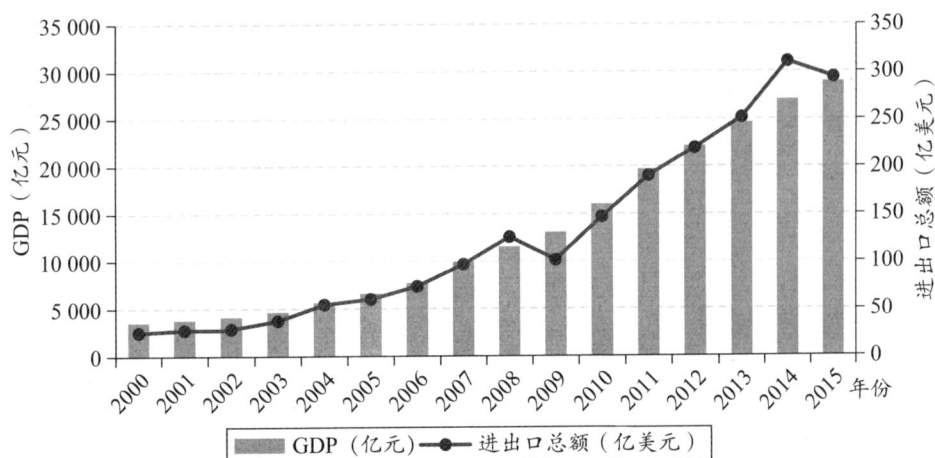

图 7.8　2000—2015 年湖南省进出口总额变化

湖南省经济的快速增长很大程度上是由投资驱动的，同时，经济增长对化石能源的依赖程度与日俱增，因为能源的大量消耗直接导致碳排放量的增加，间接造成了生态足迹的扩大。研究时段内，湖南省固定投资逐年增加（见图7.9），但2000—2006年间，投资增长不明显；2011年之后，投资力度才显著增大。"十二五"期间，湖南省基础设施投资占全省固定资产投资的平均占比达到23.4%，然而，湖南资本产出率不高。同期，湖南省投资效率系数平均为0.16，即增加1元的固定资产投资，仅能增加0.16元的经济总量。固定资产投资虽然对湖南的生态足迹有影响，但效果没那么显著。2015年，全省第一、二、三次产业投资分别比上一年增长了28.8%、18.3%和17.6%。其中，农业是投资增长最快的产业。这也间接证明湖南省第一产业对于生态足迹的影响力依然较大。

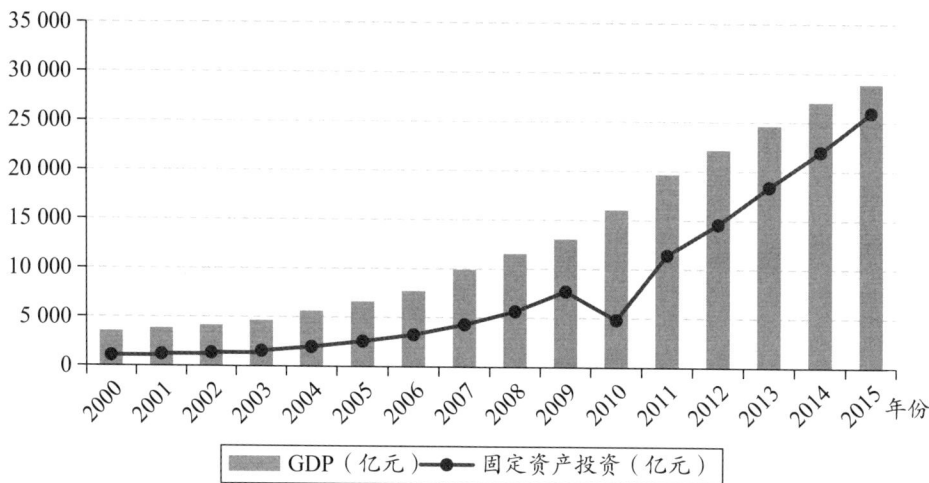

图7.9 2000—2015年湖南省固定投资总额变化

综合以上生态足迹与各影响因素的时序演变对比分析，人口、城镇化率、GDP、能源消费总量、三产产值与结构等驱动力因素与生态足迹都呈现了密切的正相关关系，基本上证实了PLS模型的结论，也与前述第4章和第5章的研究结果基本吻合，说明以上研究基本符合湖南省经济发展的实际。

7.4　本章小结

（1）能源消费量是影响生态足迹的最重要的正效应因子。近年来，湖南省的能源消费总量逐年增长且增速较快，反映了社会经济的快速发展带来的能源消费的同步增长，能源消费已成为生态足迹的最大贡献因子。目前湖南省仍处于工业化中后期阶段，能源消费总量和消费强度依然较大。面对当前日益增长的能源消费总量和严峻的生态环境，湖南省必须优化能源结构，发展新能源产业，合理优化用能结构，加快能源消费结构调整，才能促进能源消费转型与生态环境保护的良性互动，保证在经济快速健康发展的同时，生态能同步快速健康发展。

（2）城镇化是引起生态足迹变化的另一重要因素。城镇化水平的不断提高，将推动生活规模的扩大，对建筑用地和能源用地等生产性土地的需求会随之不断增加，从而加大对环境的压力。同时，耕地和水资源在城镇化进程中被大量浪费。随着"中部崛起"战略的强力推进，湖南全面推进新型工业化和城镇化建设。城镇化带来的财富增长会刺激消费数量的增加和结构的改变，从而相应地引起人均生态足迹的增长。所以湖南省必须以"非饱和开发模式"，合理化推进城镇化的进程，以预防在城镇化过度扩张的情况下，生态足迹的疯狂蔓延。

（3）人口数量的增加是生态足迹增长的重要驱动力。区域人口规模的大小与该区域的经济发展程度和自然生态资源关系密切，人口数量是影响环境压力的一个主要正效应因子。人口规模的继续扩大将带来更大的生态压力，对生态环境有显著的副作用。因此，合理控制人口规模，提高人口素质，是抑制生态足迹扩大的重要途径。

（4）产业结构是生态足迹变化的重要驱动力。产业结构的调整既是经济发展的动力，也是经济发展的表现和结果。对于正处于工业化加速推进阶段的湖南省而言，控制生态赤字的重点之一在于调整经济增长方式，加快产业结构优化升级步伐，构建低碳产业体系，即适当减少以制造业为基础的第二产业，尤其是电力、建材、钢铁、水泥生产等高能耗、高排放产业的比重，逐步提高以服务业为基础的、能耗小、排放低的第三产业比例。

（5）富裕度的提升也是生态足迹增长的重要驱动力之一。经济发展水平的不断上升，带来了工业企业数量的大规模增长，也刺激了全社会固定生产投资的增加，因而带来能源的大量消耗和污染物的大量排放，导致生态足迹总量大量增长。要减弱这一正向效应，湖南省可以适当放缓 GDP 增速，减缓碳排放的增长趋势，使经济与环境协调发展。

第8章　湖南省绿色发展的动力机制与推进对策

8.1　湖南省绿色发展的动力机制

绿色发展是一项复杂的社会系统工程，包括绿色思维方式、绿色生活方式、绿色生产方式和绿色消费方式等的形成，涉及政府、企业、公众与非社会组织等多方因素，包括国家的产业、经济、税收、金融、贸易以及投资体制等各个层次的改革，不是靠一个部门就能完成的，也不是仅靠政府的力量就能完成的。目前湖南省尚未形成完善的"能源—产业—经济"全生态化耦合优化机制，这就需要我们把绿色发展作为系统工程来进行科学谋划、统筹推进，从制度推动、技术支撑、文化推广等层面，充分发挥政府、企业、社会与公众的力量，通力合作，共同参与。

生态容量与资源环境的可持续承载，是实现绿色发展的先决条件。明确的目标、有效的体制是绿色发展动力机制的保障。绿色生产方式的形成、绿色产业体系的构建是绿色发展动力机制的核心。区域生态赤字的出现以及赤字程度的发展，与当地政府的政策、体制机制以及群众的环保意识密切相关。体制机制是一个综合性影响因素，是所有驱动力因素中的共性因素，主要包括文化制度、组织制度、法律法规和标准以及政策措施等。有效的体制制度可以通过资本的积累，提高技术创新的收益率，降低技术创新的成本，或者对人力资本的产权激励等来促进经济增长，实现绿色发展的综合目标。

8.1.1　制定科学的评价体系，健全绿色发展的综合考核机制

首先，要明晰环境产权，充分考虑环境因素，通过有效的制度安排使外部成本内部化。环境资源的外部性问题产生的根源在于环境资源的稀缺程度不断加深，这间接导致了生态赤字的产生。因此，要推进不动产的统一登记和自然资源生态空间统一确权登记，对湖南省境内的各种资源及生态现状进行清查和评估。在此基础上，探索建立有利于促进绿色低碳循环发展的经济核算体系，基于生态赤字和生态效率的自然资源资产负债表，以及体现自然资源生态环境价值的资源环境统计制度。

其次，要完善两型社会建设考核评价体系和统计监测评价指标体系。在制定湖南绿色发展的评价指标体系时，要尽可能地将生态效益、自然资源损失、环境污染损耗，甚至人文损失等指标纳入综合考虑，要将生态赤字作为衡量生态文明的核心指标；在衡量地方政府的绩效时，要突破 GDP 的约束，纠正单纯以经济增长速度评定政绩的偏向，把环境治理考核控制指标纳入经济发展考核评价指标体系，将社会发展指标、环境可持续性与经济发展指标融为一体，建立一套体现五位一体要求的衡量绿色经济发展和生态文明进程的指标体系。要加强和完善法律体系建设制约机制，健全生态环境保护责任追究制度和环境损害赔偿制度。将资源综合利用、环境质量、污染物总量减排等生态文明指标纳入各级党政领导班子、领导干部综合考核评价体系和离任审计范围，将两型社会和生态文明建设各项任务的完成情况与财政转移支付、生态文明建设补助等资金安排挂钩，与各类评先创优挂钩。要坚决落实生态红线制度，根据湖南省"四大板块"主体功能区的划分，对不同区域区别设置考核目标。

8.1.2　推进市场化环境保护机制，完善绿色发展的环境规制

环境规制是指针对环境采取的各种政策措施，是与绿色发展密切相关的体制机制内容。区域资源、环境等自然条件是制定区域环境政策的重要前提。市场是实现生态价值的主要载体，要尽可能利用市场机制使外部性内部化，推动形成既充分考虑供求关系，又充分考虑到环境成本和资源稀缺程度的市场化治理机制。同时，要针对市场失灵的问题，更好地发挥政府的作用。一方面，通过社会经济类的制度来提高违法成本，推动绿色发展；另一方面，通过绿色信贷、税收、价格、排放交易、财政补贴等经济政策手段，设立公正有效的激励机制，引导形成绿色生产和绿色消费的观念，从而使市场发挥正向激励作用，调动全社会推行绿色发展的积极性。要充分认识特定生态系统的自然资本与生态服务价值，建立不同生态功能区域自然资本的有效评价体系；鼓励以市场化模式推动生态系统服务的可持续供给，通过市场模式使生态服务供给方根据生态服务价值向使用方提供有偿服务，使市场化机制成为国家生态补偿机制的有效补充。要完善政府采购法，建立公开、透明的政府采购市场，促进政府优先采购绿色产品和服务，同时以能效合同管理方式，鼓励民营企业为社会提供绿色服务。必须积极推进包括耕地（湿地）生态补偿机制、水权交易、碳排放交易等在内的市场化的环境保护机制。作为全国首个两型示范区建设试点，湖南省必须要有明确包括土壤修复、绿色建筑等内容的低碳发展标准，健全可再生能源发展的市场环境，以促进能源的清洁发展。同时要提高高碳产业的市场准入门槛，通过严格的刚性排放约束，加快低碳产业的发展速度。要合理利用税收这一分配杠杆，有效促使企业加大低碳建设力度。要完善碳税征收机制，进一步加大对碳税的征收力度。

8.1.3　支持面向绿色发展的产品和服务，健全绿色金融机制

过度开发利用资源、破坏生态系统的行为常常能带来短期暴利，投资、保

护自然环境的行为所带来的长期利益却往往难以得到应有的肯定。这就要求政府和金融机构要在投融资决策中充分考虑到潜在的环境影响，利用财税杠杆或绿色信贷政策来支持自然资源的保护与可持续利用，引导资金投向有利于自然生态保护的产业和项目，包括可再生能源的应用、供应行业，以及对外投资与贸易项目等，为绿色发展转型提供必要的条件。同时，要给予其适当的财政补贴与税收优惠，从而为保护自然资本、促进生产、消费模式的转变创造经济条件。值得指出的是，随着中国进一步加快"走出去"战略，这种资金引导不仅应体现在国内经济活动中，也应融入中国的对外投资与贸易活动中。要积极争取中央投资和专项资金，以及政策、项目等方面对湖南省两型社会建设、洞庭湖生态区和武陵山片区、湘江源头区域生态文明先行示范区建设的支持。各级政府应进一步梳理现有涉及绿色发展的专项资金的来源渠道、支持重点以及使用方向，根据渠道不变、监督管理不变的原则，突出安排重点，加大优化和整合力度，提高资金使用效益。要推进绿色金融，建立绿色发展信用担保体系，探索设立绿色金融贷款保证保险和风险补偿资金，以及与之相配套的企业信用评价制度。要支持面向绿色发展的信贷产品和服务，加大对使用新能源和有利于资源高效利用的项目的贷款发放力度，加强对银行业绿色信贷的监督，建立评价体系，推动银行业金融系统绿色信贷的实施；加强银行业金融系统绿色信贷相关的能力建设和技术支持，使中国的国际资本流动方向及方式成为减少全球生态足迹、保护生态环境的重要推动力。探索政府向市场购买服务，推广第三方所有权（third-party ownership，TPO）模式，鼓励民间资本进入污水、垃圾处理等市政公共事业。

8.1.4　倡导绿色消费，完善绿色生活方式的舆论引领和制度保障

绿色发展不仅是国家发展方向的选择，也是我们每一个普通公众的态度和行为选择。推动绿色发展，不仅要使生产方式绿色化，还要使生活方式和消费

方式绿色化。国内外的绿色实践证明，生活、生产和消费方式的绿色转型带来的经济效益和环境效益，远远胜过政府投入的数百倍。根据第 7 章的研究结果，消费也是影响湖南生态足迹的一个重要影响因子。因此，倡导绿色消费，践行绿色生活方式是降低直至消除湖南省生态赤字，维护湖南省生态安全的重要举措。有研究表明，随着中国经济增长模式从投资和出口导向型向内需拉动型转变，家庭消费将成为未来中国生态足迹的主要增长点[298]。党的十九大报告指出，中国特色社会主义进入新时代，我国社会的主要矛盾已转化为人民日益增长的美好生活需要和不平衡不充分的发展之间的矛盾。人民群众不断提升的消费需求同时也是绿色产业发展的原动力。绿色消费观以满足人的基本需求为中心，崇尚节俭、适度，是一种崇尚自然和保护生态，最大限度地避免或减少对生态的破坏，是符合生态环境可持续标准的，充分考虑到代际公平的消费模式。政府要加快完善并推动绿色采购制度，并以相应的配套措施进一步加快推动生活方式绿色化。例如加快完善并提高产品绿色标准；完善消费税征收体系，将目前尚未纳入消费税征收范围的资源性、高污染、高能耗产品纳入消费税征收范围，调整高排量车辆税率，改革计税方式；大力推广绿色低碳出行方式，支持加快建筑低碳化等。要对资源节约符合生态环境可持续标准的绿色产品给予技术支持和政策扶持，推广绿色产品认证，比如产品碳足迹标识、可持续认证标识（比如 FSC6、MSC7 认证）等，并通过财税优惠政策或购买补贴等方式引导消费者购买原生态、低消耗、低污染、具有环保标识的绿色产品和服务，控制隐含在消费中的间接碳足迹及生态足迹，有效降低日常生活中的碳排放，使节能环保逐步成为每个公民的自觉行为。

同时，要加强舆论引导和教育，大力宣传绿色消费观，倡导适度消费、绿色消费，避免或减少破坏环境的新型价值观，引导消费者成为绿色经济的市场需求动力。要建立生活方式绿色化宣传联动机制，在全社会形成崇尚自然、善待生命、保护生态的社会风气和消费环境，增强公众养成绿色消费行为习惯的自觉性。同时，充分发挥新媒体的优势，利用电视、网站、微博、报纸、手机等多种媒体手段，开发推广各种面向公众的绿色生活APP，鼓励使用节能节水认证产品、环境标志产品和再生利用产品，让公众树立理性消费、绿色消费的生活理念，提高绿色生活的行动力，营造全社会关注和参与绿色发展的良好氛围。

8.1.5　加大科技研发力度，强化绿色人才的培养与科技创新机制

推动湖南省经济发展迈向中高端，关键在于转变生产方式，实现绿色生产。而科技的创新、技术的进步是实现绿色生产的重要抓手，并能深刻影响消费结构。推进科技创新，既是提高经济质量和经济效益的关键，更是提高经济竞争力和生态可持续承载能力的根本支撑。这就要求高校、科研机构、金融机构以及各类企业着力提高科研经费投入、加大科技研发力度，加强绿色人才的培养与科技创新的支持，加强产学研合作平台建设，创建和完善有利于研发成果转化的机制和平台，为研发成果产业化，培育成为现实的经济增长力提供便利的条件。社会各界力量的关注与参与，绿色理念的倡导，绿色文化的建设是绿色发展动力机制强有力的后盾。强调绿色发展，需要我们每一个主体，包括政府、企业、社会组织和个人，都有自觉的绿色低碳意识和行为。

8.1.6　加强专家咨询和公众参与，完善绿色发展的信息公开制度

2015年施行的新《环境保护法》将"信息公开与公众参与"提升到了一个前所未有的法律高度，环境信息公开成为一种必然趋势。我们必须加强环保决策过程中的专家咨询和公众参与，要不断扩大与公众利益相关的协商监督渠道，并保证渠道畅通，健全公众参与监督的机制，努力构建最有效、最广泛的公众社会治理机制。在颁布新的环保法规政策或启动新的环保工程项目之前，尤其是涉及群众利益的重大决策和建设项目，都需要听取和汇总来自各个阶层利益群体的意见建议，进行平等协商对话。同时，鼓励公众改变生活方式，通过微信、

微博、QQ 等社交平台全民参与、全员监督。建立环境信息公开制度，相关政府部门要通过各种形式加大生态环境信息公开力度，公开环境质量、环境管理、企业环境行为等信息并形成制度，要保障公民的知情权，形成多渠道对话机制。要完善公益诉讼制度，推动政府决策机制的创新。建议完善和推广定期开展的由环保执法部门、企业和公众共同参与的"企业污染控制报告会"制度。环境非政府组织（non-governmental orginization, NGO）既可以对公众进行环境教育，推动产业集群和广大公众转变生产方式和消费方式，又能代表公众利益参与政府环境决策过程，监督环境法规、政策的实施和企业的环境行为。我们应鼓励和支持民间组织、社团开展各种环境保护的社会监督和公益活动。

综上，构建湖南省绿色发展的动力机制图，如图 8.1 所示。

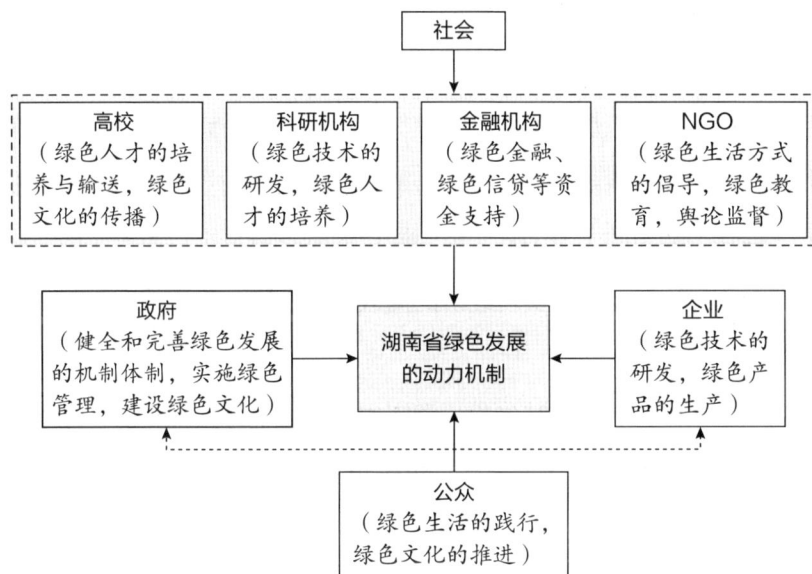

图 8.1　湖南省绿色发展的动力机制

8.2　湖南省绿色发展的推进对策

平衡生态赤字可以从减少生态足迹和增加生态承载力两方面同时进行。因此，要解决生态危机，实现绿色发展，缓和并逐步减少湖南省的生态赤字，在降低其生态足迹需求的同时确保人民的生活水平稳步上升，关键是要大力转变人们的生产、生活方式和消费模式，减少生态足迹。同时，加强对自然生态系统的治理和修护，提高其生态承载力。在经济方面，要构建低消耗、高产出的绿色产业结构，发展低碳经济，以技术升级和技术创新为核心，改造传统产业；在社会方面，要建立资源节约型的社会生产经济和消费体系，倡导人类社会与自然的和谐相处，提高公众的生态环保意识；在生态方面，要保护生态环境，优化土地利用格局，控制区域人口增长速度。

8.2.1 优化能源消费结构，创新能源技术，促进资源高效利用

由前述研究可知，由于城市化和工业化的大力持续推进，湖南省耕地、林地、草地等碳吸收源的面积逐渐减少。与此同时，建设用地等主要碳源用地面积激增，直接后果是原煤、原油、天然气等化石燃料的大量消费，以及碳排放量的剧增，这给湖南省的生态承载力造成了巨大的压力。湖南省的经济发展很大程度上是基于能源的大量消耗，能源消费的碳排放量远远高于耕地、林地和草地的碳吸收量。因此，要实现经济的高效持续发展，首要的问题就是优化能源的消费结构。

作为一个人口众多的内陆省份，湖南省的矿产资源捉襟见肘，能源资源也较为贫瘠，石油和天然气几乎为零，煤碳也只占全国总量的 0.6%。因此，湖南省能源的对外依存度很高。据预测，2020 年湖南省能源对外的依存度将高达 60% 以上[295]。目前湖南省仍处于工业化、城镇化的加速时期，对能源的需求大，能源消费总量和消费强度依然较大。同时，由于新能源发展不足，清洁能源利用率低，在经济下行的大环境以及现有的经济结构下，传统以煤炭为主的能源消费结构导致的高碳产业结构短时间内难以改变。如前述研究所示，近几年，湖南省节能降耗取得了一定成效，能源消费强度和单位产品能耗逐步下

降，能源利用效率明显提高，但仍然面临高耗能行业综合能源消费居高不下的问题，结构节能的空间仍然较大。工业用能在湖南省的能源消费中一直处于绝对主导地位。2014 年，湖南工业能源在第二产业能耗总量中占的比例高达96.6%，在全社会能源总量中的占比为60.9%。其中，六大高耗能行业综合能源消费量为 5 153.95 万 t，占规模工业能耗总量的 70% 以上，而经济增加值仅有 31.4%。建设"天蓝地绿水净"的美丽湖南，低碳发展是必由之路。只有大力发展资源节约型和环境友好型产业，着力优化能源结构和产业结构，提高资源利用率，降低污染排放程度，才能全面构建以绿色低碳为特征的产业体系、生产方式和消费模式，实现生态与经济，"绿色"与"发展"的协调全面发展。

1. 优化能源结构，推进低碳产业规模化和集群化发展

自 20 世纪七八十年代以来，湖南省的能源消费结构较为畸形。作为 CO_2 排放的主力军，原煤一直处于主导地位，且短期内难以发生实质性的改变。电力能源、油品燃料、天然气所占比重很小，风能、太阳能等新能源和可再生能源的开发刚起步。湖南省具备较为丰富的天然资源优势，但产业化发展起步较晚，技术相对落后，总体产业化程度不高。面对当前日益增长的能源消费总量和严峻的生态环境，优化能源结构、推进清洁能源产业化是湖南省突破资源环境约束、实现产业生态化发展的必然选择。

原煤、原油、天然气都是建设用地等主要碳源用地在利用过程中大量使用的化石能源，很大程度上增加了大气中的碳排放量，直接导致了生态赤字的愈演愈烈。原煤是非可再生资源，作为主要消费能源，对湖南省经济社会的发展起到过积极的推动作用，同时也带来了一系列诸如破坏土地资源、污染环境和生态等负面效应。要立足于以煤炭为主的资源禀赋，大力推广洁净煤技术和使用清洁能源，优化以原煤为主的能源消费结构，提高原煤利用效率。湖南能源的开发没有先天优势，但可以充分利用便利的交通和信息优势，加快开发非碳

新能源。所以我们要尽快找到替代能源,开发和利用全省较丰富的沼气、太阳能、风能等新兴清洁能源,逐步抑制原煤、原油等一次性能源消费的增长,加大清洁能源消费的比重,最大限度改善能源供应结构。同时,大力实施"气化湖南"等重大工程,减少碳排放。前述研究显示,在原煤、原油、天然气这三类化石能源中,天然气的排碳量最少。因此,除了要改善城市燃料供应,扩大高质量的石油和天然气在能源结构中的比例,更要加大对天然气这一清洁能源的勘探和开发,加快洞庭湖区域、衡邵盆地、张家界等地区石油、页岩气等非常规能源的勘探和利用工作,力争在短时期内实现湖南页岩气开发和综合利用。同时,加强湖南核电建设,带动核电项目和相关产业集群的发展。加大建设风能、太阳能、生物质能光伏产业,做好能源基地林建设;有效推动生物质能、光伏等清洁新能源的利用,建设一批生物质能发电厂。

　　湖南省的能源生产结构调整,要以资源环境承载力为依托,以政府政策支持为支撑,要充分遵照《湖南省新能源产业振兴实施规划》,落实新能源发展政策,大力发展高效清洁能源产业,坚持合理优化用能结构,改造能源生产结构体系,从源头管控能源消费总量和调整结构,以产业绿色增长度为发展绩效,寻求经济增长与能源消费的最佳配合模式。同时,加大工艺改造,加速产品升级,逐步降低化石能源比例,提高煤炭净化比重,发展煤炭气化和液化,推动能源消费由传统单一消费向多元化消费转变。要培育健康稳定增长的能源市场及服务体系,提高高碳产业的准入门槛,完善低碳产品市场准入制度,建立实施低碳消费示范工程,加快引导传统高碳产业低碳化发展,建立专业性的低碳产业集群,推动低碳产业的规模化发展。要大力培育轨道交通装备、移动互联网、节能环保、新型住宅工业等战略性新兴产业,走绿色发展之路,保证在经济快速健康发展的同时,生态的同步快速健康发展。

2. 强化科技创新支持与科技投入，提高能源使用效率

技术进步是实现工业节能的关键，并且深刻影响能源消费结构。推动湖南省工业发展迈向中高端，关键在于科技的研发和创新，积极抢占核心技术阵地，引领高端工业发展。科技发展水平与科技投入成正比，科技投入越大，区域科技发展水平越高，单位面积土地的生产率越大，区域生态承载力越高。R&D 投入强度（R&D 经费占地区 GDP 比重）是衡量一个地区自主创新水平的核心指标，深刻影响着战略性新兴产业的发展。2015 年，湖南 R&D 投入强度为 1.43%，低于 2.07% 的全国平均水平，与创新型湖南设定的 2% 的目标也有较大差距，在全国居第 14 位。这个排名与湖南经济总量在全国保持前 10 位的现实存在较为尴尬的反差。

湖南 R&D 投入强度不高的主要原因是政府科技投入的市场导向作用不强；企业加大 R&D 投入的技术创新环境和政策环境不优，以及企业加大研发投入的积极性不高 [298]。因此，湖南省想要优化能源消费结构，促进资源的高效利用，必须强化科技创新支持，大幅增加 R&D 投入强度。要建立健全财政 R&D 投入的稳定增长机制，构建有利于研发创新和成果转化的系统工程；创新财政科技资金的投入方式，鼓励各类企业提高科研经费投入、增加研发活动，探索全过程科技融资模式，加大多元资金的投入；打造优良的环境，建立健全企业 R&D 投入的正向激励机制，增强生态经济发展的软实力。

推进科技创新，既是提高经济质量的核心，更是提高经济竞争力和生态系统可持续承载能力的根本支撑。湖南省要根据《创新型湖南发展纲要》的要求，加大绿色技术研发投入，提高科技自主创新能力，培育"造血机能"。当前湖南省高校和科研院所的科技成果转化与产业化率只有 10%~15%，大部分科技成果未能实现产业化。所以，当务之急是积极推进企业主导的产学研协同创新，要鼓励企业与研究机构建立起行业性技术合作联盟，组建一批高端技术研发人才团队，加强产学研合作平台建设，让创新成果在企业转化成实实在在的产业

效益。

要整合全省的科技创新资源，加大对自然资源保护和节能降耗等绿色科学技术的研发投入，重点建立包括可再生能源和清洁能源生产技术、建筑节能技术、新能源装备加工制造技术、绿色交通装备技术等在内的低碳能源技术体系。要积极改善能源消费的品种构成，不断提高能源使用效率，使能源消费战略尽快转变为能源经济效益战略。在低碳能源技术的选择上，要重点发展有望近期实现产业化的风能发电、聚热式太阳能发电、电动汽车、智能电网等前瞻性技术。同时，要围绕钢铁、煤炭、化工、造纸、电力等传统产业，以大型骨干企业为龙头，鼓励和引导企业向园区集聚，着力实施工业园区清洁生产，推进能源资源的高效利用；积极推进社会层面的循环低碳经济发展，提升再生资源利用水平，重点构建循环型农业体系，提高农业生产领域农业资源的综合利用率；大力发展绿色交通网络体系，实施绿色建筑行动；加快推进餐厨废弃物资源化利用及绿色消费模式，创建循环经济重点市州、重点县区、重点村镇、重点社区以及重点示范企业。此外，加强科技对标准制定的支撑作用，推进绿色技术研发与标准一体化。完善有利于大众创业、万众创新的体制机制，营造良好环境，以创业带动创新，以创新推动创业，建立低碳能源技术创新奖励机制，创建和完善有利于研发成果转化的机制和平台，为研发成果产业化，培育成为现实的经济增长力提供便利的条件。

8.2.2　合理控制人口增长，提高人口素质，推进新型城镇化建设

如第 7 章研究结果所示，生态足迹主要受能源消费、人口数量、城镇化水平以及产业结构等因素的影响。区域人口的快速增长必然导致人类活动对资源的需求增大，对环境干扰强度的显著增加。因此，要降低生态赤字，维护湖南省生态安全，还必须合理控制人口规模，提高人口素质，优化人口结构，缓解人地矛盾。要以多样化、专业化和特色化为方向，积极推进新型城镇化

建设。

1. 优化人口结构，转变传统生育观，缓解人地矛盾

人类是生态系统和经济系统的中介和桥梁，区域人口的数量、质量以及消费能力等因素直接或间接地影响着区域的生态承载力水平。每一个人都是碳源，每一天每一时刻都在产生碳。因此，以人为对象的调控对策是实现可持续发展的根本途径。如前述研究所示，一个地区人口规模的大小与该区域的经济发展程度和生态能源系统有着极密切的关系。人口是影响区域生态承载力及发展模式的主导因素之一。人均资源占有量一定程度上取决于人口的数量。湖南省人口数量大，是全国人口稠密地区之一。目前人口密度已达到 320 人 /km²，是全国平均水平的 2.3 倍，人口密度和人口年均递增率均高于全国平均水平，湖南承受着人口存量大、增长快的双重压力。研究时段内，湖南省总人口数（年末户籍人口）呈现直线上升趋势，由 2000 年的 6 562.05 万人增长到 2015 年的 7 242.02 万人，16 年间人口数量增长了 10.36%，增长速度较快。第六次人口普查显示，湖南省经过多年计划生育工作的努力，人口增长得到一定程度的控制，已经在总体上进入了稳定低生育水平阶段，但湖南人口压力依然存在。据相关研究测算，湖南省的临界人口容量为 8 500 万人，适度人口容量为 4 100 万人，而现有人口已突破 7 000 万人，在全国人口排名中位列第 7。人口的增长，往往与快速推进的城镇化建设相伴。盲目无序的城市扩张，既浪费了土地资源，又造成了能源的过度消耗，使区域生态赤字加剧。因此，我们要合理控制人口增长趋势，缓解人地矛盾。

首先，要积极推行人口政策，控制人口增长速度。人口增长本身并不意味着生态足迹的增大，但要满足人的生存发展需要所产生的一切人类活动将给自然资源环境造成巨大的污染和破坏。因此，只有合理控制人口数量，才能提高资源环境的人口容量，实现人口与资源环境的均衡发展，从本质上降低能耗，

减少污染，减少生态足迹，提高自然生态承载力。

其次，要优化人口结构，转变传统生育观念。目前湖南存在人口结构失调、青少年抚养负担重、人口老龄化、未富先老等问题。作为应对之策，党的十八届五中全会提出全面放开二胎政策。因此湖南省应该树立新的大人口观，积极响应号召，以提高青少年人口比例，缓解人口老龄化问题。对于人口老龄化，一方面，可以通过大力发展老年人的服务产业，优化老年人的社区服务，实现养老服务一条龙服务；另一方面，在条件允许的情况下延长退休年龄，探索弹性退休政策。在人口结构的优化过程中，能够产生相应的就业岗位和对应的产业，在一定程度上能够促进经济的发展。同时，要开展生育文化教育，尽快完善农村社会保障体系，稳步推进农村医疗合作改革，加快健全城乡养老保险制度，使老百姓能够真正做到"老有所养"，从而逐渐转变传统生育观念，淡化生孩养老的意识。

最后，也是更为重要的，是要提高人口素质，大力发展农村基础教育和职业教育事业。资源利用效率一定程度上取决于人口素质的高低，而人口的分布，尤其是人口的城乡分布，一定程度上决定了生态资源的需求大小。经典经济增长理论显示，人口既是促进经济增长的生产要素，也是拉动经济发展的需求动力。在全面"二孩"时代，湖南乃至全国都面临生育率持续下滑的严峻现实，在此情况下，提高人口素质更是迫在眉睫的问题。在现代化建设进程中，人始终是最关键的因素。因此，要坚持科教兴国战略，坚定不移地实施九年义务教育，尤其要大力发展农村基础教育和职业教育事业，缩小农村和城市教育的差距。要努力将湖南的人口压力转化为人力资本，以减轻资源环境压力，促进湖南省的人口和经济社会发展。要培养新型职业农民，提高农业经营者的农业科技知识水平和经营管理能力，增强其创新创业能力，鼓励他们成为生态环境的管理者和保护者。同时，改善农技人员的工作环境和生活条件，鼓励高层次专业人才，包括农业科技人员、大中专院校毕业生积极投身农业现代化建设，从事农业生产和技术开发。

2. 以多样化、专业化、特色化开发模式，推进新型城镇化建设

如前述研究所示，城镇化是湖南省生态足迹的主要驱动因素之一，湖南省的生态足迹总量与城镇化水平发展的方向总体上一致。随着"中部崛起"战略的强力推进，湖南省全面推进新型工业化和城镇化建设。然而作为农业大省，湖南的城镇化发展一直落后于全国平均水平。2000 年到 2015 年，湖南省的城镇化率从 29.75% 上升到了 50.89%，发展较为迅速。2015 年，湖南的城镇人口首次超过了农村人口，实现了历史性跨越。但与全国城镇化率的平均水平（57.35%）相比，仍有 6.46 个百分点的差距。较低的城镇化率，说明湖南产业的集聚度不高，也意味着未来有较大的投资发展空间。近些年来，快速的城镇化给湖南带来了更大的生态和资源压力。城镇化进程由于规模扩张的需要，导致耕地、湿地、林地、水域等被建设用地大规模侵占，生态系统服务价值不断下降。据预测，到 2020 年，湖南省的新型工业化将基本完成，城镇化率将达到 58% 左右，到时全省将有约 1 000 万的农业人口转移至城市，交通、能源等基础设施建设将进一步扩大，人地矛盾将进一步凸显，生态赤字问题将进一步加剧。因此，要加快推进新型城镇化战略，实现人口的合理流动。

新型城镇化是扩大内需的重要手段，也是优化经济结构的重要途径。推进新型城镇化的前提在于提高城镇的资源环境承载力和经济社会承载力。城镇化不是土地的城镇化，而是人口的城镇化。要通过城市和农村之间的人口合理流动，合理控制大城市和特大城市人口规模，缩小农村和城市发展之间的差距，优化城乡人口结构，实现城乡协调发展。因此，一方面，我们必须要科学测度区域生态承载力，探寻人口合理分布的科学机制，在此基础上制定相应的政策鼓励农村剩余劳动力合理转移进入城市，如改革户籍制度，给予农村人口和城镇人口相同的待遇甚至提供相关补助，以促进人口的合理流迁，避免区域过大

的生态压力，切实解决好农村剩余劳动力在城市中的安全和生活问题。另一方面，新型城镇化要坚持提高居民生活质量的目标原则，有效把握城乡人口布局，把农村人口向城市流动的数量控制在一定范围内，要走区域城镇化、适度城镇化和健康城镇化之路，避免人口过多引发的一系列资源环境问题。对于城镇化建设，我们提倡"非饱和开发模式"，以增强城市的混合性和弹性。城镇化建设不应以数量和规模为发展目标，而应该保持适度水平。当前我国盲目追求城镇化发展速度，空间开发的高容量、无缝隙的无序蔓延状态，导致小城镇星罗棋布，千城一面的水泥森林遍地开花。"满招损，谦受益"，盲目的城镇规模扩大，过高的开发容量，不仅会导致土地内部结构失衡、土地利用生态效益降低和区域生态承载力不可持续，还会大大减少城镇化的人口聚集效益和规模经济效益。因此，我们应该依据湖南省的区位条件、环境容量和要素禀赋，以多样化、专业化和特色化为方向，挖掘产业特色、人文底蕴和生态禀赋，遵照布局合理、功能完善、统筹规划、以大带小的原则，科学制定城镇发展规划。以城市环境容量和资源承载力为前提，优化城市空间布局，增强城市宜居性。在考虑城市交通等基础设施的高效便捷设计的同时，要充分考虑到自然生态环境的保护，避免土地等生态资源的过度开发和利用。建设一批三次产业深度融合、生产生活生态同步改善的宜居宜业的旅游名镇、商贸重镇和工业强镇，打造"产、城、人、文"四位一体的重要功能平台。要加强非物质文化遗产保护，挖掘城镇文化资源，建设有地域风貌、文化内涵、民族特色和历史记忆的山水文化城镇，保护和传承文化遗产。加快提高户籍人口城镇化率，大力促进一批农业转移人口落户城镇，引导一批农村人口就地城镇化，同等享受优质公共服务。以人的城镇化为核心，推动形成"一核三极四带多点"的发展格局。另外，在土地利用方式的选择和布局过程中，要加强区域合作和基础设施的合理共享，避免不合理的重复使用造成的大量碳排放。要坚决推进城乡一体化建设与财政制度改革的协调同步，实现土地资源的集约利用。

8.2.3 强化生态治理和生态保护，提升土地生态承载力

如前述研究结果所示，自然资源的可持续发展问题是当前我国经济社会发展的硬约束。由于生态脆弱，生态生产力不断降低，湖南省的生态承载力逐年下降。补生态环境短板是全面建成小康社会的必然要求，也是决定供给侧改革成功与否的重要因素，这一任务非常艰巨。要建设绿色湖南，减少湖南省的生态赤字，在生态环境方面，必须做好两方面的工作：一是加大生态环境的治理力度，全面控制环境污染，减少污染物的排放；二是不断提高环境容量，遏制生态环境的进一步恶化。

1. 加强环境治理保护，改善城乡人居环境

生态环境是一种特殊的具有外部性的公共品，是一个复杂的系统。正如习近平总书记指出的："山水林田湖是一个生命共同体，人的命脉在田，田的命脉在水，水的命脉在山，山的命脉在土，土的命脉在树。"生态环境的保护与治理的确是一项复杂的系统工程，而污染防治是绿色发展的基础，也是第一抓手。我们必须坚持基于预防的综合治理，以解决损害群众健康的突出环境问题为目标，增强耕地、江河湖泊、湿地、森林等自然生态系统的修复能力和自我循环能力，提高其生态服务功能。

根据前述研究，湖南省耕地生态赤字最大，耕地对生态足迹的影响是最大的。由于历史的原因，加上近年来人口的快速增长，以及某些不合理的建设开发，湖南省的耕地、建筑用地的人均生态承载力持续下降，林地生态足迹也逐渐显著扩大，农业可利用的资源存量锐减，使得资源环境的压力渐大。作为一个农业大省，湖南需要大量的农业资源。因此，当务之急是要进行农田的治理和修复。降低土地污染物的排放、以地养地、用养结合是解决土地污染废弃物增量、增强土地可持续利用性的根本途径。要立刻全面清查农产品产地土壤污染情况，利用遥感等技术手段，尽快完善全省耕地重金属污染监控网络，尤其

要重视对湘江和洞庭湖流域的粮食主产区重金属污染严重的耕地的监测和治理工作，同时加强对受污染土地上农作物种植结构的调整。要减少不必要的化肥投入，加大对耕地水土流失、盐碱化、沙漠化等生态问题的治理，减轻土地的污染程度。要重点推进养殖污染物的无害化处理和资源化利用，严格执行标准化规模养殖。加强包括土壤修复、区域大气污染防治、湖泊流域治理等内容的生态保护和修复工程。要严格控制林木采伐，继续推行"林木采伐指标入村到户工程"，确保湖南省1 300亿 m^2 林地不仅数量上不减少，质量上也绝不下降。要加快石漠化区域的生态重建，强力推进"矿山复绿"行动。同时，要合理开发、养护草地资源和渔业资源，实行休牧（休渔）、禁牧（禁渔）和轮牧制度，加强对重点水域的水质环境监测，推进自然保护区和水产种质资源保护区的生态建设，使之更好地为"绿色湖南"建设提供重要的生态产品。此外，要强化农业环境突出问题治理，加大城乡环境同治力度，推进农村生活垃圾减量化资源化处理。以农业部"美丽乡村"创建为契机，深入开展生态绿色家园共建和乡村清洁工程，改善城乡人居环境，着力推进造林绿化，打造人与自然和谐共处的宜居秀美乡村。

2. 严格保护耕地，开发后备土地资源，提升土地生态承载力

湖南是农业大省，也是人口大省，耕地面积的大小对湖南的经济发展有着举足轻重的意义。由于供给矛盾突出，随着农业生产对资源和要素投入的依赖渐高，湖南耕地资源持续减少、土壤产能逐年下降、环境污染加重甚至局部生态破坏问题日趋突出。湖南省种植业的总氮排放量在全国的排名一直都靠前。化肥的使用有两方面的问题，其一是量过大，导致耕地负荷过大；其二是使用结构不合理，氮磷肥占比太大，氮磷要素流失导致耕地污染加剧。湖南人多地少，人均只有约533 m^2 地，是全国人均耕地的2/3、全世界人均耕地的1/4。而同时，用地需求不断增加，耕地后备资源不足，质量不高，且耕地复种指数高，载畜

量多。原有耕地中，中、低产田占比达 67.7%，加上受农业面源污染、工业及养殖业污染影响，农田的地力下降、水质变差、农药残留超标，城市郊区和工矿区农田受重金属污染率较高。根据第 4 章的研究结果，湖南省目前的主要生态压力来自碳排放和耕地。而本研究期间生态承载力下降最明显的是耕地资源。耕地面积的急剧减少，使得湖南省生物产量快速下降，生态供给与消费之间的差距日渐加大。这一方面是因为人口的增长以及城镇化的快速发展，加剧了建设用地对耕地的侵占，加大了耕地的生态赤字。另一方面是因为受湖南省"退耕还林""退耕还湖"政策大力推行的影响。此外，随着社会经济的发展，新一代的农民都不愿意留在家里务农，中年一辈的农民大多外出打工，农村劳动力主要以老年人和妇女为主，农田抛荒现象非常严重，耕地的种植利用率降低，耕地退化的速度加快。总的来说，湖南省耕地保护形势不容乐观。因此，我们必须尽快扭转这种糟糕的局面，做到以下几点：

第一，要树立节约集约循环利用的资源观，培育公民珍惜和爱护耕地资源的意识，必须落实最严格的耕地保护制度和节约用地制度，严格控制非农建设占用耕地，尽量避免农村宅基地占用耕地现象，也要防止城市以绿化和生态建设的名义占用耕地造林，要将耕地减少指标严格控制在 2% 以内。

第二，要探索构建土地资源储备制度，强化政府调控作用，增强土地供应能力，发挥土地综合治理的多功能多效益优势。要大力开发后备土地资源，盘活存量建设用地，加大对未利用土地的改造力度。要实施差别化产业用地政策，严格控制高耗能高污染和过剩产能用地，最大限度地保障新经济新业态发展用地要求。

第三，要深化耕地生态管护制度，进一步巩固完善耕地的数量、质量、生态"三位一体"保护新格局，发挥耕地的生态服务功能，提高其利用效率。以资源环境承载力为基础，在保证耕地的数量和质量的同时，坚守耕地保护红线，尤其要强化永久基本农田的特殊管护和产能建设。实行耕地轮作休耕制度，改善耕地质量，调整和优化农作物种植结构，确保谷物的基本自给和口粮的绝对安全，全面提升农业供给体系的质量和效率。

第四，要提升耕地质量，不能仅仅关注土地本身，更需要修复整个农业生态环境。要大力推进水肥一体化、测土配方施肥、农作物病虫害绿色防治，以及秸秆、废弃农膜和禽粪便的资源化利用等技术措施，努力实现到2020年，农药化肥使用量零增长的目标。

第五，必须创新耕地占补平衡机制，通过"补改结合"、耕地质量与异地交易价格联动等方式，提高补充耕地质量。应根据不同地区的地形地势条件、气候特征和资源禀赋，因地制宜地开展农地复合利用工作，合理协调农、林、牧用地布局，调整农业生产结构和布局，改造中低产田，减少土地灾害发生。要通过农业资源调查和农业区划等手段摸清家底，针对开发条件好、耕地后备资源较多的区域，努力增加有效耕地面积；针对因毁林开荒而使农林牧业用地比例失调、生态退化的地区，实行有计划的退耕还林、还草、还湖。

总之，要大力推进生态农业的产业化，优化配置土地利用格局，提高土地投资强度和容积率，增加生态容量，充分发挥耕地的生态服务功能，大力植树造林和发展林下经济，减低碳汇的逆转，有效减低生态赤字，为促进"三量齐升"和"五化同步"，建设新湖南提供有效的资源保障。

3. 保护生物多样性，确保生物安全和生态安全

生物多样性是充满生命的地球的基本特征，也是人类赖以生存的宝贵的自然财富，是维持生态系统稳定性和生态安全的基本保障，也是提升生态系统服务功能和资源环境承载力的有力保障。生物多样性弱，将影响生态系统的稳定和健康，弱化生态系统抵御自然灾害和污染、气候变化等的能力。当前，生物多样性资源的保护已成为衡量区域综合实力和可持续发展能力的重要指标之一。

湖南省是我国生物多样性的关键地带，具有丰富的农业生物种质资源。半个多世纪以来，随着人口的剧增和对自然资源的过度开发，湖南省各类生态系统遭受了不同程度的破坏。生态环境的破坏和退化加快了物种灭绝的速度，导致物种遗传多样性丧失严重，物种濒危程度加剧，野生动植物资源锐减，外来生物种类逐年增多，入侵严重;部分生态系统功能不断退化,湿地面积急剧减少，森林资源总量增速趋缓，草地资源利用率降低。深入分析可知，湖南省生物多样性遭受威胁的主要原因在于城镇化、工业化的快速推进导致城镇建设的加速，加上物种的栖息地面积萎缩,使得生态系统承受的压力加大。生物燃料的生产、矿产及水力资源的无序开发与过度利用也加剧了生物多样性减少的趋势。由于城市人口密集、自然生态破坏严重、开发与污染持续发生，城市绿地系统规划中生物多样性保护的困难十分突出。因此，我们迫切需要开展全省重要生态功能区、生物多样性保护优先区、生态脆弱区保护规划，加强就地保护，建设一批新自然保护区。加强自然保护区管护能力建设，合理开展迁地保护。要充分发挥绿地，包括森林、湿地和草原的碳汇效应，培育和加强其碳增汇能力，通过植树造林减缓温室效应，降低碳排放。组织开展国家重点保护野生种质资源的种类、分布、数量等基本情况的全面调查，并对所有分布点进行全球定位系统（global positioning system，GPS）定位，建立信息数据库，构建生物多样性监测和预警网络体系，确保湖南省的生物安全和生态安全。

8.2.4 构建绿色产业体系，促进产业生态化发展

从第7章的研究结果可知，产业结构也是湖南省生态足迹的主要驱动因素之一，深刻影响着湖南省生态足迹的变化。产业结构的调整与优化既是经济发展的动力，也是经济发展的表现和结果。产业生态化观点认为，自然资源是有限的，产业发展应模拟自然生态循环来实现产业循环发展，使产业内部资源和能源得以高效利用，同时实现外部废弃物排放的最小化。从湖南省三次产业的

构成来看，研究时段内，第一产业里占主体的仍是传统的种养结构，但是现代生物工程技术、生态农业技术等新兴耕作方式已然形成了一股清流，两者并存。作为农业大省，受传统因素的影响，第一产业比重仍然较高，2015 年，湖南省 40.7%的从业人数只有 11.5%的产值，这说明第一产业劳动生产率较为低下，产业结构仍处于低级阶段。第二产业，是基于化石燃料、机械规模化大生产的高能耗高排放产业，以钢铁、冶金、煤炭、水泥、机械制造、化学工业等为主要代表。2014 年，湖南省六大高耗能行业增加值占 GDP 的比重高达 31.2%。工业规模大且增速快。这直接导致了湖南省较为庞大的生态赤字。

实现绿色发展，推动生产方式绿色化，核心在于构建高端化、高质化、高新化、低碳化、生态化的绿色产业体系，并使之成为湖南发展的新引擎，这也是推动湖南省产业结构升级和转变发展方式的唯一方向。积极调整产业结构和布局，推进供给侧结构性改革，化解落后产能，着力构建绿色产业体系，加快战略性新兴产业发展，探索产业生态化发展路径，是湖南融入泛珠三角经济区、抓住中部崛起机遇的重要切入点，也是实现湖南经济持续快速健康发展的关键。绿色发展是全球产业转型升级的基本方向。产业生态化是一个系统工程，必须通过横向的产业集群和纵向的产业链进行耦合，构建闭合的循环低碳的产业链，以达到节能降耗、提质增效的效果。这就要求我们将绿色理念融入产业发展规划体系中，树立绿色发展的全局视角，遵循"生态建设产业化、产业发展生态化"发展思路，努力形成同传统工业文明的大量生产、大量消费、大量废弃、大量占用自然空间截然不同的经济结构、社会结构和发展方式。

1．构建绿色农业产业体系，发展碳汇农林业

农业生产具有自然和社会双重属性，农产品品质和安全既受到自然环境的影响和制约，同时也受到耕种方式的影响。农村改革 30 多年来，湖南农业发展取得了巨大的成就，但同时也付出了巨大的代价。

随着农业现代化的发展，农业已成为生态破坏和环境污染的主要行业。由于人口和资源比例失衡，"以粮为纲"的传统观念导致了耕地的过度开发和粮食增产的持续压力，在很大程度上造成了水土流失严重、耕地质量下降、农业面源污染等问题，给资源和生态环境加上了沉重的包袱。2010 年到 2015 年，湖南省化肥使用量从 824.90 万 t 增加到 840.13 万 t；农药使用量从 118.76 万 t 增加到 122.35 万 t。同时，农村发展对碳的依赖度较高，能源消费结构不合理。煤炭、汽油、柴油、电力是农村主要的能源来源，而绿色、环保清洁型能源并未得到有效开发和应用，这直接提高了湖南省农业生态环境的污染率。转变农业发展方式，构建绿色农业产业体系，提升农业的核心竞争力，实现湖南农业的绿色发展，既是适应全球需求结构的重大变化、增强湖南经济发展抵御国际市场风险的能力的迫切需要，更是湖南在后世界经济危机时期的国际竞争中抢占制高点、实现后发赶超的必然要求。

习近平总书记指出，农业结构往哪个方向调，市场需求是导航灯，资源禀赋是定位器。在经济发展新常态下，实现经济稳定增长，解决农业供给侧结构性失衡问题，根本的、首要的任务是转变农业发展方式，构建绿色农业产业体系，走高效安全、生态和谐的多功能农业绿色发展道路。目前，湖南农业经营的规模化、专业化、集约化、社会化水平较低，土地适度规模经营仍处于初级阶段，80% 以上的农户、70% 以上的耕地仍属于分散经营模式，农业生产兼业化程度较高，难以实现农业生产区域化、专业化，农业社会化服务组织发展相对滞后，影响了绿色农业产业体系的构建和农业现代化的推进。

作为农业大省，湖南农业发展优势突出，潜力大，但结构不尽合理。从前述研究结果来看，湖南省的生态足迹构成中，来源于耕地的项目中，猪肉和稻谷的能值生态足迹最大。农业种植业"一粮独大"、养殖业"一猪独大"的格局未得到根本改变，稻谷产量占到全省粮食总产量的 88%，猪肉产量占到肉类总产量的 83.2%。林业、渔业的比重明显偏小，在第一产业总产值中仅占 4.9%

和 6.7%，且支柱产业不突出，缺乏有特色的主导产品。另外，尽管湖南农业资源丰富，但 70% 的山地和 10% 的水面仅取得了 5.6% 和 6.7% 的农业产值，这与湖南农业资源的构成极不相称。总的来看，农产品供给的结构性矛盾仍然较为突出，农业竞争力和整体效益不高。因此，要在精、深、特、新和提高附加值上做文章，大力发展高效生态农业，提升农产品的品质和增值能力，通过优化种植养殖结构，在小规模土地上产生大效益。要大力推行农牧、林牧结合，因地制宜地规划、设计好林下经济配套模式，实现种植业与畜牧业、林业的共同可持续发展。要拓展农业多种功能，促进第一、二、三产业的融合发展，延伸农业产业链，拓展农业的广度和深度，提高农产品品质与安全质量，把更多的农产品增加值留在农村。要发展高档优质稻和特色旱杂粮，大力发展蔬菜、水果、茶叶、中药材等高效经济作物，精细布局优势特色产业基地；推进养殖业规模化、集约化发展，逐步加大有机肥料、生物农药的供给，大力推广高效环保的现代农业生产方式。要通过农业与农村第二、第三产业的融合渗透和交叉重组，倡导农业生产、生活、生态功能的结合，丰富农业农村发展的环保、科技、教育、文化、体验等内涵，实现产业跨界融合、要素跨界流动和资源跨界集约配置，形成新技术、新业态、新商业模式。

其次，要大力发展碳汇农林业，提高第一产业的碳汇转化率。如第 4 章所述，随着湖南省城镇化脚步的不断加快，土地利用开发强度增加，拥有碳汇功能的耕地、林地、草地等地类的数量剧减，而具有碳源功能的建设用地急剧扩张，造成碳足迹的增幅加大。目前，耕地的生态足迹占比最大。耕地是湖南省生态足迹的主导控制因子之一，也是湖南省自然生态系统压力的主要来源。湖南省要想消除生态赤字，从土地利用方面减少碳排放，除了严格控制碳源，减少建设用地的碳排放量，高效利用建设用地上使用的主要化石能源，还应该积极增加土地的碳汇功能，扩大林地、草地的面积，提高碳转化率，从而实现湖南省土地利用在经济效益、社会效益、生态效益等方面的共赢。从低碳经济的角度看，种植业和林业是重要的碳汇产业。发展种植业和林业，就是在减少大气中的 CO_2，提高碳转化率，恢复自然资源的多样性和平衡生态系统。林业的主要任务是生态建设，核心内容是增强生态承载力。湖南省是林业大省，具有得天独厚的气候资源和生物资源，但由于林业经营管理的不足，不少森林被大肆砍伐，森林储蓄量迅速下降至中华人民共和国成立前的 2/3，荒山残林达到了 $6 \times 10^{10}\,m^2$，林地受水土流失和泥石流毁坏严重，导致生产力和生态承载力均非常低下。想要降低湖南省耕地和林地的生态赤字，必须大力发展碳汇农林业，重点采取以下几方面的措施：

（1）积极开展大规模国土绿化行动，扩大森林面积，提高森林碳汇能力。

（2）大力开展森林抚育，全面提升森林经营管理水平，提高森林质量，增强森林碳汇功能。

（3）突出加强森林保护，培育能源林，推进林业剩余物能源化利用，加大林业生物质能源的推广使用，使之部分代替化石能源。

（4）合理改善树种的林分结构，在保护防护林、天然林和水源涵养林的同时，增大用材林的比重，提高林产品产量，增加木质林产品的碳储量，扩大林地的生态足迹供给。在确保森林不采伐的前提下，大力发展林药、林菜、林菌、林养等林下经济。还可以大力发展森林康养产业，将良好的森林生态环境与现代医学、现代养生学有机结合。

最后，要发挥政府的作用，建立完善的政策支持体系。政府在农林业绿色发展方面的责任除了守住生态红线和农产品安全底线，还应为绿色农林业的发展提供具有乘数效应、所有农户共享的农村公共品。政府应拿出专门资金对发展有机食品、生态食品的生态农业建设给予一定的财政补贴，大力支持带动力强、科技含量高、经济效益好的龙头企业和生态农业项目，尽可能给予其信贷专项资金支持和一定的税赋减免。要应用"绿箱补贴"、生态补偿等环境经济手段，将农业补贴与发展农村经济、保护农业环境挂钩，加大财政、金融、保险等政策支持，为农民增收创造良好的环境。此外，要大力发展"互联网＋"农业，以农村电商平台为重要载体，引导农户深入对接市场，增加有效供给，拓宽流通渠道。

2. 构建绿色工业体系，全面推行绿色生产方式

推进绿色发展，仅仅保持生态环境"绿色"是远远不够的，还要使经济实现同步的绿色发展。进入经济发展新常态时期以来，我国经济发展面临多重矛盾叠加、风险隐患增多的严峻挑战。要想实现经济较长时期的中高速增长，必须推动经济提质增效、适应创新、协调、绿色、开放、共享发展的要求，达到以知识技术密集型为特征的"中高端水平"，首要的任务就是推动工业发展迈向中高端。"十三五"时期是我国工业转型升级的决胜时期，也是我国经济实现大突破、大融合、大转型的关键时期。要想使我国从工业化中期阶段快步迈入工业化后期，从而破解资源、环境、市场等各类要素的制约和瓶颈，顺利跨越中等收入陷阱，初步达到发达国家经济水平，以新型工业化为抓手构建绿色工业体系就是关键的一步。

首先，要转变发展方式，一方面是向内涵式发展方式转变。要打破从前过度依赖资源能源投入的工业增长模式，推动湖南工业增长转向由投资、消费等协调均衡拉动。要将淘汰落后产能和技术改造相结合，优化投资结构，调控资源消耗型产业投资规模。另一方面是向绿色低碳方式转变。湖南省要加快调整和创新的步子，在强化传统优势产业竞争力的同时，努力推进支柱产业、优势产业、特色产业的优化升级。大力提高工业化水平，协调轻重工业的发展步伐，夯实基础工业，优先发展加工工业。对现有的传统支柱型产业，如火电、建材和水泥、钢铁、有色金属冶炼及压延加工业等高资源消耗、高污染行业，需要加大环保资金的投入，通过技术改进降低其污染排放。要将低碳能源融合到能源工业结构调整中，推进能源结构的低碳化和清洁能源的产业化。逐步改变以

煤为主的能源结构，大力发展能替代煤炭等高排放能源的新型清洁能源和可再生能源，如核能、风能、太阳能等，并逐步提高其在能源消费总量中的占比。同时，对那些污染严重、技术落后、治理无望的高碳排放、低经济贡献率的产业，要减轻工业污染负荷，坚决实现产业退出。此外，要严格行业准入制度，提高行业标准门槛，严防形成新的低端过剩产能。

其次，要加快工业产业升级，提升产业价值链和产品附加值。要鼓励具备条件的企业向"工业 4.0"升级，推动实施"互联网 +"行动计划和"湖南制造 2025"，建成领先的技术体系和产业体系，使工业制造向高端制造、精密制造、智能制造等产业高端延伸。要加强对战略性新兴产业发展的指导和协调，推进高新技术产业的发展，重点发展湖南本土具有一定优势和竞争能力的战略性新兴产业，如机械制造、食品加工、生物制药、光伏电子等，全力推动湖南企业的转型升级。优化产业空间布局也是推动工业产业优化升级的重要内容。要抓住国家淘汰落后产能的战略机遇，充分发挥市场配置资源的主体作用，切实引导优胜劣汰，支持企业兼并重组，杜绝无序发展，整合和优化产能布局。加快科技成果的产业化，提升战略新兴企业自主创新的能力，促进产业的智能化、绿色化和精密化发展，逐步形成湖南省高技术产业的群体优势，实现战略新兴产业的"绿色化"发展，推广和支持发展新能源，降低产业能耗，提高资源利用率，有效降低湖南省产业碳排放，推动整个产业结构优化升级。

最后，要优化工业结构的区域布局，根据产业集聚、功能分区、错位协同的布局原则，突出龙头带动和核圈辐射作用。要推进长株潭城市群先进装备制造、电子信息等产业的发展，构建全省工业核心区域，提升辐射带动能力，提高环长株潭城市群的产业配套能力和协作水平；对于湘中南区，要提升其有色金属产业的竞争力，逐步实现由原材料初级产品向高附加值、高科技含量产品的过渡。

此外，要立足"一带一部"战略区位新优势，提升对外开放水平。与中央

"绿色化"的要求以及国内外先进水平相比，湖南经济的外向水平较低，2014年湖南省外贸依存度仅为 7.05%，远低于全国 41.53% 的平均水平。因此，推动湖南绿色工业体系的构建，还需进一步提升对外开放水平。在"引进来"方面，要搭建国际合作的有效平台，注重吸引海归人才、外国人才来湘投资置业、开展科研联合攻关，拓展开放合作的深度和广度。要借助外部先进的技术、经验、理念，打造国际化、法治化、便利化的营商环境。在"走出去"方面，重点开展对接"一带一路"、完善境外营销投资环境，提高本土企业的跨国经营能力和承包工程的国际竞争力。

3. 构建绿色服务业体系，发挥湖湘文化优势

如前述研究结果所示，第三产业与生态环境可以产生良性循环互动，有助于减少区域生态足迹，对实现区域低耗低碳经济健康持续发展具有重要推动作用。与第一产业、第二产业相比，第三产业以其资源消耗强度低、环境污染轻等优点而具备"绿色"特征，有利于区域的绿色发展。近年来，第三产业已成为西方国家经济增长的重要方式，现代服务业的兴旺发达是现代经济的一个显著特征。发达国家地区之所以能在经济总量水平上保持领先的同时，保持自然系统的良好状态，一个重要原因就在于第三产业，尤其是服务业的比重在产业结构中占有绝对优势。在工业化进程中由中端化向高端化发展的重要阶段，第三产业的迅猛发展，是产业结构演进的一个重要特点，也是湖南省加快工业化、现代化进程的必然选择。湖南第三产业发展较快，但总体层次偏低，发展动力不足。在未来相当长的时期里，湖南省仍需大力发展能源和资源消耗少、就业容量和市场潜力大的第三产业，尤其是发展高科技含量、高附加值的现代服务业，不仅能够带动经济增长，还能进一步扩大消费需求，这才符合经济发展方式"绿色"转变的要求。

其一，构建绿色服务业体系，推动产业布局向集约高效、协调优化转变。

从产业平衡基准来看，目前湖南省较高层次上代表第三产业可持续发展能力的金融、科技、文化教育等行业的 GDP 不超过产值的 20%；而较低层次的传统第三产业，如交通运输、仓储餐饮、批发零售等行业的 GDP 却占到了 50% 以上。这同时说明第二产业对湖南省的经济发展欠缺强劲的支撑力，而以消费服务为主的第三产业发展动力不足，还处于较低水平，内部结构需进一步调整。因此，湖南省要以新能源、电子信息等产业为重点发展高新技术产业，加大对传统产业技术的改造和升级，在电子商务、现代物流、会展服务、国际贸易、金融服务等知识技术密集型的生产性服务业，餐饮、社区服务、旅游、娱乐等生活型服务业，以及教育、文化、卫生、健康等人力资本型服务业这 3 个方面增加产值份额，逐步建构起低污染、低能耗的以服务经济为主的产业结构，使之成为低碳技术、低碳产业、低碳管理的输出源。

其二，积极推动现代服务业的发展，加快推进产业内部结构的调整。未来产业的发展趋势必将是第一、二、三产业的跨界融合发展。这种跨界融合可能是 1+3，即第一产业和第三产业的跨界融合；也可能是 2+3，即制造业和服务业之间的跨界融合；还可能是 3+3，即新型服务业和传统服务业的融合。湖南如果要将服务业做大做强，不能局限于服务本身，还要在一个大产业的跨界融合当中，不断地渗透延伸和发散，不断地推进新老互动。我们要以新型工业化建设为契机，以延伸产业链为目标，大力发展新兴服务业和生产性服务业。当前，人民群众对精神文明的追求日渐提升，旅游休闲、文化教育、体育娱乐、养老服务、家政服务等服务业蓬勃兴起，市场潜力巨大，休闲旅游、创意设计、电子商务等方面的新产品、新兴业态层出不穷、日新月异。湖南应该根据本土特色，围绕"中部第一、全国一流"这个奋斗目标来构建区域服务业发展中心，因地制宜地将服务业提升到跟制造业并举、融合跨界的战略高度来规划和推进。湖南想要成为区域服务业中心，一方面要立足于本地，另一方面也要跟周边地区互补互融，特别是要跟长江经济带、长江中游城市群、"一带一路"建设紧密结合起来，这是开放条件下要素流动和重组的问题。只有搭建好平台和载体，才能通过平台把要素资源集聚过来，向周边发散。第三产业内部结构是否合理，既关系到产业的发展质量和发展潜力，又关系到产业发展的持续性以及就业带动能力。因此，还要正确处理好发展新兴服务业与传统服务业之间的关系，不断优化第三产业内部结构。通过对传统服务业的改造与提升，促进第三产业的总量与质量同步提升。

其三，充分发挥湖湘文化优势，以文化产业为突破口，以文化旅游产业发展为先导，打造文化精品，加快推进文化强省建设，构筑现代文化市场体系，增强湖南文化的辐射力和凝聚力。文化产业是区域软实力的重要代表，在引领时尚、提升产业文化含量方面有着无可替代的作用。湖南是文化大省、楚文化的发源地之一，打造文化品牌有巨大的发展空间。近年来，由于湖南省委、省政府在政策上的大力支持，各方资本快速大量注入，湖南省的文化产业也由此进入到了蓬勃快速发展的新阶段。2015 年，湖南文创产业增加值为 1 714.12 亿元，占湖南省 GDP 总量的 5.9%，进入到了全国第一方阵，文化产业已逐渐成为湖南省的支柱产业之一。截至 2015 年，湖南"湘字号"文化品牌达 42 个，占文化品牌总量的 16.2%。湖南省要抓住这大好契机，充分提升、放大本土独特的人文和自然资源优势，加快打造多业态、多产业链条的文化支柱产业。对于具有特色的文化产业项目要进一步地发掘其内在价值，从湖南实际情况出发，培育更多诸如"动漫湘军""演艺湘军""广电湘军""出版湘军"、中南传媒、湖南卫视、华声在线、天舟文化、宏梦卡通、"浏阳花炮"等知名文化品牌。不断创新文化经营模式，如旅游产业的文化融合、科技与文化的融合等，以此促进文化和创意产业服务业全面发展。

8.2.5 坚持协调发展，构建平衡发展新格局

习总书记在党的十九大报告中强调："坚定实施科教兴国战略、人才强国

战略、创新驱动发展战略、乡村振兴战略、区域协调发展战略、可持续发展战略、军民融合发展战略。"区域协调发展被提到了战略高度。协调发展理念是我国经济发展新常态下的重要战略思想之一，也是湖南实现全面小康社会的理论基础和蓝本。资源环境等自然条件是影响人口和经济分布的长期因素，从宏观角度看，人类经济活动的空间分布与自然环境条件空间格局关系密切。如何结合区域生态承载力水平和状况来优化生产力布局是实现区域协调发展的关键问题。由前文的研究结果可知，湖南省四大区域之间因自然条件、经济发展和社会文化等方面的差异，各区域土地利用空间格局的差异明显，发展很不均衡。除大湘西区外，长株潭城市群区、环洞庭湖区、湘中南区都出现了生态赤字，面临着较为严重的生态压力，处于不可持续发展状态。尤其是长株潭城市群区，有着最为显著的生态压力。因此，湖南要在遵循国家层面战略性规划区域的前提下，综合考虑各区域自然资源生态承载力的差异性、社会经济发展的相似性以及区域发展战略的延续性，紧紧抓住以进入"高铁时代"为标志的新经济地理机遇，以"中部崛起战略""泛珠三角合作框架"和"长江中游城市集群"建设为载体，坚持区域功能战略，划定特定区域的生态红线，限制长株潭城市群区、环洞庭湖区以及湘中南等自然条件承载能力较弱区域的土地开发，提高区域生态承载力，同时推进人口由资源环境承载能力低向承载能力高的地区转移，从而促进省域人口、经济分布与资源环境承载力协调。要强调坚持因地制宜和从实际出发，结合不同领域、不同区域、不同主体的实际情况，合理规划差异化的发展路径，在调动政府、企业和社会等各方面积极性的同时，严守不破坏生态环境的底线，有效防范地方政府债务风险，把维护人民群众的利益摆在更加突出的位置，持之以恒，久久为功，蹄疾步稳，推进高质量发展。

1. 完善区域产业空间集聚格局，强化核心引领，实现错位发展

"十二五"以来，湖南省已经初步形成了区域协调发展的新格局，全省14

个市州已经实现了国家区域发展战略的全覆盖，湖南正面临着全面开放发展的新时代和新机遇。因此，各区域的绿色发展必须建立在合理规划经济产业空间布局、完善区域产业空间集聚格局的基础上。实施错位发展，才能增强发展的系统性、整体性和协同性，形成经济方面优势互补、基本公共服务机会均等的区域协调发展新格局。湖南省必须注重特色，根据区域经济条件和自然资源生态状况来选择合适的产业发展。如以化石能源为主要成分的区域，如湘中南区，应大力开发和推广新能源；以林地和耕地为主要成分的区域，如长株潭城市群区和大湘西区，要以开垦荒地、减少矿石开采为主；而以水域为主的区域，如洞庭湖生态经济区，则以保护渔业资源、防止渔业资源枯竭为主。长株潭城市群区经济发展相对领先，但是生态赤字较为严重，自然资源环境状况相对落后。因此该区域应首选发展信息产业、旅游产业等优势产业，而不宜再引进大型制造业。生态脆弱的大湘西地区同样要尽量限制高耗能产业的进入。湘中南地区则可积极承接国内外绿色产业，走生态工业和新型工业化道路，大力发展区域经济。总之，要深化低碳经济理念，发展科技含量高、环境污染小的新型产业。同时，要完善区域均衡性财政转移支付和生态补偿制度。政府要搭建协商平台，创建共融发展模式，实现要素的跨区域流动。要积极探索建设用地指标跨区域流转与耕地跨区域占补平衡政策，使城市化地区建设用地扩大规模与吸纳外来人口定居的规模挂钩，推进区域一体化的实质性进展。

　　根据"两型社会"建设的总体要求，长株潭城市群区因其老牌工业中心地位，可作为"中部崛起"和长江中游城市群的核心增长极，强化其核心引领作用，成为"一带一部"中心枢纽和具有国际品质的现代化生态型城市群。长株潭城市群区要发挥城市群辐射带动作用，带动湘中南区和大湘西区两大经济板块协同发展。要重点优化发展该区域的高新技术产业、金融业、信息产业和现代服务业，逐步向大湘西和湘南地带转移一般加工工业和劳动密集型产业。要构建起以长沙为核心，株洲、湘潭为副中心的三市协同发展、合理分工的格局，优化城市功能分区，明确功能定位，避免同质化竞争。可依托长株潭两型试验区、自主创新示范区和湘江新区，培育经济增长新机制，将智能制造、新材料、工业机器人、工业设计和3D打印等产业打造成代表湖南水平的战略性产业。深度推进长株潭"两型"综合配套改革，推动创新发展，建设全国先进智能制造业中心和现代服务业区域中心，推进以"锦绣潇湘"为特色品牌的全域旅游基地和以影视出版为核心的文化创意基地的构建，打造"一核三极四带多点"区域新格局，力争使长株潭城市群区在推进经济结构调整和产业升级，加强生态环境建设和节约利用资源等方面取得新成效，增强在全省的示范带动作用。

洞庭湖生态经济区要以国家战略和"一步一带"为契机，以生态文明建设为中心，以现代生态农业发展为主导，立足湖区生态资源优势和传统产业基础，推进现代农业综合配套改革，全力发展以粮食安全和水安全为核心的高效生态农业，提升生态产业产业化发展水平，全面融入长江经济带和长江中游城市群，探索大湖流域生态文明建设路径。以人为本，加快推进城镇化建设，实现公共服务水平的均等化。大力发展临江临港产业，建设长江中游区域性航运物流中心，打造湖南外贸货物通江达海的高效平台，加快提升生态经济区发展水平，构建生态产业、现代物流业和文化旅游业体系。

湘中南区农业资源和矿产资源丰富，应充分利用地理区位优势，进一步扩展建设布局，发展以新兴信息产业、节能环保产业、生物产业、高端装备制造业、新能源汽车等为主的新型产业区。要深度推进湘中南地区的产业转型升级，创新开采技术，提高其加工的深度和精度，提升产业集群水平，推动有色金属产业向高水平、纵深化、宽领域的产业方向发展。依托湘南承接产业转移示范区的园区、口岸、会展平台功能，加强其与粤港澳、北部湾经济区和东盟的对接与合作，积极承接以珠三角为核心的国内外物流、金融等生产性服务业。全面对接珠三角开放发展，建设我国中部地区产业承接新平台、中南地区物流中心、加工贸易集聚区以及湘粤开放合作试验区。进一步完善产业转移政策，提高产业转移吸引力。升级改造冶金、机械、有色、造纸、化工等传统产业，大力发展装备制造、电子信息、生物医药、新能源新材料等高新技术产业，推进产业链的纵深延伸，积极承接以珠三角为重点的金融、物流等生产性服务业。

大湘西区坐拥多个国家级和省级重点生态功能区，要借助良好的地理环境，充分发挥其生态优势和发展潜力，着力开发具有地方特色的优势产业，以保护性开发为主，主打生态与民俗文化特色，打造享誉中外的生态文化旅游区。要加强与区外旅游热线的连接，多层面对接并融入长株潭城市群、成渝城市群、武汉城市圈和珠三角都市圈等旅游运营网络，实现区域优势互补、协调发展。大湘西区可以保护生态空间为主导，对本土水能资源进行合理开发，以区域自然资源禀赋的开发为基础，提振投资，创新扶贫开发良性循环机制，促进武陵山片区的区域发展与脱贫攻坚，推动民族地区、贫困地区的协调发展。同时，要坚持执行稳固的生态保护政策和民族政策，提升基本公共服务水平。良好生态环境是最公平的公共产品、最普惠的民生福祉。在全面建成小康社会的决胜阶段，将生态优势转化为发展优势，实现"绿富美"对大湘西区来说，有着深刻的现实意义。

2．优化农业布局，构建差异化协调发展的现代农业战略格局

如前所述，受降雨量、区域面积和人口分布不均的影响，湖南省内四大区域的能值生态承载力空间差异较大。受经济发展水平不一的影响，四大区域的农业科技水平也很不平衡。2014 年，洞庭湖平原区农业机械化水平为 67%，而湘西、湘南地区仅为 20%。因此要遵循农业区域发展规律，综合考虑各区域的区位优势、资源禀赋和产业基础，充分发挥市场配置资源的决定性作用，全面合理地布局农业生产体系，优化构建特色鲜明、差异化协调发展的现代农业战略格局。做到宜耕则耕、宜牧则牧、宜林则林、宜渔则渔，这样既能保证农产品的整体供应，又有利于修复与保护生态。要优化农产品的区域化布局，必须走融生产、生活、生态于一体的多功能农业发展之路。因地制宜，延伸农产品的产业链，要利用农耕文化、民俗文化、地域特色文化，对优势农产品进行文化包装，打造具有不同地域特色的农产品品牌，增加农产品的附加值，逐步形成具有区域特色的大宗农产品优势产业带。

长株潭城市群区自然资源禀赋相对较差，人均耕地资源少，所以应定位为城郊都市高端农业圈，努力建设以精细农业为特色的优质农副产品供应基地，打造全国第一、二、三产业融合发展的样板区，以发展中高端农产品生产、提高土地产出率为着力点，挖掘农业生态文化内涵，大力发展城郊结合的观光休闲体验型农业，以绿色、休闲、创意、健康为主题，打造绿色高效农业、农产品精深加工业和农产品物流业于一体的生态田园综合体，实现两型农业产业的融合发展。同时，着重开展农业面源污染防治，降低农业生产活动对化石能源的依赖，减少农业生产过程中造成的污染，提升环境的生态承载力。

湘北洞庭湖平原区地势平坦，水源充足，土层深厚肥沃，应定位于"以发展多功能农业为抓手，选择以生态环保农业、旅游休闲农业、文化景观农业、再生能源农业、现代创意农业为主体的发展模式"[299]，根据作物的不同生长特性和共生互惠的特点，开展包括粮棉结合、粮经结合、粮粮结合、粮瓜菜结合等在内的耕地立体种植模式，实现粮、油、麻、渔等农产品优质、高效生产。充分利用空间，围绕精致的种植养殖业、精深的加工保鲜业和精美的休闲观光业，调结构，优布局，扩大优势农产品的种植面积，打造规模化生态农业示范区和大宗农产品综合生产基地。

湘中南丘陵盆地区要利用该区域临近粤港澳的区位优势和地势平缓、光照充足、劳动力资源丰富的农业优势，大力发展外向农业，开展烤烟、黄花菜、油茶、花卉苗木、东江鱼、临武鸭等品牌优质农产品的种植和养殖，扩大高效园林作物种植规模，建立种、养一体化的生态农业。湘中地区是优质农产品的集中产区，农产品种类多、质量高，因此要积极开发山丘资源，实施"生态品牌"战略，提升农产品品牌价值。应促进农产品加工业的开发，做优存量、弘扬老品牌，做大增量、培育新品牌，实现优质农产品的产业化经营，打造粤港澳优质农产品供应基地。

大湘西区山高坡陡，农业发展水平较为落后。但大湘西区自然资源丰富，动植物种类繁多，自然环境洁净，所以我们在积极做好旱稻和水稻的种植，满足农民的口粮需求的同时，还要立足山区优势，利用优良的林牧产品资源，进行林下畜禽养殖和林、果、菌、草、牧、药等的复合种植，着重建设特色农林产品市场和中药药材市场，建设有机茶叶、脐橙、猕猴桃、玉米、茯苓、百合、天麻等绿色高附加值农产品带，以深加工为途径，培育壮大有优势特色的农林产品和生物医药产业链，打造特色农业产业脱贫样板区。

3. 发挥区域比较优势，实行区域能源的差异化发展

如前述研究结果所示，决定生态赤字程度的人均生态足迹的主要组成成分在不同的区域中有不同的反映，所以我们要制定分区域的能源消费碳排放调控和发展策略。长株潭城市群区属于能源重度调控区域，应以技术创新为主导，充分发挥长株潭城市群区，特别是长沙市在湖南省低碳技术创新中的主体作用，以当前正在推广应用的"两型"技术为着力点，进一步加快高端制造技术、轨道交通技术等先进技术的研发与应用推广，在全省率先构建低碳技术创新体系。以湘江流域综合治理为突破口，积极推进长沙、株洲、湘潭三市的环境污染同治，加快实施株洲清水塘企业绿色搬迁改造，对于长沙、湘潭两市湘江沿岸的其他高耗能企业，视具体情况予以强制关停、绿色搬迁或限期整改。以长株潭城市群"两型社会"建设为契机，进一步优化三市产业结构，着力发展先进制造业、高新技术产业和新兴服务业，同时加快长株潭城市群昭山绿心和湘江风光带的建设，提高区域森林覆盖率。进一步推广应用新能源汽车，着力将长株潭三市建设成为新能源示范城市，并积极争取纳入国家发改委第三批低碳省区

试点范畴。

洞庭湖经济区的能源发展策略应该以清洁生产为主导。要加快推进洞庭湖生态经济区的清洁生产，在加强洞庭湖经济区内部岳阳、常德、益阳合作的基础上，进一步加强洞庭湖生态经济区与省内长株潭城市群以及与省外武汉城市群的区域合作。以岳阳汨罗再生资源集散市场循环经济试点建设为契机，加快推进洞庭湖生态经济区的循环经济发展，重点抓好区域内化工、造纸、冶炼等重工业企业的升级改造工作。在《洞庭湖生态经济区规划》的基础上，进一步出台相关细化政策，以严格保护洞庭湖的水域、湿地和生物多样性。

湘中南地区应该采取以产业转型为主导的能源发展策略，紧紧抓住获批国家承接产业转移示范区的历史性机遇，完善《大湘南承接产业转移目录》，变"被动性"接受产业转移为"主动性"产业升级转型，有选择地做好承接产业转移工作，杜绝高耗能、高污染、高排放产业转移至大湘南区域。加快区域矿区环境的综合治理，针对区域废弃矿区较多的现状，加强废弃矿区的生态垦复。加强南岳衡山和南岭山地的保护，将其列为生态环境的重点保护区域，重点保护其森林覆盖植被及其生物多样性。对于娄底市则要以加快产业结构调整和治理环境污染为主，不仅要严格控制新的重化工业项目上马，大力发展先进制造业和高新技术产业，还要加强对小煤窑、小矿区等重点地区的环境污染治理。

大湘西地区不宜作为湖南省能源消费碳排放调控的重点区域，而应该采取以林业碳汇为主导，以发展经济、提高城乡居民收入为重点的能源消费碳排放适度调控策略。加快湘西北页岩气的勘探开采，因地制宜地开发生物质能、风能等新能源，鼓励就地转化利用。始终要把大湘西区的生态环境保护放在优先位置，严格保护资水、醴水上游的森林植被，重点治理上游的生态破坏，严禁随意破坏自然山体和森林植被。积极争取生态补偿资金，大力发展生态林产业。将产业扶贫、文化扶贫等多种扶贫方式有效结合，积极发展生态旅游产业，将区域自然生态景观与历史人文景点有效结合，实施旅游精品带动策略，引导区域经济加快发展。

8.3 本章小结

（1）绿色发展是一项复杂的社会系统工程，需要我们将之作为系统工程来进行科学谋划、统筹推进，从制度推动、技术支撑、文化推广等层面，充分发挥政府、企业、社会与公众的力量，通力合作，共同参与。生态容量与资源环境的可持续承载，是实现绿色发展的先决条件。明确的目标、有效的体制是绿色发展动力机制的保障。绿色生产方式的形成、绿色产业体系的构建是绿色发展动力机制的核心。要制定科学的评价体系，建立健全绿色发展的综合考核机制；推进实施市场化的环境保护机制，完善绿色发展的环境规制；健全绿色金融体系和机制，支持面向绿色发展的产品和服务；完善绿色发展的信息公开制度，加强专家咨询和公众参与；加大科技研发力度，强化绿色人才的培养与科技创新的支持。

（2）提出现阶段湖南省绿色发展的对策。优化能源消费结构，推广能源技术创新，促进资源高效利用。优化能源结构，提高原煤利用效率，推广使用清洁能源。推进产业结构调整，加快推进低碳产业规模化和集群化发展。强化科技创新支持，提高能源使用效率。合理控制人口增长，优化人口结构，转变传统生育观，缓解人地矛盾。提高人口素质，倡导绿色消费，践行绿色生活方式。坚持多样化、专业化和特色化开发模式，推进新型城镇化建设。统筹推进生态环境的保护与治理，提升土地的生态承载力。加强环境治理保护，防治农田和养殖污染，改善城乡人居环境。严格保护耕地，开发后备土地资源，提升土地生态承载力。保护生物多样性，确保生物安全和生态安全。优化产业结构，构建绿色产业体系，促进产业生态化发展。构建绿色农业产业体系，拓展农业多种功能，发展碳汇农林业，提高碳汇转化率。构建绿色工业体系，加快产业升级，全面推行绿色生产方式。坚持协调发展，提高区域生态承载力，构建平衡发展新格局。完善区域产业空间集聚格局，实现区域错位发展。优化农业区域布局，构建差异化协调发展的现代农业战略格局。发挥区域比较优势，实行区域能源的差异化发展。

第9章 结论与展望

9.1 研究结论

（1）2000—2015年，除了2002年为生态盈余，湖南省其余各年均呈现为生态赤字，人均能值生态足迹与人均能值生态承载力呈现背向恶化发展趋势。这表明湖南省的社会经济发展对自然资源和环境的压力逐年增大，湖南省自然系统处于不可持续发展状态。研究时段里，湖南省各类型生物生产性土地的生态足迹均有不同程度的增长，其中耕地和化石能源用地足迹所占比例始终较大。各类生物生产性土地面积对其能值生态足迹的贡献率大小依次为：耕地 > 化石能源用地 > 建筑用地 > 水域 > 牧草地 > 林地。湖南省自然生态的压力主要来自于耕地和能源消费，此二者是湖南省生态足迹的主导控制因子。湖南省生态赤字的增加很大程度上是由耕地、化石能源用地和建筑用地生态足迹的增加造成的，它们供需的平衡与否直接影响到湖南省未来能否持续健康发展。湖南省耕地能值生态足迹逐年增大，但增长缓慢。增速最快的是林地、建筑用地和化石能源用地。这说明，随着人们生活方式的改变，湖南省居民生活消费对生物资源的生态需求整体下降，对能源资源的生态需求逐年增加。湖南省的快速工业化进程是以消耗大量能源为代价的。同时，湖南农业可利用资源存量锐减，农村生态承载力下降，资源环境压力渐大。作为一个农业大省，湖南需要大量的农业资源。能源和农业问题是湖南省可持续发展需要解决的首要问题。湖南省的万元 GDP 生态足迹呈现不间断的逐年减小趋势，至 2015 年达到研究时段内的最低值（6.36 hm²）。这表明近些年来，湖南省资源和能源的利用效率逐年提高，经济发展在不断从资源粗放型向资源节约型转变，表现为经济与环境的逐步协调共赢，湖南省因为经济发展而造成的生态代价在显著减小。湖南省各区域土地利用空间格局的差异明显。除大湘西区外，长株潭城市群区、环洞庭湖区、湘中南区都出现了生态赤字。生态压力指数小于 1 的只有大湘西区，数值为 0.60，而其他区的生态压力指数都大于 1，面临着较为严重的生态压力。尤其是长株潭城市群区，有着最为显著的生态压力。供需的平衡与否直接影响到湖南省未来能否持续健康发展。

（2）研究时段内，湖南省能源消费总量逐年增长且增速较快，反映了社会经济的快速发展带来的能源消费的同步增长。各种类能源的消费量有较大的差异。其中，煤炭消费量在能源消费总量中占最大份额，达到 74.06%，在能源消费结构中居于绝对主导地位。原油和天然气等在总的能源资源中占比较小，这说明，湖南省的能源消费结构具有鲜明的"高碳"刚性特征，优质能源所占比重较低。在导致碳排放的各类能源消费中，原煤占绝对优势，原油是第二大碳源。作为新能源，天然气占比极低。从整体来看，16 年间，湖南省的 GDP 和人均 GDP 一致呈现直线上升的态势。碳排放量的上升趋势与 GDP 及人均 GDP 的持续上升趋势基本保持一致。湖南省能源消费碳排放总量的增长呈现波动性上升趋势，未来湖南省低碳减排的任务依然艰巨。但是 2005 年以来，湖南省能源消费碳排放增速呈现缓慢下降趋势。这说明，在省委、省政府建设"两型社会"的要求下，湖南省的节能降耗已初见成效。随着经济的增长，湖南省碳足迹强度持续减小，能源利用率在不断提高。

（3）能源消费总量、城镇化率、总人口数、三产产值、农业人口、GDP、城镇居民消费量、进出口总额、农村居民消费总量、全社会固定资产投资共

12 个因子都对生态足迹的变化有较好的解释能力。其中，能源消费总量、城镇化率和总人口数、三产产值这几个因子对湖南省的生态足迹的正向驱动作用最大。对于湖南省的生态足迹增长，最主要的驱动因素是由产业结构不合理造成的巨大的能源消费量、快速发展的经济以及过大的人口总量。

（4）提出现阶段湖南省绿色发展的对策。优化能源消费结构，推广能源技术创新，促进资源高效利用。优化能源结构，提高原煤利用效率，推广使用清洁能源。推进产业结构调整，加快推进低碳产业规模化和集群化发展。强化科技创新支持，提高能源使用效率。合理控制人口增长，优化人口结构，转变传统生育观，缓解人地矛盾。提高人口素质，倡导绿色消费，践行绿色生活方式。坚持多样化、专业化和特色化开发模式，推进新型城镇化建设。统筹推进生态环境的保护与治理，提升土地的生态承载力。加强环境治理保护，防治农田和养殖污染，改善城乡人居环境。严格保护耕地，开发后备土地资源。优化产业结构，构建绿色产业体系，促进产业生态化发展。构建绿色农业产业体系，拓展农业多种功能，发展碳汇农林业，提高碳汇转化率。构建绿色工业体系，加快产业升级，全面推行绿色生产方式。坚持协调发展，构建平衡发展新格局。完善区域产业空间集聚格局，实现区域错位发展。优化农业区域布局，构建差异化协调发展的现代农业战略格局。发挥区域比较优势，实行区域能源的差异化发展。

9.2 研究的创新与不足之处

9.2.1 创新之处

本书针对国内尚未形成完整的绿色发展理论体系、国内学术界对省域生态赤字长时间序列动态研究不多，湖南省提高生态承载力、减小生态赤字的研究尚处于起步阶段的现状，尝试运用生态学、经济学、管理学等多学科研究方法，从多学科交叉融合与历史演变的研究背景出发，从自然系统的生态赤字角度来剖析经济发展中存在的问题，使研究者从生产者视角核算生态赤字并深挖其驱动力因素，有系统外观者之清醒感，从而在研究视角层面具有一定的创新性。

基于湖南省 2000—2015 年的数据，利用改进了的能值生态足迹模型对湖南省的生态赤字现状，以及 2000—2015 年的湖南省生态赤字的时空演变过程进行了研究。基于空间尺度研究了湖南省内四大区域生态承载力的差异。基于可持续发展目标研究了湖南省能源消费碳足迹的动态变化。根据测算结果建模分析，结合湖南省经济社会发展实际，找出湖南省生态足迹变化的驱动力因子，量化其贡献率，并判断其与具体产业的对接关系，对产业结构的调整极富针对性，定量回答了湖南省绿色发展建设过程中遇到的新问题。最后综合以上研究成果，基于决策尺度提出湖南省绿色发展的动力机制和实现路径。在理论上提供一种研究生态足迹变化的驱动因素及其发展对策的思路与方法，丰富了生态经济学的内涵与研究范式，从而在研究方法层面具有一定的创新性。

9.2.2 不足之处

囿于作者的研究水平以及湖南省部分社会经济活动数据的搜集较为困难等主客观因素，本书还存在以下不足之处，有待今后进一步的研究与探讨：

其一，区域生态赤字可能是由物质性的生物资源短缺造成的，也可能是功能性的碳消纳能力不足所致，或者是二者的共同作用所致。本研究基于生物质生态足迹的角度，来分析湖南省生态足迹的演变及其影响因素。由于数据资料的获取难度，本研究只考虑了消费者所消耗的生物质产品所占用的耕地、林地、建筑用地、草地等用地的生物质生态足迹，并没有考虑隐含在对外贸易中的生态足迹转移。

其二，受数据条件的影响，生态足迹驱动力因素分析模型中未能纳入政策效应因素、科技水平因素和资源利用效率因素。在能值生态承载力的计算过程中，只考虑了可更新资源的能值，未将不可更新资源的能值计算在内。另外，没有考虑第三产业的生态承载力和生态足迹，以及可转移的生态足迹。有些物质可以转移，如粮食可以通过贸易从外交换进来，这无疑就能增大区域内的耕地，增加区域生态承载力。由此导致计算结果比实际数值要小；也就是说，本研究对生态承载力的测算结果偏紧。实际生活中，我们的承载力水平应该会稍好一些。

其三，由于条件的限制，数据资料收集有一定难度。若能将湖南省从1978 年改革开放以来几十年所有的数据资料进行收集整理和计算，得到的将会是更加清晰的演变脉络，可以更全面立体地观察到湖南省从生态盈余走向生态赤字的变化过程。

9.3 研究展望

未来对特定领域或产业的生态赤字的研究，建设资源共享的全球资源环境数据库、足迹类指标体系信息库以及生态赤字变化监测网络，将是研究的热点与趋势。区域的可持续性发展状况是一个动态变化的过程，静态模型难以对此进行测度。通过时间序列分析方法，模型可以进行一定的动态分析，但在预测方面功能有限，尤其是在长期预测方面，效果不佳。因此，今后要引入新的技术手段，如 GIS 技术来获取更多的信息和数据，进一步突破数据资料的限制，进行多学科的交叉融合，在源数据采集、参数确定、边界确定等方面加强生态赤字计算方法的标准化研究，建立起更加合理有效的生态赤字预测模型，深入探讨并科学预测湖南省生态赤字演变趋势和演变规律，以更好地把握湖南省从生态赤字走向生态盈余的进度。

　　基于对可再生资源能值是人类社会生存与发展的基础的认识，能值计算与分析过程中只考虑了可再生资源的能值。但实际上，社会经济的发展很大程度上取决于储量有限的不可再生资源的能值。因此，在以后的研究中应对不可再生资源予以充分的重视，要充分考虑未来不可再生资源能值逐步减少甚至退出经济生产的发展趋势。

　　减小直至消灭生态赤字是区域的发展趋势。然而，减小生态赤字往往伴随着经济发展速度的下降。适当的经济增速放缓是可以承受的，也是调结构、转方向进程中必然出现的正常现象。然而，一味不计成本地强调减排降耗，无视经济社会的发展也是不可取的，这就牵涉到生态经济效益的问题。下一步，要开展减小生态足迹、降低生态赤字的综合效益测算研究，即找到保护生态和经济社会发展的最佳平衡点，确保自然系统在绿色发展的同时，区域的经济效益的同步提升和人民生活水平的稳步提升。

参 考 文 献

[1] 马克思，恩格斯. 马克思恩格斯全集：第 20 卷 [M]. 北京：人民出版社，1973.

[2] 赵娜《地球生命力报告·中国 2015》发布各省生态盈亏程度 [N]. 中国环境报，2015-11-17.

[3] 石敏俊，马国霞，等. 中国经济增长的资源环境代价 [M]. 北京：科学出版社，2009.

[4] 李晓西. "绿色化"突出了绿色发展的三个新特征 [N]. 光明日报，2015-05-20.

[5] REES W E, WACKERNAGEL M.Our ecological footprint: reducing human impact on the earth[M]. New society pubilshers, 1996:3-12.

[6] WACKERNAGEL M, OISTO L, BELLO P, et al. Ecological footprints of nations. Commissioned by the earth council for the rio +5 forum[R].Toronto:International council for local environmental initiatives, 1997.

[7] XU Z M, CHENG G D, ZHANG Z Q. A resolution to the conception of ecological footprint[J]. China population resources and environment, 2006, 16(6):69-78.

[8] World Wild Life Fund. Living planet report[EB/OL]. http://www.panda.org/downloads/general/LPR.2004, 2012.

[9] Global Footprint Network. National footprint and biocapacity accounts[EB/OL]. http://www.footprintnetwork, org, 2005-12-10.

[10] BICKNELL K B, BALL R J, CULLEN R. New methodology for the ecological footprint with an application to the New Zealand economy[J].Ecological economics, 1998, 27(2):149-160.

[11] HUBACEK K, GILJUM S. Applying physical input-output analysis to estimate land appropriation (ecological footprints) of international trade activities[J]. Ecological economics, 2003, 44(1):137-151.

[12] WIEDMANN T, MINX J, BARRETT J, WACKERNAGEL M. Allocating ecological footprints to final consumption categories with input–output analysis[J]. Ecological economics, 2006, 56(1):28-48.

[13] TURNER K, LENZEN M, et al .Examining the global environmental impact of regional consumption activities: Part 1: a technical note on combining input-output and ecological footprint analysis[J]. Ecological economics, 2007, 62 (1):37-44.

[14] KRATENA K. From ecological footprint to ecological rent: an economic indicator for resource constraints[J]. Ecological economics, 2008, 64(3):507-516.

[15] VAN VUUREN D P, SMEETS E M W.Ecological footprints of Benin, Bhutan, Costa Rica and the Netherlands[J]. Ecological economics,2000,34(1):115-130.

[16] LENZEN M, MURRAY S A. A modified ecological footprint method and its application to Australia[J]. Ecological economics, 2001, 37(2):229-255.

[17] STÖGLEHNER G. Ecological footprint: a tool for assessing sustainable energy supplies[J]. Journal of cleaner production, 2003, 11(3):267-277.

[18] NICCOLUCCI V, PULSELLI F M,TIEZZI E. Strengthening the threshold hypothesis: economic and biophysical limits to growth[J]. Ecological economics, 2007, 60(4):667-672.

[19] BAGLIANIA M, BRAVOB G, DALMAZZONE S. A consumption based approach environmental Kuznets curvesusing the ecological footprint indicator[J]. Ecological economics, 2008(65):650-661.

[20] HABERL H,WACKERNAGEL M,KRAUSMANN F,et al. Ecological footprints and human appropriation of net primary production: a comparison[M]. Land use policy, 2004, 21(3): 279-288.

[21] VENETOULIS J, TALBERTH J. Refining the ecological footprint. Environment[J]. Development and sustainability, 2008, 10(4):441-469.

[22] NICCOLUCCI V, BASTIANONI S, TIEZZI E B P, et al. How deep is the footprint? A 3D representation[J]. Ecological modelling, 2009, 220(20):2819-2823.

[23] VAN VUUREN, BOUWMAN L F. Exploring past and future changes in the ecological footprint for world regions[J]. Ecological economics, 2005, 52(1):43-62.

[24] CONLIN H.Sustainable tourism and the touristic ecological footprint[J]. Environment, development and sustainability, 2002(4):7-20.

[25] BERG H, MICHELSEN P, TROELL M, et al.Managing aquaculture for sustainability in tropical Lake Kariba,Zimbabwe[J].Ecologcial economics, 1996(2):329-334.

[26] ROTH E,ROSENTHAL H,BURBRIDGE P.A discussion of the use of the sustainability index: ecological footprint for aquaculture production[J].Aquatic living resources, 2001(6):95-99.

[27] GYLLENHAMMER A,HAKANSON L. Environmental consequence analyses of fish farm emissions related to different scales and exemplified by data from the Baltic a review[J]. Marine environmental research, 2005(2):215-219.

[28] FLINT K. Institutional ecological footprint analysis: a case study of the University of Newcastle Australia[J].International journal of sustainability in higher education, 2001(2):142-147.

[29] HOWARD D.The ecological footprint of Colorado College: an examination of sustainability[J]. Environment science, 2002(5):309-314.

[30] WACKERNAGEL M,MONFREDA C,DEUMLING D,et al. Household ecological footprint calculator[EB/OL].http://welcome. warnercnr. colostate. edu/class_info/

nr425/footprint calculator, 2007-11-06.

[31] Stockholm environmental institute at York biology department, York University. Sustainability rating for homes the ecological footprint component[EB/OL]. http:// www.york.ac.uk/inst/sei/LS/sustain.html.

[32] WHITE T J. Sharing resources: the global distribution of the ecological footprint[J]. Ecological economics, 2007, 64(2):402-410.

[33] SCOTT M,BONDAVALLI C,BODINI A.Ecological footprint as a tool for local sustainability:the municipality of Piacenza (Italy) as a case study[J]. Environmental impact assessment review, 2009, 29(1):39-50.

[34] HABERL H,ERB K H,KRAUSMANN F. How to calculate and interpret ecological footprints for long periods of time: the case of Austria 1926—1995[J]. Ecological economics, 2001, 38(1):25-45.

[35] ERB K H. Actual land demand of Austria 1926—2000: a variation on ecological footprint assessments[J]. Land use policy, 2004, 21(3):247-259.

[36] WACKERNAGEL M,MONFREDA C, ERB K H,et al. Ecological footprint time series of Austria, the Philippines, and South Korea for 1961—1999: comparing the conventional approach to an actual landarea approach[J]. Land use policy, 2004, 21(3):261-269.

[37] JORGENSON A K,CLARK B. Societies consuming nature: a panel study of the ecological footprints of nations, 1960—2003[J].Social science research, 2011, 40(1):226-244.

[38] LENZEN M, MORAN D, KANEMOTO K, et al. International trade drives biodiversity threats in developing nations[J]. Nature, 2012, 486(7401):109-112.

[39] BSI. Guide to PAS 2050. How to assess the carbon footprint of goods and services [M].London: British standards, 2008.

[40] DE BENEDETTO L, KLEME J. The environmental performance strategy map:

an integrated LCA approach to support the strategic decision making process[J]. Journal of cleaner production, 2009, 17(10):900-906.

[41] CRANSTON G R, HAMMOND G P. Carbon footprints in a bipolar, climate-constrained world[J].Ecological indicators, 2012, 16 (SI):91-99.

[42] LAURENT A, OLSEN S, HAUSCHILD M Z. Limitations of carbon footprint as indicator of environmental sustainability[J].Environmental science & technology, 2012, 46(7):4100-4108.

[43] FANG K, HEIJUNGS R, DE SNOO G R. Theoretical exploration for the combination of the ecological, energy, carbon, and water footprints: overview of a footprint family [J].Ecological indicators, 2014(36):508-518.

[44] HOEKSTRA A Y, HUNG P Q. Virtual water trade:a quantification of virtual water flows between nations in relation to international crop trade[C]//Value of water research report series (No.11).Delft: UNESCO-IHE Institute for Water Education, 2002.

[45] PANKO J, HITCHCOCK K. Chemical footprint ensuring product sustainability[R]. Air and waste management association, 2011.

[46] LEACH A M, GALLOWAY J N, BLEEKER A, et al. A nitrogen footprint model to help consumers understand their role in nitrogen losses to the environment[J]. Environmental development, 2012, 1(1):40-66.

[47] SMITH G, MCMASTERS J, PENDLINGTON D. Agribiodiversity indicators: a view from unilever sustainable agriculture initiative[M]//Agriculture and biodiversity: developing indicators for policy analysis. Zurich: Organisation for economic co-operation and development, 2001.

[48] LENZEN M, KANEMOTO K, MORAN D, et al. Mapping the structure of the world economy[J]. Environmental science & technology, 2012, 46 (15):8374- 8381.

[49] STEEN-OLSEN K, WEINZETTEL J, CRANSTON G, et al. Carbon, land, and

water footprint accounts for the European Union: consumption, production, and displacements through international trade[J].Environmental science & technology, 2012, 46(20):10883-10891.

[50] 徐中民. 可持续发展定量研究的几种新方法评介 [J]. 中国人口·资源与环境, 2000, 10（2）: 60-64.

[51] 杨开忠，杨咏，陈洁. 生态足迹分析理论与方法 [J]. 地球科学进展, 2000（6）: 129-138.

[52] 张志强，徐中民，程国栋. 生态足迹的概念及计算模型 [J]. 生态经济, 2000（10）: 175-184.

[53] 王书华，毛汉英，王忠静. 生态足迹研究的国内外近期进展 [J]. 自然资源学报, 2002, 17（6）: 776-782.

[54] 龙爱华，张志强，苏志勇. 生态足迹评介及国际研究前沿 [J]. 地球科学进展, 2004, 19（6）: 971-981.

[55] 李明月，江华. 生态足迹分析模型的假设条件缺陷及应用偏差 [J]. 农业现代化研究, 2005（1）: 6-9.

[56] 吴隆杰，杨林，苏昕，等. 近年来生态足迹研究进展 [J]. 中国农业大学学报, 2006, 11（3）: 1-8.

[57] 方恺. 足迹家族：概念、类型、理论框架与整合模式 [J]. 生态学报, 2015, 35（6）: 1-17.

[58] 卢远，华璀. 基于生态足迹的可持续发展度量及其预测：以广西为例 [J]. 广西师范学院学报(自然科学版), 2005, 22（2）: 47-52.

[59] 刘淼，胡远满，常禹，等. 生态足迹改进方法及其在区域可持续发展研究中的应用 [J]. 生态学杂志, 2007（8）: 1285-1290.

[60] CHANG Bin,XIONG Li-ya.Ecological footprint analysis based on RS and GIS in arid land[J].Journal of science, 2005, 15(1):44-52.

[61] 张志强. 可持续发展评估：理论、方法与应用评估 [J]. 冰川冻土, 2002（4）:

39-42.

[62] 彭希哲, 刘宇辉. 生态足迹与区域生态适度人口: 以西部 12 省市为例 [J]. 市场与人口分析, 2004 (4): 178-185.

[63] 赵晟, 李自珍. 甘肃省生态经济系统的能值分析 [J]. 西北植物学报, 2004, 24 (3): 464-470.

[64] 吴隆杰. 基于渔业生态足迹指数的渔业资源可持续利用测度研究 [D]. 青岛: 中国海洋大学, 2006.

[65] 余万军. 行为视角下的土地利用规划研究 [D]. 杭州: 浙江大学, 2006.

[66] 马晓钰, 叶晓勇. 基于生态足迹理论推算长期的生态赤字: 以新疆为例 [J]. 干旱区资源与环境, 2006 (3): 89-95.

[67] 李广军, 王青, 顾晓薇, 等. 调整的生态足迹方法在辽宁省的应用研究 [J]. 冰川冻土, 2006, 28 (2): 299-306.

[68] 赵先贵, 韦良焕, 马彩虹, 等. 西安市生态足迹与生态安全的动态研究 [J]. 干旱区资源与环境, 2007, 21 (1): 1-5.

[69] 张颖. 北京市生态足迹变化和对可持续发展的影响 [J]. 中国地质大学学报(社会科学版), 2006, 6 (4): 47-55.

[70] 顾晓薇, 王青, 刘建兴, 等. 基于国家公顷计算城市生态足迹的新方法 [J]. 东北大学学报, 2005, 26 (4): 295-298.

[71] 冯娟, 赵全升, 谢文霞, 等. "省公顷"在小城镇生态足迹分析中的应用研究: 以山东省晏城镇生态建设为例 [J]. 地理科学, 2008 (2): 209-213.

[72] 张帅, 董泽琴, 王海鹤, 等. 基于"市公顷"模型的某县级市生态足迹分析 [J]. 安徽农业科学, 2010 (22): 167-170.

[73] FANG K. Ecological footprint depth and size: new indicators for a 3D model [J]. Acta ecological sinica, 2013, 33(1):267-274.

[74] 胡鞍钢. 生态赤字: 未来民族生存的最大危机 [M]. 北京: 中国环境出版社, 1990.

[75] 谢高地, 鲁春霞, 成升魁. 生态赤字下非再生资源对生态空间的替代作用 [J]. 资源科学, 2006 (5): 112-117.

[76] 李卓娅, 纪新华. "生态赤字"的能源制度因素分析 [J]. 内蒙古农业大学学报 (社会科学版), 2008 (5): 96-102.

[77] 陈成忠, 林振山. 中国 1961—2005 年人均生态足迹变化 [J]. 生态学报, 2008, 28 (1): 338-344.

[78] 杨庆宪, 胡仪元. 生态赤字及其成因探析 [J]. 社会科学辑刊, 2009 (6): 47-52.

[79] 刘树. 中国生态赤字和排污经济模型分析 [J]. 当代经济, 2009 (14): 47-53.

[80] 路战远. 全球生态赤字背景下的内蒙古生态承载力与发展力研究 [J]. 内蒙古社会科学(汉文版), 2010 (6): 32-39.

[81] 白彦锋, 王暄. 生态赤字是一种隐性的财政赤字 [N]. 中国税务报, 2012-04-18.

[82] 鄂一龙. 生态从赤字到平衡, 须调整思路 [J]. 环境经济, 2015 (11): 67-72.

[83] 徐中民, 张志强, 程国栋, 等. 中国 1999 年生态足迹计算与发展能力分析 [J]. 应用生态学报, 2003, 14 (2): 280-285.

[84] 刘宇辉. 中国 1961—2001 年人地协调度演变分析: 基于生态足迹模型的研究 [J]. 经济地理, 2005, 25 (2): 219-235.

[85] 刘宇辉, 彭希哲. 中国历年生态足迹计算与发展可持续性评估 [J]. 生态学报, 2004, 24 (10): 2257-2262.

[86] 陈敏, 王如松, 张丽君, 等. 1978—2003 年中国生态足迹动态分析 [J]. 资源科学, 2005, 27 (6): 132-139.

[87] 陈敏, 王如松, 张丽君, 等. 中国 2002 年省域生态足迹分析 [J]. 应用生态学报, 2006 (4): 107-112.

[88] 陈丽萍, 杨忠直. 中国生态赤字核算与分析 [J]. 北京理工大学学报(社会科学版), 2006 (4): 85-91.

[89] 李铁松，薛娜.中国生态足迹的区际与时序差异研究 [J].西华师范大学学报（自然科学版），2006，27（9）：253-255.

[90] 齐明珠，李月.北京市城市发展与生态赤字的国内外比较研究 [J].北京社会科学，2013（3）：128-134.

[91] 吴文佳，蒋金亮，高全洲，等.2001—2009 年中国碳排放与碳足迹时空格局 [J].生态学报，2014，34（22）：6722-6733.

[92] 杨屹，加涛.21 世纪以来陕西生态足迹和承载力变化 [J].生态学报，2015（24）：49-54.

[93] 朱琛，张璐璇，李玉平.邢台市能源消费碳排放足迹的动态变化及对策 [J].北京大学学报（自然科学版），2015（6）：1-5.

[94] 薛若晗.福建省万元 GDP 生态赤字动态变化及影响因素研究 [J].安徽农业科学，2015（27）：121-126.

[95] 潘洪义，朱晚秋，崔绿叶，等.成都市人均生态足迹和人均生态承载力空间分布差异 [J].生态学报，2017，37（19）：6335-6345.

[96] 章锦河，张捷.旅游生态足迹模型及黄山市实证分析 [J].地理学报，2004，59（5）：763-771.

[97] 李鹏，杨桂华.云南香格里拉旅游线路产品生态足迹 [J].生态学报，2007（7）：2954-2963.

[98] 甄翌，康文星.旅游生态足迹改进模型及张家界实证研究 [J].林业经济问题，2008，28（4）：306-309.

[99] 张萌，杨煜.澳门旅游生态足迹研究 [J].生态经济，2011（11）：86-91.

[100] 揭秋云.海南省旅游水资源承载力研究 [D].海口：海南大学，2011.

[101] 徐坡.基于旅游生态足迹模型的陕西省旅游可持续发展研究 [J].环境科学与管理，2012（2）：135-139.

[102] 陈艳.武陵源世界自然遗产地旅游生态足迹分析 [J].林业科学，2013，49（2）：139-146.

[103] 梁勇，成升魁，闵庆文.城市交通生态占用研究：以北京市为例 [J].东南大学学报(自然科学版)，2005（3）：84-90.

[104] 于宏民，王青，俞雪飞，等.中国钢铁行业的生态足迹 [J].东北大学学报(自然科学版)，2008（6）：897-900.

[105] 贺成龙，吴建华，刘文莉.水泥生态足迹计算方法 [J].生态学报，2009（7）：3549-3558.

[106] 王青，丁一，顾晓薇，等.中国铁矿资源开发中的生态包袱 [J].资源科学，2005，27（1）：2-7.

[107] 顾晓薇，李广军，王青，等.高等教育的生态效率：大学校园生态足迹 [J].冰川冻土，2005（3）：102-109.

[108] 赖力，黄贤金.全国土地利用总体规划目标的生态足迹评价研究 [M].北京：中国科学技术出版社，2004.

[109] 刘毅华，甘明超.西藏土地沙漠化形成机制的生态足迹分析 [J].中国沙漠，2006（3）：461-465.

[110] 邓健，廖和平，沈燕，等.基于粮食安全的重庆市耕地赤字/盈余核算与分析 [J].西南师范大学学报(自然科学版)，2010（3）：89-94.

[111] 吴燕.北京市居民生活消费生态足迹、水足迹和碳足迹研究 [D].北京：中国科学院研究生院，2011.

[112] 郭慧文，严力蛟.城市发展指数和生态足迹在直辖市可持续发展评估中的应用 [J].生态学报，2016（14）：1163-1170.

[113] GENG Y, ZHANG L M, CHEN XU D. Urban ecological footprint analysis: a comparative study between Shenyang in China and Kawasaki in Japan [J].Journal of cleaner production,2014,75(15):130-142.

[114] 李朝婵，全文选.贵州省林业生态足迹的年际变化分析 [J].贵州林业科技，2017，45（4）：1-4.

[115] 唐焰.湖南省生态足迹初步研究 [D].长沙：湖南师范大学，2005.

[116] 张畅. 基于本地生态足迹的湖南省可持续发展评价 [D]. 长沙：中南大学，2007.

[117] 张黎明. 基于生态足迹的湖南省可持续发展研究 [D]. 长沙：湖南农业大学，2011.

[118] 张小雪. 基于 3 维生态足迹的湖南省可持续发展研究 [D]. 长沙：中南大学，2013.

[119] 熊鹰. 湖南省生态安全综合评价研究 [D]. 长沙：湖南大学，2008.

[120] 邓柏盛，聂国卿，尹向飞. 基于生态足迹方法的湖南生态环境压力分析 [J]. 湖南商学院学报，2010（3）：68-73.

[121] 黄惠. 湖南省生态安全研究 [D]. 武汉：华中师范大学，2013.

[122] 李玉丹. 洞庭湖生态经济区生态安全评估 [D]. 长沙：湖南师范大学，2014.

[123] 张根明，向晓骥. 城市居民生活消费的生态系统占用分析：以湖南省为例 [J]. 生态经济，2006（11）：1428-1436.

[124] 朱丹. 湖南省居民生活消费生态足迹动态测度研究 [D]. 长沙：中南大学，2010.

[125] 熊鹰，王克林，郭娴，等. 生态足迹在可持续性定量测度中的应用：以湖南省 2000 年为例 [J]. 长江流域资源与环境，2004（4）.

[126] 许振宇，贺建林，刘望保. 湖南省生态—经济系统协调发展能力评价：基于生态足迹理论和生态协调度的实证分析 [J]. 农业现代化研究，2007（6）：49-56.

[127] 李亮. 基于生态足迹的湖南省农林业可持续发展评估 [D]. 长沙：中南林业科技大学，2015.

[128] 张伟. 基于能值理论的湖南省衡东县生态足迹研究 [D]. 长沙：中南林业科技大学，2008.

[129] 何利. 基于生态足迹理论的长沙市可持续发展研究 [D]. 长沙：湖南农业大学，2010.

[130] 彭程. 湖南省汉寿县生态足迹分析 [D]. 南昌：江西农业大学，2011.

[131] 欧阳锴. 县域可持续发展能力的定量研究：以湖南省宁乡县为例 [D]. 长沙：

湖南农业大学, 2012.

[132] 秦伟明, 祝安娜, 陈慧, 等. 基于生态足迹模型的新晃县可持续发展能力评价 [J]. 环境与可持续发展, 2015 (2): 89-95.

[133] 高安国, 黄子豪, 葛大兵, 等. 基于生态足迹方法的平江县生态可持续发展能力研究 [J]. 山东农业科学, 2015 (7): 106-112.

[134] 尹少华, 安消云. 基于可持续发展的洞庭湖流域生态足迹评价研究 [J]. 中南林业科技大学学报, 2011 (6): 68-73.

[135] 朱玉林. 基于能值分析的环洞庭湖区农业生态系统结构功能和效率 [J]. 生态学杂志, 2012, 23 (2): 499 -505.

[136] 梁容川. 基于生态足迹的湖南省洞庭湖生态经济区生态安全评价研究 [D]. 长沙: 湖南农业大学, 2013.

[137] 熊建新, 刘淑华, 李文. 洞庭湖区土地利用变化及其生态承载力响应 [J]. 武陵学刊, 2013 (5): 39-45.

[138] 张猛, 秦建新, 符静. 基于RS与GIS的洞庭湖区生态承载力时空评价 [J]. 地理空间信息, 2014 (6): 107-112.

[139] 赵运林, 傅晓华. 生态足迹理论在长株潭城市生态安全研究中的应用与改进 [J]. 城市发展研究, 2008 (4): 85-92.

[140] 周国华, 彭佳捷. 长株潭城市群生态足迹测算 [J]. 湖南师范大学自然科学学报, 2009 (3): 43-49.

[141] 唐勇, 向平安. 长株潭地区可持续发展的生态足迹分析研究 [J]. 湖南农业科学, 2011 (17): 75-81.

[142] 刘雯. 基于生态足迹理论的长株潭城市群核心区生态安全研究 [D]. 长沙: 湖南大学, 2013.

[143] 戴亚南, 贺新光. 长株潭地区生态可持续性 [J]. 生态学报, 2013 (2): 2013-2021.

[144] 楚芳芳. 基于可持续发展的长株潭城市群生态承载力研究 [D]. 长沙: 中南大

学，2014.

[145] 曾晓霞，刘云国，曾立明，等．湘江城市段能值生态足迹及驱动力分析 [J].
湖南大学学报（自然科学版），2014（12）：140-148.

[146] 张颖，张畅．运用本地生态足迹方法对湖南省资源利用状况的评价 [J].统计
与决策，2008（12）：84-90.

[147] 李立辉，王海宁．湖南省生态足迹计算：基于地区投入产出模型 [J].企业家
天地，2008（5）：39-44.

[148] 王海宁．湖南省生态足迹计算：基于投入产出模型 [D].长沙：湖南师范大学，
2008.

[149] ODUM E P. The link between the natural and social sciences[M].NewYork: Holt
Saunders, 1975.

[150] ODUM E P. Ecology and our endangered life support systems[M]. Massa-chusetts:
Sinauer Associates, 1989.

[151] 蓝盛芳，钦佩，路宏芳．生态经济系统能值分析 [M]. 北京：化学工业出版
社，2002.

[152] SICHE J R,AGOSTINGHO F,ORTEGA E, et al. Sustainability of nations by
indices: comparative study between environmental sustainability index, ecological
footprint and the emergy performance indices[J]. Ecological economics, 2008,
66(4):628-637.

[153] SICHE R, PEREIRA L, AGOSTINHO F, et al. Convergence of ecological
footprint and emergy analysis as a sustainability indicator of countries: Peru as
case study[J]. Communications in nonlinear and numerical simulation, 2010,
15(10):3182-3192.

[154] SICHE, RAUL, AGOSTINHO, et al. Emergy Net Primary Production (ENPP) as
basis for calculation of ecological footprint[J]. Ecological indicators, 2010, 10(2):
475-483.

[155] KHARRAZI A, KRAINES S, HOANG L, et al. Examination emergy, exergy, ecological footprint, and ecological information-based approaches[J]. Ecological indicators, 2014, 37(A):81-89.

[156] 赵志强, 李双成, 高阳. 基于能值改进的开放系统生态足迹模型及其应用: 以深圳市为例 [J]. 生态学报, 2008, 28（5）: 2220-2231.

[157] 张雪花, 李建, 张宏伟. 基于能值－生态足迹整合模型的城市生态性评价方法研究: 以天津市为例 [J]. 北京大学学报(自然科学版), 2011（3）: 344-352.

[158] 狄乾斌, 张海红, 曹可. 基于能值的山东省海洋生态足迹研究 [J]. 海洋通报, 2015, 34（1）: 136-142.

[159] WU X F,YANG Q X. Sustainability of a typical biogas system in China:emergy-based ecological footprint assessment[J]. Ecological informatics, 2015, 26(1):78-84.

[160] BAI X M,WEN Z M, A S S.Evaluating sustainability of cropland use in Yuanzhou county of the loess plateau, China using an emergy-based ecological footprint[J]. PLOS ONE, 2015, 10(3):103-110.

[161] 张芳怡, 濮励杰, 张健. 基于能值分析理论的生态足迹模型及应用: 以江苏省为例 [J]. 自然资源学报, 2006, 21（4）: 653-660.

[162] 王明全, 王金达, 刘景双, 等. 基于能值的生态足迹方法在黑龙江和云南二省中的应用与分析 [J]. 自然资源学报, 2009, 24（1）: 73-81.

[163] 刘海涛. 基于能值生态足迹模型的内蒙古自治区生态承载力与生态安全研究 [D]. 重庆: 西南大学, 2011.

[164] 杨秋. 基于能值理论与生态足迹模型的甘肃省农业生态系统可持续发展研究 [D]. 兰州: 甘肃农业大学, 2013.

[165] 高新才, 马丽. 能值生态足迹模型应用: 以甘肃省武威市为例 [J]. 西北民族大学学报(哲学社会科学版), 2014（2）: 120-125.

[166] 姚凯彬. 基于传统和能值改进生态足迹模型的武汉市可持续发展状态比较分

析 [J]. 绿色科技，2014（8）：82-89.

[167] 黄凤华. 能值生态足迹的灰色预测模型及应用研究 [D]. 兰州：兰州大学，2010.

[168] 张清华，韩梅，杨利民.1949—2008 年吉林省乾安县能值生态足迹的动态研究 [J]. 西北农林科技大学学报（自然科学版），2012（5）：108-113.

[169] 钟世名. 基于能值－生态足迹理论的生态经济系统评价：以吉林省为例 [D]. 长春：吉林大学，2013.

[170] 王志杰. 基于能值生态足迹对我国区域可持续发展状态比较研究 [D]. 重庆：西南大学，2013.

[171] 连颖. 闽江流域改进能值生态足迹及其社会经济影响因素研究 [D]. 福州：福建农林大学，2014.

[172] 王耕，王嘉丽，王彦双. 基于能值－生态足迹模型的辽河流域生态安全演变趋势 [J]. 地域研究与开发，2014（1）：87-91.

[173] 威廉•配第. 赋税论 [M]. 邱霞，原磊，译. 北京：华夏出版社，2006.

[174] 汤姆斯•R. 马尔萨斯. 人口原理 [M]. 郭大力，译. 北京：商务印书馆，2001.

[175] 约翰•斯图亚特•穆勒. 政治经济学原理 [M]. 北京：华夏出版社，2009.

[176] MARSH G P. The earth as modified by human action: a new edition of man and nature[M].Boston: Adamant Media Corporation, 2001.

[177] 德内拉•梅多斯，乔根•兰德斯，丹尼斯•梅多斯. 增长的极限：罗马俱乐部关于人类困境的报告 [M]. 李宝恒，译. 成都：四川人民出版社，1983.

[178] World Commission on Environment and Development. Our common future[M]. Oxford: Oxford University Press, 1987.

[179] PIERCE, et al. Blueprint for a green economy: a report[M]. London: Earthscan Publications Ltd, 1989.

[180] JACOBS M.The green economy: environment,sustainable development and the politics of the future[M]. Massachusetts: Pluto Press, 1991.

[181] REARDON J. Comments on green economics: setting the scene. Aims, context,

and philosophical underpinnings of the distinctive new solutions offered by green economics[J]. Green economics, 2007(3):103-107.

[182] UNESCAP. State of the Environment in Asia and the Pacific 2005[R]. United Nations Publication, 2006.

[183] OECD. Interim report of the green growth strategy: implement our commitment for a sustainable future[EB/OL].http://www. oecd.org/dataoecd /4/40/43176103. pdf2009-11-15.

[184] EKINS P. Economic growth and environmental sustainability[M]. London: Routledge, 2000.

[185] 莱斯特•R.布朗.B模式4.0：起来,拯救文明[M].上海：上海科技教育出版社，2002.

[186] DE BRUJIN H,et al.Creating system innovation[M]. London: Taylor & Francis, 2004.

[187] WEAVER P M. National systems of innovation[M]// Hargroves K. C., Smith M. H., eds. The natural advantage of nations: business opportunities, innovation and governance in the 21st century. London: Earthscan/James & James, 2005.

[188] 巴比尔.低碳革命：全球绿色新政[M].彭红兵，杨俊宝，译.上海：上海财经大学出版社，2011.

[189] NATARAJA G.Green economy: policy framework for sustainable development[J]. Current science, 2011, 100(7):961-962.

[190] 麦科沃.绿色经济策略：新世纪企业的机遇和挑战[M].姜冬梅，王彬，译.

[191] 兰德斯.2052：未来四十年的中国与世界[M].秦雪征，等译.南京：译林出版社，2013.

[192] 杨灿.供给侧结构性改革背景下的湖南农业绿色发展研究[J].中南林业科技大学学报(社会科学版)，2016（5）：32-37.

[193] 联合国开发计划署.中国人类发展报告2002：绿色发展 必选之路[M].北京：

中国财政经济出版社，2002.

[194] 习近平.携手推进亚洲绿色发展和可持续发展 [N].人民日报，2010-04-11.

[195] 刘思华.绿色经济论 [M].北京：中国财政经济出版社，2001.

[196] 胡鞍钢.中国绿色发展的重要途径 [N].中国环境报，2004-10-28.

[197] 诸大建.生态文明与绿色发展 [M].上海：上海人民出版社，2001.

[198] 诸大建.循环经济 2.0：从环境治理到绿色增长 [M].上海：同济大学出版社，2009.

[199] 孔德新.绿色发展与生态文明 [M].合肥：合肥工业大学出版社，2007.

[200] 夏光.怎样理解绿色经济概念？ [N].中国环境报，2010-06-03.

[201] 辜胜阻.让绿色发展成为经济转型的引擎 [J].中国经济和信息化，2012（17）：47-52.

[202] 石翊龙.中国绿色经济发展的机制与制度研究 [J].时代金融，2015（27）：48-52.

[203] 胡鞍钢.中国：创新绿色发展 [M].北京：中国人民大学出版社，2012.

[204] 胡鞍钢，周绍杰.绿色发展：功能界定、机制分析与发展战略 [J].中国人口·资源与环境，2014（1）：49-53.

[205] 牛文元.可持续发展导论 [M].北京：科学出版社，1994.

[206] 国务院参事在海南解读中国绿色发展 5 大主题 [EB/OL].[2013-04-21]，http://www.hq.xinhuanet.com/focus/2013cifogd/2013-04/21/c_115473427.htm.

[207] 傅晓华.可持续发展之人文生态 [M].长沙：湖南人民出版社，2013.

[208] 王如松.生态整合与文明发展 [J].生态学报，2013，33（1）：1-11.

[209] 张念瑜.绿色文明形态：中国制度文化研究 [M].北京：中国市场出版社，2014.

[210] 廖小平.培育公众绿色素养是推进绿色发展的人文之基 [DB/OL].http://ldhn.rednet.cn/c/2015/09/02/3782760.htm.

[211] 李伟 . 同心协力，共同促进全球绿色可持续发展 [N]. 中国经济时报，2015-06-29.

[212] 竺效，丁霖 . 绿色发展理念与环境立法创新 [J]. 法制与社会发展，2016，22（2）：179-192.

[213] 李萌 . 中国"十二五"绿色发展的评估与"十三五"绿色发展的路径选择 [J]. 社会主义研究，2016（3）：62-71.

[214] 赵越 . 生态文明建设中的绿色发展观教育问题研究 [D]. 长春：吉林大学，2017.

[215] 中国科学院可持续发展战略研究组 .2010 中国可持续发展战略报告 [M]. 当代经济研究，2013（3）：58-63.

[216] 中国环境与发展国际合作委员会 . 中国经济发展方式的绿色转型 [M]. 科学出版社，2010.

[217] 科学技术部社会发展科技司，中国 21 世纪议程管理中心 . 绿色发展与科技创新 [M]. 北京：科学出版社，2011.

[218] 胡鞍钢 . 中国绿色发展的重要途径 [N]. 中国环境报，2012-05-11.

[219] 刘文霞 . 用"深绿色"理念引导经济发展 [M]. 北京：人民出版社，2012.

[220] 孙毅，景普秋 . 资源型区域绿色转型模式及其路径研究 [J]. 中国软科学，2012（12）：52-58.

[221] 高红贵 . 中国绿色经济发展中的诸方博弈研究 [J]. 中国人口·资源与环境，2012，22（4）：13-18.

[222] 李新宁 . 矿产资源密集型区域绿色发展机理及评价研究 [D]. 北京：中国地质大学，2013.

[223] 刘思华 . 正确把握生态文明的绿色发展道路与模式的时代特征 [J]. 毛泽东邓小平理论研究，2015（8）：27-31.

[224] 杨雪星 . 新常态下中国绿色经济转型发展与策略应对 [J]. 福州党校学报，2015（1）：80-86.

[225] 薛澜 . 国家绿色转型治理能力研究 [N]. 中国环境报，2015-11-11.

[226] 王海芹，高世楫 . 我国绿色发展萌芽、起步与政策演进：若干阶段性特征观察 [J]. 改革，2016（3）：6-26.

[227] 任胜钢，袁宝龙 . 长江经济带产业绿色发展的动力找寻 [J]. 改革，2016（7）：55-64.

[228] 邬晓霞，张双悦 . "绿色发展"理念的形成及未来走势 [J]. 经济问题，2017（2）：30-34.

[229] 刘纯彬，张晨 . 资源型城市绿色转型内涵的理论探讨 [J]. 中国人口·资源与环境，2009（5）：91-96.

[230] 张晨 . 我国资源型城市绿色转型复合系统研究：山西省太原市实践的启发 [D]. 天津：南开大学，2010.

[231] 陈静，陈宁，诸大建 . 基于灰熵理论的城市绿色转型评价模型研究 [J]. 城市发展研究，2012（11）：72-76.

[232] 蓝庆新，韩晶 . 中国工业绿色转型战略研究 [J]. 经济体制改革，2012（1）：77-81.

[233] 中国社会科学院工业经济研究所课题组 . 中国工业绿色转型研究 [J]. 中国工业经济，2011（4）：55-59.

[234] 卢强，吴清华，周永章，等 . 广东省工业绿色转型升级评价的研究 [J]. 中国人口·资源与环境，2013（7）：112-115.

[235] 车亮亮，武春友 . 我国能源绿色转型对策研究 [J]. 大连理工大学学报(社会科学版)，2015（2）：61-66.

[236] 刘学敏，张生玲 . 中国企业绿色转型：目标模式、面临障碍与对策 [J]. 中国人口·资源与环境，2015（6）：85-90.

[237] 孙凌宇 . 资源型企业绿色转型成长研究 [D]. 长沙：中南大学，2012.

[238] 刘燕华 . 关于绿色经济和绿色发展若干问题的战略思考 [J]. 中国科技奖励，2010（12）：49-50.

[239] 金鉴明.绿色发展与生态文明:绿色转型可持续发展模式的探讨 [J].福建理论学习,2015(1):79-84.

[240] 李晓西,胡必亮.中国:绿色经济与可持续发展 [M].北京:人民出版社,2012.

[241] 杨朝飞,里杰兰德.中国绿色经济发展机制和政策创新研究 [M].北京:中国环境科学出版社,2012.

[242] 彭斯震,孙新章.中国发展绿色经济的主要挑战和战略对策研究 [J].中国人口•资源与环境,2014,24(3):1-4.

[243] 中国社会科学院工业经济研究所课题组.中国工业绿色转型研究 [J].中国工业经济,2011(4):55-59.

[244] 张台秋,杨静,施建军.绿色战略动因与权变因素研究:基于转型经济情境 [J].生态经济,2012(6):101-106.

[245] 杨希伟,梁鹏,李兴文,等.三大"瓶颈"制约中国绿色经济 [J].瞭望,2009(34):15-16.

[246] 赵建军.绿色发展的动力机制研究 [M].北京:北京科学技术出版社,2014.

[247] 李宁宁.绿色发展和生产方式绿色化 [J].唯实,2015(9):59-61.

[248] 庄贵阳.中国发展低碳经济的困难与障碍分析 [J].江西社会科学,2009(7):29-33.

[249] 中华人民共和国环境保护部.绿色发展:环境保护卷 [M].北京:五洲传播出版社,2012.

[250] 中国国际经济交流中心课题组.中国实施绿色发展的公共政策研究 [M].北京:中国经济出版社,2013.

[251] 中国可持续发展研究会.绿色发展:全球视野与中国抉择 [M].北京:人民邮电出版社,2014.

[252] 张亮.促进我国经济发展绿色转型的政策优化设计 [J].发展研究,2012(4):43-47.

[253] 周国梅，李霞．以可持续消费促进绿色转型 [J].环境保护，2012（11）：83-89.

[254] 吴晓青．加快推动我国消费绿色转型 [J].宏观经济管理，2014（4）：62-66.

[255] 欧阳志云，赵娟娟，桂振华．中国城市的绿色发展评价 [J].中国人口·资源与环境，2009，19（5）：11-15.

[256] 朱春红，马涛．区域绿色产业发展效果评价研究 [J].经济与管理研究，2011（2）：64-70.

[257] 陈龙桂．区域发展评价方法研究 [M].北京：中国市场出版社，2011.

[258] 黄羿，杨蕾，王小兴，等．城市绿色发展评价指标体系研究：以广州市为例 [J].科技管理研究，2012（17）：55-59.

[259] 陈华．基于生态—公平—效率模型的中国低碳发展研究 [M].上海：同济大学出版社，2012.

[260] 李佐军．中国绿色转型发展报告 [M].北京：中共中央党校出版社，2012.

[261] 向书坚，郑瑞坤．中国绿色经济发展指数研究 [J].统计研究，2013，30（3）：72-78.

[262] 陈劭锋，刘扬．绿色发展的一种综合评估方法及应用 [J].科技促进发展，2013（4）：40-47.

[263] 严耕．中国生态文明建设发展报告 2014[M].北京：北京大学出版社，2015.

[264] 牛文元，刘学谦，刘怡君．2015 世界可持续发展年度报告 [N].光明日报，2015-09-09.

[265] 北京师范大学，西南财经大学，国家统计局．2014 人类绿色发展报告 [M].北京：北京师范大学出版社，2014.

[266] 耿诺．《中国 300 个省市绿色经济与绿色 GDP 指数》发布 [N].北京日报，2012-09-17.

[267] 当代绿色经济研究中心研究组．中国发展质量研究报告 2014[M].北京：科学出版社，2015.

[268] 诸大建，陈飞．上海建设低碳经济型城市的研究 [M].上海：同济大学出版

社，2010.

[269] 张小刚 . 绿色经济的发展载体分析：以长株潭城市群为例 [J]. 生态经济，2011（2）：165-169.

[270] 陆小成 . 城市转型与绿色发展 [M]. 北京：中国经济出版社，2013.

[271] 朱远，吴涛 . 生态文明建设与城市绿色发展 [M]. 北京：人民出版社，2014.

[272] 李剑玲 . 低碳绿色城市发展的研究 [M]. 北京：中国商业出版社，2015.

[273] 顾朝林 . 城市与区域规划研究：绿色发展与城市规划变革 [M]. 北京：商务印书馆，2015.

[274] 吕薇，等 . 绿色发展：体制机制与政策 [M]. 北京：中国发展出版社，2015.

[275] 湖南省情 . 湖南林业信息网 [EB/OL]. http://www.hnforestry.gov.cn/.

[276] 湖南省统计局 . 湖南统计年鉴2000[Z]. 北京：中国统计出版社，2000.

[277] 湖南省统计局 . 湖南统计年鉴2001[Z]. 北京：中国统计出版社，2001.

[278] 湖南省统计局 . 湖南统计年鉴2002[Z]. 北京：中国统计出版社，2002.

[279] 湖南省统计局 . 湖南统计年鉴2003[Z]. 北京：中国统计出版社，2003.

[280] 湖南省统计局 . 湖南统计年鉴2004[Z]. 北京：中国统计出版社，2004.

[281] 湖南省统计局 . 湖南统计年鉴2005[Z]. 北京：中国统计出版社，2005.

[282] 湖南省统计局 . 湖南统计年鉴2006[Z]. 北京：中国统计出版社，2006.

[283] 湖南省统计局 . 湖南统计年鉴2007[Z]. 北京：中国统计出版社，2007.

[284] 湖南省统计局 . 湖南统计年鉴2008[Z]. 北京：中国统计出版社，2008.

[285] 湖南省统计局 . 湖南统计年鉴2009[Z]. 北京：中国统计出版社，2009.

[286] 湖南省统计局 . 湖南统计年鉴2010[Z]. 北京：中国统计出版社，2010.

[287] 湖南省统计局 . 湖南统计年鉴2011[Z]. 北京：中国统计出版社，2011.

[288] 湖南省统计局 . 湖南统计年鉴2012[Z]. 北京：中国统计出版社，2012.

[289] 湖南省统计局 . 湖南统计年鉴2013[Z]. 北京：中国统计出版社，2013.

[290] 湖南省统计局 . 湖南统计年鉴2014[Z]. 北京：中国统计出版社，2014.

[291] 湖南省统计局.湖南统计年鉴2015[Z].北京：中国统计出版社，2015.

[292] 湖南省统计局.湖南统计年鉴2016[Z].北京：中国统计出版社，2016.

[293] 国家统计局.中国统计年鉴2000[Z].北京：中国统计出版社，2000.

[294] 国家统计局.中国统计年鉴2001[Z].北京：中国统计出版社，2001.

[295] 国家统计局.中国统计年鉴2002[Z].北京：中国统计出版社，2002.

[296] 国家统计局.中国统计年鉴2003[Z].北京：中国统计出版社，2003.

[297] 国家统计局.中国统计年鉴2004[Z].北京：中国统计出版社，2004.

[298] 国家统计局.中国统计年鉴2005[Z].北京：中国统计出版社，2005.

[299] 国家统计局.中国统计年鉴2006[Z].北京：中国统计出版社，2006.

[300] 国家统计局.中国统计年鉴2007[Z].北京：中国统计出版社，2007.

[301] 国家统计局.中国统计年鉴2008[Z].北京：中国统计出版社，2008.

[302] 国家统计局.中国统计年鉴2009[Z].北京：中国统计出版社，2009.

[303] 国家统计局.中国统计年鉴2010[Z].北京：中国统计出版社，2010.

[304] 国家统计局.中国统计年鉴2011[Z].北京：中国统计出版社，2011.

[305] 国家统计局.中国统计年鉴2012[Z].北京：中国统计出版社，2012.

[306] 国家统计局.中国统计年鉴2013[Z].北京：中国统计出版社，2013.

[307] 国家统计局.中国统计年鉴2014[Z].北京：中国统计出版社，2014.

[308] 国家统计局.中国统计年鉴2015[Z].北京：中国统计出版社，2015.

[309] 国家统计局.中国统计年鉴2016[Z].北京：中国统计出版社，2016.

[310] 国家统计局能源统计司.中国能源统计年鉴2000 [Z].北京：中国统计出版社，2000.

[311] 国家统计局能源统计司.中国能源统计年鉴2001 [Z].北京：中国统计出版社，2001.

[312] 国家统计局能源统计司.中国能源统计年鉴2002 [Z].北京：中国统计出版社，2002.

[313] 国家统计局能源统计司.中国能源统计年鉴2003 [Z].北京：中国统计出版社，2003.

[314] 国家统计局能源统计司.中国能源统计年鉴2004 [Z].北京：中国统计出版社，2004.

[315] 国家统计局能源统计司.中国能源统计年鉴2005 [Z].北京：中国统计出版社，2005.

[316] 国家统计局能源统计司.中国能源统计年鉴2006 [Z].北京：中国统计出版社，2006.

[317] 国家统计局能源统计司.中国能源统计年鉴2007 [Z].北京：中国统计出版社，2007.

[318] 国家统计局能源统计司.中国能源统计年鉴2008 [Z].北京：中国统计出版社，2008.

[319] 国家统计局能源统计司.中国能源统计年鉴2009 [Z].北京：中国统计出版社，2009.

[320] 国家统计局能源统计司.中国能源统计年鉴2010 [Z].北京：中国统计出版社，2010.

[321] 国家统计局能源统计司.中国能源统计年鉴2011 [Z].北京：中国统计出版社，2011.

[322] 国家统计局能源统计司.中国能源统计年鉴2012 [Z].北京：中国统计出版社，2012.

[323] 国家统计局能源统计司.中国能源统计年鉴2013 [Z].北京：中国统计出版社，2013.

[324] 湖南省国民经济和社会发展统计公报 [EB/OL].湖南统计信息网，http://www.hntj.gov.cn/tjgb/hntjgb/2013.

[325] 湖南省环境状况公报 [EB/OL].长沙市政府网，http://www.changsha.gov.cn/xxgk/szfxxgkml/gzdt//t20120606_334146.html

[326] 陈阜. 农业生态学教程 [M]. 北京：气象出版社，2004.

[327] 骆世明. 农业生态学教程 [M]. 长沙：湖南科学技术出版社，1987.

[328] 朱玉林. 环洞庭湖区农业生态效率研究 [M]. 北京：知识产权出版社，2014.

[329] 王建源，陈艳春，李曼华，等. 基于能值分析的山东省生态足迹 [J]. 生态学杂志，2007，26（9）：1505-1510.

[330] 刘钦普. 基于生态足迹改进模型的江苏省耕地利用可持续性研究 [D]. 南京：南京师范大学，2007.

[331] 陈春锋，王宏燕，肖笃宁，等. 基于传统生态足迹方法和能值生态足迹方法的黑龙江省可持续发展状态比较 [J]. 应用生态学报，2008，19（11）：2544-2549.

[332] 朱玉林. 基于能值理论的湖南农业生态经济系统可持续发展研究 [M]. 北京：知识产权出版社，2014.

[333] 李昭华，傅伟. 中国进出口贸易内涵自然资本的生态足迹分析 [J]. 中国工业经济，2013（9）：5-18.

附　录

A1:2000—2015 年湖南省生物资源消费项目实物量

项目名称	年份					
	2000	2001	2002	2003	2004	2005
稻谷（t）	2.53E+07	2.33E+07	2.12E+07	2.07E+07	2.44E+07	2.48E+07
小麦（t）	2.33E+05	2.14E+05	1.83E+05	1.65E+05	1.46E+05	1.34E+05
玉米（t）	1.13E+06	1.15E+06	1.19E+06	1.29E+06	1.29E+06	1.33E+06
豆类（t）	5.47E+05	6.13E+05	6.12E+05	5.61E+05	5.64E+05	5.69E+05
薯类（t）	1.45E+06	1.63E+06	1.72E+06	1.61E+06	1.59E+06	1.59E+06
棉花（t）	1.71E+06	1.90E+06	1.53E+06	1.63E+06	2.04E+06	1.86E+06
麻类（t）	7.00E+04	9.82E+04	1.36E+05	1.35E+05	1.36E+05	1.40E+05
甘蔗（t）	1.16E+06	1.66E+06	1.80E+06	1.42E+06	1.11E+06	1.00E+06
烟叶（t）	1.68E+05	1.63E+05	1.86E+05	1.87E+05	1.89E+05	2.13E+05
蔬菜（t）	1.78E+07	1.98E+07	2.18E+07	2.29E+07	2.30E+07	2.40E+07
油菜籽（t）	1.09E+06	1.06E+06	8.68E+05	9.39E+05	3.83E+05	1.08E+06
茶叶（t）	5.73E+04	5.84E+04	6.10E+04	6.06E+04	6.66E+04	7.20E+04
猪肉（t）	3.72E+06	3.90E+06	3.97E+06	4.19E+06	4.29E+06	4.37E+06
油桐籽（t）	4.21E+04	4.06E+04	4.05E+04	3.77E+04	4.13E+04	4.25E+04

续表

项目名称	年份					
	2000	2001	2002	2003	2004	2005
木材（m³）	1.01E+06	1.03E+06	7.98E+05	1.07E+06	1.20E+06	1.26E+06
水果（t）	4.51E+06	4.96E+06	4.79E+06	5.12E+06	5.06E+06	5.39E+06
牛肉（t）	1.35E+05	1.32E+05	1.59E+05	1.61E+05	1.69E+05	1.82E+05
羊肉（t）	6.10E+04	6.68E+04	8.07E+04	9.39E+04	1.01E+05	1.17E+05
水产品（t）	1.33E+06	1.41E+06	1.50E+06	1.57E+06	1.67E+06	1.79E+06
煤炭（t）	3.34E+07	4.10E+07	4.29E+07	4.98E+07	6.04E+07	8.74E+07
焦炭（t）	3.00E+06	3.20E+06	3.51E+06	3.96E+06	5.53E+06	7.57E+06
汽油（t）	1.15E+06	1.14E+06	1.35E+06	1.36E+06	1.60E+06	2.72E+06
原油（t）	5.41E+06	4.40E+06	4.71E+06	5.08E+06	6.16E+06	6.61E+06
煤油（t）	8.08E+04	4.93E+04	8.74E+04	8.91E+04	1.16E+05	1.25E+05
柴油（t）	1.40E+06	1.24E+06	1.82E+06	1.85E+06	2.43E+06	2.82E+06
燃料油（t）	4.64E+05	4.56E+05	4.36E+05	4.28E+05	3.68E+05	4.31E+05
电力（万 kW·h）	4.06E+06	4.40E+06	4.77E+06	5.47E+06	6.63E+06	6.74E+06

项目名称	年份					
	2006	2007	2008	2009	2010	2011
稻谷（t）	2.51E+07	2.50E+07	2.66E+07	2.58E+07	2.51E+07	2.58E+07
小麦（t）	1.31E+05	1.28E+05	4.55E+04	6.40E+04	9.90E+04	1.02E+05
玉米（t）	1.47E+06	1.56E+06	1.30E+06	1.60E+06	1.68E+06	1.89E+06
豆类（t）	6.03E+05	6.24E+05	4.05E+05	3.81E+05	4.03E+05	4.11E+05
薯类（t）	1.64E+06	1.73E+06	1.25E+06	1.14E+06	1.18E+06	1.19E+06
棉花（t）	2.07E+06	2.44E+06	2.42E+06	2.12E+06	2.27E+06	2.27E+06
麻类（t）	1.46E+05	1.44E+05	1.07E+05	1.69E+04	6.42E+04	4.22E+04
甘蔗（t）	1.08E+06	1.20E+06	7.55E+05	7.82E+05	7.66E+05	7.22E+05
烟叶（t）	2.15E+05	1.95E+05	1.93E+05	2.18E+05	2.22E+05	2.47E+05

续表

项目名称	年份					
	2006	2007	2008	2009	2010	2011
蔬菜（t）	2.83E+07	2.65E+07	2.58E+07	2.84E+07	3.12E+07	3.34E+07
油菜籽（t）	1.15E+06	1.19E+06	1.19E+06	1.49E+06	1.67E+06	1.82E+06
茶叶（t）	7.63E+04	8.75E+04	9.19E+04	9.85E+04	1.18E+05	1.33E+05
猪肉（t）	3.66E+06	3.48E+06	3.70E+06	3.95E+06	4.12E+06	4.06E+06
油桐籽（t）	4.36E+03	3.79E+04	3.83E+04	3.72E+04	3.87E+04	4.34E+04
木材（m³）	1.63E+06	1.72E+06	2.27E+06	1.41E+06	1.45E+06	1.55E+06
水果（t）	6.06E+06	6.51E+06	6.68E+06	7.16E+06	7.88E+06	5.30E+06
牛肉（t）	1.38E+05	1.46E+05	1.46E+05	1.57E+05	1.63E+05	1.62E+05
羊肉（t）	9.63E+04	1.03E+05	1.06E+05	1.10E+05	1.06E+05	1.02E+05
水产品（t）	1.60E+06	1.70E+06	1.79E+06	1.89E+06	1.99E+06	2.00E+06
煤炭（t）	9.44E+07	1.03E+08	1.02E+08	1.08E+08	1.13E+08	1.30E+08
焦炭（t）	8.23E+06	9.16E+06	9.99E+06	1.01E+07	1.09E+07	8.52E+06
汽油（t）	2.63E+06	2.72E+06	2.32E+06	2.46E+06	2.62E+06	2.95E+06
原油（t）	5.74E+06	6.72E+06	6.14E+06	5.66E+06	5.88E+06	7.66E+06
煤油（t）	2.08E+05	2.45E+05	2.54E+05	3.04E+05	3.03E+05	3.20E+05
柴油（t）	3.42E+06	3.95E+06	3.76E+06	4.32E+06	5.03E+06	5.62E+06
燃料油（t）	4.20E+05	4.02E+05	4.14E+05	6.84E+05	7.52E+05	6.90E+05
电力（万 kW·h）	7.69E+06	8.91E+06	9.05E+06	1.01E+07	1.17E+07	1.29E+07

项目名称	年份			
	2012	2013	2014	2015
稻谷（t）	2.63E+07	2.62E+07	2.63E+07	2.64E+07
小麦（t）	8.56E+04	7.63E+04	1.03E+05	9.36E+04
玉米（t）	1.97E+06	1.85E+06	1.89E+06	1.89E+06
豆类（t）	3.84E+05	3.54E+05	3.64E+05	3.43E+05

续表

项目名称	年份			
	2012	2013	2014	2015
薯类（t）	1.25E+06	1.27E+06	1.25E+06	1.19E+06
棉花（t）	2.51E+06	2.26E+06	2.13E+06	2.01E+06
麻类（t）	2.39E+04	1.69E+04	1.70E+04	1.55E+04
甘蔗（t）	7.38E+05	7.37E+05	6.59E+05	6.60E+05
烟叶（t）	2.47E+05	2.63E+05	2.33E+05	2.27E+05
蔬菜（t）	3.48E+07	3.99E+07	4.16E+07	4.43E+07
油菜籽（t）	1.79E+06	1.95E+06	2.03E+06	2.11E+06
茶叶（t）	1.35E+05	1.46E+05	1.62E+05	1.76E+05
猪肉（t）	4.28E+06	4.75E+06	5.00E+06	5.22E+06
油桐籽（t）	4.24E+04	3.96E+04	3.29E+04	3.30E+04
木材（m³）	1.21E+06	1.25E+06	1.21E+06	1.34E+06
水果（t）	5.54E+06	8.79E+06	9.20E+06	9.81E+06
牛肉（t）	1.68E+05	2.19E+05	2.33E+05	2.47E+05
羊肉（t）	1.03E+05	1.19E+05	1.23E+05	1.27E+05
水产品（t）	2.20E+06	2.34E+06	2.48E+06	2.61E+06
煤炭（t）	1.21E+08	1.13E+08	1.13E+08	1.09E+08
焦炭（t）	1.07E+07	1.04E+07	1.00E+07	1.08E+07
汽油（t）	3.89E+06	4.03E+06	4.02E+06	4.41E+06
原油（t）	9.26E+06	9.46E+06	8.84E+06	9.12E+06
煤油（t）	3.52E+05	3.59E+05	3.51E+05	3.53E+05
柴油（t）	5.02E+06	5.42E+06	4.95E+06	5.49E+06
燃料油（t）	6.12E+05	6.54E+05	6.65E+05	6.51E+05
电力（万 kW·h）	1.35E+07	1.30E+07	1.37E+07	1.34E+07

A2：2000—2015年湖南省可更新资源消费项目实物量

（单位：J）

项目名称	年份							
	2000	2001	2002	2003	2004	2005	2006	2007
太阳能	9.75E+20	9.75E+20	9.75E+20	9.75E+20	9.75E+20	9.75E+20	9.75E+20	9.75E+20
风能	1.39E+13	1.39E+13	1.39E+13	1.39E+13	1.39E+13	1.39E+13	1.39E+13	1.39E+13
雨水化学能	1.55E+18	1.42E+18	2.06E+18	1.29E+18	1.57E+18	1.36E+18	1.42E+18	1.30E+18
雨水势能	1.38E+18	1.27E+18	1.83E+18	1.14E+18	1.39E+18	1.21E+18	1.26E+18	1.16E+18
地球旋转能	8.72E+15	8.72E+15	8.72E+15	8.72E+15	8.72E+15	8.72E+15	8.72E+15	8.72E+15

项目名称	年份							
	2008	2009	2010	2011	2012	2013	2014	2015
太阳能	9.75E+20	9.75E+20	9.75E+20	9.75E+20	9.75E+20	9.75E+20	9.75E+20	9.75E+20
风能	1.39E+13	1.39E+13	1.39E+13	1.39E+13	1.39E+13	1.39E+13	1.39E+13	1.39E+13
雨水化学能	1.29E+18	1.45E+18	1.62E+18	1.07E+18	1.68E+18	1.33E+18	1.48E+18	1.65E+18
雨水势能	1.14E+18	1.30E+18	1.40E+18	9.25E+17	7.51E+16	7.51E+16	6.82E+16	2.79E+16
地球旋转能	8.72E+15	8.72E+16	8.72E+16	8.72E+16	8.72E+16	8.72E+15	8.72E+15	8.72E+15

A3：2000—2015年湖南省碳排放相关数据

年份	碳排放（万吨）	GDP（亿元）	碳强度（吨/万元）	人口（万人）	人均GDP（元）
2000	7 883.42	3 551	2.22	6 562	5 425
2001	9 186.69	3 832	2.40	6 596	6 120
2002	9 971.98	4 152	2.40	6 629	6 734
2003	11 166.96	4 660	2.40	6 663	7 589

续表

年份	碳排放（万吨）	GDP（亿元）	碳强度（吨/万元）	人口（万人）	人均GDP（元）
2004	15 427.49	5 642	2.73	6 698	9 165
2005	21 559.93	6 596	3.27	6 326	10 426
2006	22 829.73	7 689	2.97	6 342	11 830
2007	25 078.75	9 940	2.52	6 355	14 869
2008	24 506.17	11 555	2.12	6 380	18 147
2009	25 846.01	13 060	1.98	6 406	20 428
2010	27 356.34	16 038	1.71	6 570	24 719
2011	31 625.23	19 670	1.61	6 596	29 880
2012	30 439.86	22 154	1.37	6 639	33 480
2013	32 705.39	24 622	1.33	6 691	36 943
2014	28 302.47	27 037	1.05	6 737	40 271
2015	29 731.37	28 902	1.03	6 783	42 609

A4：2000—2015 年湖南省各项社会经济指标

年份	耕地面积（万hm²）	进出口总额（亿美元）	城镇化率（%）	森林覆盖率（%）	农业人口（万人）	工业增加值（亿元）	城镇居民消费（元）
2000	392.16	25.13	29.75	52.44	2 505.83	1 231.00	5 486.00
2001	391.26	27.58	30.80	52.80	2 078.36	1 180.43	5 546.00
2002	389.10	28.76	32.00	53.10	2 034.04	1 265.72	5 575.00
2003	383.37	37.36	33.50	53.70	1 961.93	1 484.98	6 083.00
2004	381.65	54.38	35.50	54.30	1 885.06	1 824.11	6 885.00
2005	381.60	60.05	37.00	54.32	1 846.90	2 195.33	7 505.00
2006	378.76	73.53	38.71	55.00	1 790.46	2 707.61	8 169.00
2007	378.90	96.90	40.45	56.10	1 743.65	3 397.69	8 991.00
2008	378.94	125.66	42.15	55.83	1 720.44	4 310.12	9 946.00

续表

年份	耕地面积(万hm²)	进出口总额（亿美元）	城镇化率（%）	森林覆盖率（%）	农业人口（万人）	工业增加值（亿元）	城镇居民消费（元）
2009	413.50	101.51	43.20	56.43	1 693.05	4 819.40	10 828.00
2010	413.75	146.89	43.30	57.01	1 690.03	6 305.11	11 825.00
2011	413.77	190.00	45.10	57.13	1 679.94	8 122.75	13 403.00
2012	414.62	219.41	46.65	57.34	1 668.99	9 138.50	14 609.00
2013	414.97	251.64	47.96	57.52	1 656.01	10 001.00	16 867.00
2014	415.32	310.27	49.28	59.57	1 651.37	10 749.88	18 335.00
2015	415.35	293.67	50.89	59.64	1 618.71	10 945.81	19 501.00

年份	农村居民消费（元）	社会消费品零售总额（亿元）	能源消费总量（万吨）	恩格尔系数（%）	第三产业占比（%）	R&D 经费支出（%）
2000	1 942.00	1 478.46	3 271.17	37.20	39.10	0.29
2001	1 990.00	1 541.27	4 026.53	35.00	39.80	0.49
2002	2 069.00	1 712.33	4 328.24	35.60	40.50	0.57
2003	2 139.00	1 897.26	4 893.93	35.83	42.90	0.66
2004	2 472.00	2 162.90	5 950.35	36.02	40.70	0.68
2005	2 756.00	2 474.33	8 267.29	35.80	40.80	0.68
2006	3 013.00	2 869.40	8 728.29	34.09	40.80	0.69
2007	3 377.00	3 419.17	9 599.14	36.10	39.70	0.78
2008	3 805.00	4 222.17	9 352.18	39.90	37.80	0.99
2009	4 021.00	4 943.86	9 857.03	38.60	41.40	1.18
2010	4 310.00	5 952.56	10 443.83	36.50	37.90	1.16
2011	5 179.00	7 208.99	12 099.41	36.90	38.60	1.12
2012	5 870.00	8 318.66	11 756.25	37.30	39.00	1.30
2013	7 833.00	9 509.52	12 626.45	35.10	40.30	1.33
2014	9 025.00	10 723.45	11 065.79	37.70	42.20	1.36
2015	9 691.00	12 023.97	11 651.46	36.00	43.90	1.43

后 记

在电脑上敲下这最后一段话，本书的撰写工作悄悄落幕。四年时光，弹指一瞬，令人唏嘘。本书是根据我的博士论文及近几年的部分科研成果修改完善而成的。写作的过程是一种快乐的坚持，也是一种痛苦的磨砺，它不仅是我几年来工作和学习的总结，也凝结着很多人的心血和期许。回顾这几年的研究历程，既有学术转型初期无所适从的迷惘与纠结，也不乏逐渐步入研究正轨的欢欣与鼓舞。能够步履蹒跚地走到今天，有太多的人值得感谢！

本书的出版得到了湖南省社科基金（19YBA368）、湖南省教育厅重点课题（19A515），以及中南林业科技大学人文社会科学学术著作出版基金的资助。感谢湖南省社科院、湖南省教育厅和中南林业科技大学社科处助力本书的基础调研和部分数据的获取。感谢湖南省发改委、湖南省农业厅、湖南省统计局、湖南省林业局、湖南省图书馆等单位相关同志在本书基础数据资料收集、调查过程中提供的协助与支持！

感谢我的导师朱玉林教授！老师以极大的耐心、责任和宽容包容了我的种种愚钝和无知，为我提供了宽松的研究环境和良好的学习氛围，带领我参加各种国内外学术交流活动，给予我更多机会了解学术前沿动态，燃起我学术研究的兴趣，更鼓起我努力前行的勇气！老师敏锐的学术眼光和积极乐观的生活态度，总能给我富有价值的启迪。从最初的选题构思到研究的设计、篇章的构筑和文本的修改，每个阶段、每个细节，无不倾注着老师的智慧和心血。

感谢尹少华教授、杨丽华教授、罗攀柱教授、肖建武教授的指导与教诲！老师们有着不同的专业造诣，不同的授课方式，却有着同样严谨务实的治学精神。老师们对学术研究的热情和执着，对学生的关心和爱护都深深地感动着我，影响着我。从他们身上，我汲取了宝贵的智慧和力量，累积了丰硕的精神财富！

感谢湖南师范大学刘茂松教授和南京大学黄贤金教授的关心与帮助！从本书的构思到框架的设计，从研究的思路到论证的逻辑，都得到了两位老师的批评指导与珍贵启迪！

感谢我的同事曹兰芳博士、陈芳芳博士、王文磊博士、汪斌博士给予我的鼓励和关心，感谢他们在模型构建、图表呈现等技术处理方面给予我的无私帮助与专业指导！

感恩成为朱子同门中的一员！在这个积极向上、温暖如家的小团队里，我得到了很多的关心、鼓舞和启发！导师组织的每一期的学术沙龙，主题鲜明，任务繁重，总是那样令人紧张又收获满满！"师出同门者为朋，志同道合者为友。"感谢几年的时间里，师弟李明杰、顾荣华和杜科锦在数据采集、基础调研等方面给予我的鼎力支持与热情鼓舞！

感谢我的家人一直以来对我的支持和理解！这些年来，他们替我承受了生活的琐碎与烦扰，使我可以心无旁骛地沉浸在自己的小世界里完成学业。感谢与我同学习共进步的陈先生与女儿乐之，一直给我不畏艰难不断前进的动力！

最后，感谢岁月与困难对我的磨砺。任何一段旅程的结束都意味着另一段旅程的开始。我坚信，最美的永远在前方，在脚下。

杨灿

2018 年 7 月于长沙